全国建设行业职业教育规划推荐教材

房地产估价

（房地产类专业适用）

林明晖　主编

中国建筑工业出版社

图书在版编目（CIP）数据

房地产估价/林明晖主编．—北京：中国建筑工业出版社，2007
全国建设行业职业教育规划推荐教材（房地产类专业适用）
ISBN 978-7-112-08946-8

Ⅰ．房… Ⅱ．林… Ⅲ．房地产－价格－评估－专业学校－教材 Ⅳ．F293.35

中国版本图书馆 CIP 数据核字（2007）第 080801 号

　　本书是高等职业学校，中等专业学校，房地产类专业主干课教材之一。侧重于房地产估价的基本知识的介绍与常见问题的解释，对房地产估价主要方法增加了大量例题及简要说明，以利学生认识估价方法的各种变化形式，熟悉和理解估价方法的具体应用。

　　本书主要内容包括：房地产估价概述、房地产价格、估价基本程序，估价方法——市场比较法、收益还原法、成本估价法等方法及其目的的评估；房地产估价管理；以及部分国家和地区房地产估价制度的简介。

* * *

责任编辑：张　晶　刘平平
责任设计：董建平
责任校对：安　东　孟　楠

全国建设行业职业教育规划推荐教材
房地产估价
（房地产类专业适用）

林明晖　主　编
祁广源　副主编
崔　裴　主　审

*

中国建筑工业出版社出版、发行（北京西郊百万庄）
各地新华书店、建筑书店经销
北京密云红光制版公司制版
北京市安泰印刷厂印刷

*

开本：787×1092 毫米　1/16　印张：12¾　字数：306 千字
2007 年 7 月第一版　2013 年 3 月第五次印刷
定价：**18.00** 元
ISBN 978-7-112-08946-8
(15610)

版权所有　翻印必究
如有印装质量问题，可寄本社退换
（邮政编码 100037）

前　言

随着房地产业的迅猛发展，房地产估价制度也得以不断完善。为进一步适应职业教育对房地产估价课程的要求，满足不同层面学生对房地产估价知识的需要，受建设部建筑与房地产经济管理专业指导委员会的委托，由上海市房地产行业教育中心承担并组织了《房地产估价》教材的编写工作。本书适用于职业院校相关专业的教学要求，针对生源情况，侧重于房地产估价的基本知识与问题的讲解与介绍，并在房地产估价主要方法部分增加了大量例题及其简单说明，旨在帮助学生更感性地认识估价方法的各种变化形式，熟悉与理解估价方法的具体应用。

本书在编写过程中主要以1999年2月发布的《中华人民共和国国家标准房地产估价规范》为依据，也借鉴了一些专家、同仁的意见与观点，在此特向中国估价师资讯网等单位以及相关学者、同仁对本书提供的帮助表示衷心的感谢！

本书共有十章内容，由林明晖担任主编，祁广源为副主编，其中第七章由祁广源编写，其余章节均由林明晖编写，并由林明晖负责统稿。

本教材由东方房地产学院院长助理崔裴副教授负责审阅，并对教材提出宝贵修改意见，在此深表谢意！

对于本书可能存在的错误与疏漏，敬请广大读者批评指正。

目 录

第一章　房地产估价概述 …………………………………………………… 1
- 第一节　房地产估价的概念 …………………………………………… 1
- 第二节　房地产估价的对象 …………………………………………… 4
- 第三节　房地产估价的原则 …………………………………………… 15
- 第四节　房地产估价的必要性 ………………………………………… 19
- 复习思考题 ……………………………………………………………… 21

第二章　房地产价格 ………………………………………………………… 22
- 第一节　房地产价格的形成 …………………………………………… 22
- 第二节　房地产市场与供求 …………………………………………… 27
- 第三节　房地产价格的主要类型 ……………………………………… 30
- 第四节　影响房地产价格的因素分析 ………………………………… 36
- 复习思考题 ……………………………………………………………… 41

第三章　房地产估价基本程序 ……………………………………………… 43
- 第一节　房地产估价业务受理 ………………………………………… 43
- 第二节　拟定估价作业方案 …………………………………………… 46
- 第三节　相关资料搜集与估价现场查勘 ……………………………… 48
- 第四节　估价方法选用与估价结果确定 ……………………………… 49
- 第五节　撰写估价报告书 ……………………………………………… 51
- 第六节　报告交付与立卷归档 ………………………………………… 54
- 附：房地产估价报告书案例 …………………………………………… 55
- 复习思考题 ……………………………………………………………… 64

第四章　市场比较法 ………………………………………………………… 65
- 第一节　市场比较法概述 ……………………………………………… 65
- 第二节　市场比较法的基本步骤 ……………………………………… 66
- 第三节　市场比较法案例分析 ………………………………………… 75
- 复习思考题 ……………………………………………………………… 78

第五章　收益还原法 ………………………………………………………… 80
- 第一节　收益还原法概述 ……………………………………………… 80
- 第二节　收益还原法的基本步骤 ……………………………………… 85
- 第三节　收益还原法案例分析 ………………………………………… 97
- 复习思考题 ……………………………………………………………… 99

第六章　成本估价法 ………………………………………………………… 101
- 第一节　成本估价法概述 ……………………………………………… 101
- 第二节　成本估价法的基本步骤 ……………………………………… 102

第三节　成本估价法案例分析 …………………………………………… 117
　　复习思考题 ………………………………………………………………… 119
第七章　房地产估价其他方法 ……………………………………………… 120
　　第一节　假设开发法 ……………………………………………………… 120
　　第二节　长期趋势法 ……………………………………………………… 125
　　第三节　路线价法 ………………………………………………………… 128
　　第四节　基准地价测算 …………………………………………………… 134
　　复习思考题 ………………………………………………………………… 144
第八章　不同估价目的的评估 ……………………………………………… 145
　　第一节　主要估价目的种类 ……………………………………………… 145
　　第二节　几种需要注意的估价目的评估 ………………………………… 153
　　复习思考题 ………………………………………………………………… 161
第九章　房地产估价管理 …………………………………………………… 162
　　第一节　房地产估价机构管理 …………………………………………… 162
　　第二节　房地产估价人员管理 …………………………………………… 165
　　第三节　房地产估价职业道德 …………………………………………… 167
　　复习思考题 ………………………………………………………………… 169
第十章　部分国家和地区房地产估价制度简介 …………………………… 170
　　第一节　美国的房地产估价 ……………………………………………… 170
　　第二节　英国的房地产估价 ……………………………………………… 173
　　第三节　日本的房地产估价 ……………………………………………… 178
　　第四节　德国的房地产估价 ……………………………………………… 182
　　第五节　香港地区房地产估价 …………………………………………… 185
　　复习思考题 ………………………………………………………………… 186
附录一　房地产估价师执业资格制度暂行规定 …………………………… 188
附录二　房地产估价师执业资格考试实施办法 …………………………… 191
附录三　城市房地产市场估价管理暂行办法 ……………………………… 192
附录四　城市房屋拆迁估价指导意见 ……………………………………… 194
参考文献 …………………………………………………………………………… 197

第一章 房地产估价概述

第一节 房地产估价的概念

改革开放以来，随着房屋商品化的实现，以及城镇住房制度改革、城市土地使用制度改革的不断推进，房地产估价作为一项专业活动出现在我们的现实生活中。但最初出现的房地产估价曾被理解为"有关部门定价"，一直到20世纪90年代初期，才广泛形成与国际接轨的、真正意义上的房地产估价观念及技术规范，并迅速发展起来。现在，房地产估价已成为房地产行业中一门重要的专业学科，牢固地掌握房地产估价的内涵，是学习这一房地产专业技术的首要前提。

一、房地产估价概念的界定

严格意义上讲，房地产估价与房地产评估应该有所区别。评估的含义更广一些，可以包括对房地产发展趋势的评估、对房地产质量的评估等，而房地产估价能更确切地反映出对其价格的评估。根据《中华人民共和国国家标准房地产估价规范》有关规定，房地产估价是指专业估价人员根据估价目的，遵循估价原则，按照估价程序，选用适宜的估价方法，并在综合分析影响房地产价格因素的基础上，对房地产在估价时点的客观合理价格或价值进行估算和判定的活动。

1．专业估价人员：定义中所称的专业估价人员是指经房地产估价人员执业资格考试合格，由有关主管部门审定注册，取得执业资格证书后专门从事房地产估价的人员。在英国和香港等地房地产估价专业人员被称为测量师，在日本和韩国被称为不动产鉴定师。在我国，房地产估价专业人员包括注册房地产估价师和房地产估价员两种。

2．估价目的：房地产的估价目的众多，可分为买卖、租赁、抵押、保险、典当、入股、纠纷处理、征用补偿、课税等等。不同的估价目的，所考虑的估价原则、依据和采用的估价方法可能不同，所得出的估价结果也将有可能不同。

不同的估价目的将影响估价结果。估价目的也限制了估价报告的用途。

针对不同的估价目的所采用的价值标准，分为公开市场价值标准和非公开市场价值标准两类。采用公开市场价值标准时，要求评估的客观合理价格或价值应是公开市场价值。公开市场价值，是指在公开市场上最可能形成的价格。而公开市场，是指在该市场上交易双方进行交易的目的，在于最大限度地追求经济利益，并掌握必要的市场信息，有较充裕的时间进行交易，对交易对象具有必要的专业知识，交易条件公开且不具有排他性。

3．估价原则：估价原则是专业估价人员在房地产估价活动中应当遵循的基本法规或标准。这些法规或标准是人们在房地产估价的反复实践和理论探索中，逐渐认识的房地产价格形成和运动的客观规律，并在此基础上提炼总结出来的，它是不以人的主观意志为转移的。

4. 估价程序：估价程序是严谨的、科学的，包括接受估价委托至完成估价报告期间的一系列工作，并按照其内在联系性排列出一定的先后次序。

5. 估价方法：房地产估价的方法有多种，如市场比较法、收益还原法、成本估价法、假设开发法、路线价法、长期趋势法等等。每种估价方法都有其特定的适用范围和条件，有时可同时并用，相互验证，有时也可进行互补。前三种方法一般被认为是房地产估价的三大基本方法，其他方法是这三大方法的派生。运用估价方法评估出来的价格统称为评估价格或试算价格。

6. 影响房地产价格的因素：影响房地产价格的因素也有多种多样，涉及政治的、经济的、行政的、心理的等各方面，需要复杂的、系统的分析。

7. 估价时点：估价时点是掌握房地产估价概念的一个难点，它是指估价结果所对应的日期，又可称为估价期日、估价基准日、估价日期等。估价时点不是随意给定的，也不完全与估价作业日期相同，它需要估价人员根据估价目的来确定。在估价之前，它说明了估价中需要估算和判定的是哪个具体日期的客观合理价格或价值；当估价结果得出后，它说明了该估价结果是哪一个时间上的客观合理价格或价值，以便于应用。估价时点应采用公历表示，并应精确到日。

8. 客观合理价格或价值的估算和判定：合理价格或价值是指某种估价目的的特定条件下形成的正常价格。同一估价对象，估价目的不同，估价依据以及采用的价值标准会有所不同，评估出的客观合理价格或价值也会有所不同。例如，在买卖的情况下，虽然实际的成交价格有高有低，但有其正常的买卖价格；在抵押的情况下，也有其正常的抵押价值；在拆迁补偿的情况下，有其合理的补偿额。而正常的买卖价格、正常的抵押价值、合理的补偿额，又不完全是相同的。

二、房地产估价所关注和研究的主要方面

1. 房地产的市场供需

房地产估价以遵循商品经济的客观规律为前提，这一客观规律主要是指政治经济学中的价值规律，包括市场机制、价格的形成、价格高低波动等，对房地产估价具有重要指导意义的就是有关市场供需的理论。

2. 房地产的效用

效用是不动产价值形成的基础，效用并不简单等同于物的有用性，而是人们的需求与欲望及物的有用性相结合而形成的功能，所以，房地产效用的多少或有无，与房地产的有效需求和价格是紧密结合的。

3. 房地产的收益

在正常情况下，房地产的价值取决于其效用发挥的程度，两者是成正比的。房地产的效用是多方面的，其中之一就是能获得经济上的收益，而且对于投资性房地产来说，能取得多大收益成为其主要的衡量尺度。

4. 房地产的影响因素

前面三者只是价值形成的一部分，它还要受到社会诸多因素的影响，而且这些因素之间还会相互作用，互为因果，在房地产价格形成中必须进行认真分析。

三、房地产估价的特性

独立、客观、公正是房地产估价的总要求。独立,是要求房地产估价时不应受外界不合理因素的干扰和影响。客观,是要求房地产估价时要尽可能地减少估价人员的主观意志对估价过程和估价结论的影响。公正,是要求房地产估价时必须站在中立的立场上,不偏袒当事人的某一方,特别是不可有意无意地偏向委托方。

因此,在房地产估价的具体操作中,应把握好科学性、艺术性、客观性与综合性这四个特性,尤其要注意处理好科学性与艺术性两者之间的关系。

(一) 科学性

所谓科学性,即实事求是,以事实为准绳,以房地产本身的价值特点为基础。房地产估价的专业性很强,正确的房地产价格的推测与判断,必须依赖于一套科学严谨的房地产估价理论和方法。虽然房地产价格受多种因素影响,构成和变化都比较复杂,难以准确地确定,但通过估价人员的长期理论研究与实践探索,总结出了房地产价格形成与变化的基本规律,这些内容构成了房地产估价的基本理论,并形成了一整套系统而严谨的估价方法及评估步骤,使房地产估价有章可循。具体表现在:

(1) 估价工作的系统性:整个估价工作是有机的系统,它遵循一定的规范、一定的程序,把估价的每一个环节按照科学的逻辑有次序地连接在统一的系统中。

(2) 估价工作的分析性:科学工作的特点在于对客观事物的分析与推理,寻找出事物的客观规律。分析是建立在大量的基础资料、信息与情报资料上的,没有准确的资料就无从分析。

(3) 估价工作的逻辑性:分析工作的推理一定要具有逻辑性。

因此,房地产估价虽然从现象上来看,是估价人员对房地产价格所作出的推测与判断,但究其实质并不是主观臆断,而是把房地产的客观实际价值通过评估活动正确地反映出来,具有很强的客观性和科学性,其估价结果是可靠的。

作为专业估价人员,要做到科学性,至少有三方面的要求:①要有完整的知识结构;②要有科学的思维与分析能力;③要有丰富的实际操作经验。房地产估价的科学性更体现在估价人员对待估价项目的态度上,正确的房地产价格评估建立在估价人员科学严谨的态度上。在估价参数上是选择获取难度大的客观参数还是选择获取难度小的主观参数,在实地测量时皮尺放松一点还是拉直一点,这些不是技术的问题,而是态度的问题,都可能影响到估价结果。

(二) 艺术性

运用好房地产估价的艺术性必须把握几个关键词:

1. 估计:房地产估价的关键在于"估"价,而不在于"定"价,凭一套标准、凭一定的政策法规对不动产进行定价,不同的人可以得出相同的结果。而真正的估价是一种估计、推测与判断,为此优秀的估价人员需要具有很强的推理和判断能力。每个估价人员对该不动产的了解、对估价时点市场的理解有所不同,不同的估价人员所得到的估计结果不可能完全相同,但应该相互接近。

2. 经验:虽然房地产估价需要科学严谨的估价理论与方法,但又不能完全拘泥于有关的理论和方法,还必须依赖于估价人员的经验。房地产价格的影响因素非常复杂,而且始终处在不断的变化之中，不仅不动产本身的基本要素会左右其价格，甚至文化层次、心理因素的不同也会影响不动产的价格，不是任何人用某些公式就能计算出来的。因此，知识结构的宽窄、经验的多少都会使房地产的评估价格有所不同。在有些房地产估价水平发展较快的国家，估价员要成为估价师必须要有两年以上的独立估价的实务经验。

3. 独特：由于房地产本身的个别性，房地产估价也应该具有相应的个别性，不同的房地产估价项目应有不同的评估思路，并围绕这一思路去收集资料、了解情况、分析整理、综合运算。估价师此时就如同艺术家，需要运用一定的技巧，将不同房地产的内在价值塑造成直观的价格，在这个创作过程中估价师应该拥有自己独立的见解与思路，而非人云亦云。

必须指出的是，有些估价机构或估价师为了迎合委托人的要求，任意抬高或压低估价对象的客观价格，并将这种行为解释为估价的艺术性，这是绝不允许的。估价的艺术性属于个人经验、知识等思维的范畴，而行业诚信属于职业道德的范畴，任何人都不能将两者混淆起来，更不能将违背诚信原则与估价艺术等同起来。

（三）客观性

房地产估价不是对房地产价格的主观给定，而是在认识把握相关客观规律的基础上，力求客观、准确、合理地模拟市场的价格形成过程，把房地产估价对象的客观合理价格或价值通过评估活动正确地反映出来。因此，估价人员除了掌握估价理论、方法和经验外，还要有良好的职业道德修养，通过制定估价规范或标准，给出客观合理的估价结果，而不是主观臆断。要注意防止估价结果由于人为因素而出现偏差，避免估价人员的主观色彩。

（四）综合性

房地产估价的综合性可以表现在：

1. 房地产估价人员需要具备综合性知识。估价师不仅需要具备房地产估价专业知识，具备相关的建筑知识、工程概预算等知识外，还要涉及到法律、经济、社会学等领域的知识，还要有丰富的社会阅历与人文常识。房地产估价有时不仅包括有形资产（实物房地产），也包括无形资产。如在评估商业大楼及写字楼时，商业信誉、商业景观以及经营管理水平等构成该房地产的无形资产，在整体资产价值评估中必须重视。另外，房地产估价还具有一定的政策性。如在住宅评估时，还应考虑国家的有关政策，在评估土地的出让价格时，还应考虑出让方式及有关的产业政策。

2. 房地产估价有时需要综合作业。房地产估价有时需要估价师、结构工程师，以及建筑师、规划师等协同作业。如在评估某些旧有房地产时，为了确定主体结构的新旧程度，离不开结构工程师的技术鉴定；在运用假设开发法评估待建筑土地或待开发土地的价格时，有时需要勘察设计，在此基础上才能对土地作出比较准确的估价。

第二节 房地产估价的对象

房地产估价的对象就是一个具体估价项目中需要估价的房地产。

一、房地产的整体概念

房地产是指土地、建筑物及其他地上定着物，包括物质实体和依托于物质实体上的权益。

(一) 土地

广义的土地是指"地球上陆地的表层，包括水域在内。是由地貌、土、岩石、水文、气候、植被等要素组成的自然综合体"（《经济大辞典·国土经济·经济地理卷》，上海辞书出版社，1988年版）。对于房地产估价而言，主要指的是狭义的土地概念，即地球的表面及其上下的一定空间。由于土地在估价中的地位相当特殊，在此着重对土地进行分析。

1．在房地产估价过程中，主要可以从以下几方面对土地进行认识：

(1) 位置。常作为影响土地价值的最重要因素，包括国家、城市等大的区域确定以及地址、相邻关系等具体区域确定。

(2) 面积。必须是依法确认的面积，在我国通常以平方米（m^2）为单位。

(3) 形状。主要看地块的形状是否规则，不规则地块会对其价值有所影响。

(4) 四至。即该地块的东、南、西、北四边的情况描述。

(5) 周围环境和景观。

(6) 权属状况。在我国，必须注意土地是国家所有还是农民集体所有；是出让土地使用权还是划拨土地使用权；有土地使用期限的还有多长剩余年限；土地是否抵押、典当或为他人提供担保；权属是否有争议等等。

(7) 规划设计要求。土地是一个国家或城市的经济命脉，政府必须对土地的开发利用进行宏观控制并提出规划限制条件，主要包括：土地用途；建筑容积率，指单位面积土地上允许的建筑面积数，即用地范围内的建筑总面积与土地总面积之比；建筑覆盖率，又称为建筑密度，通常指用地范围内所有建筑物的基底总面积与该块土地总面积的比率，有时还用建筑物的最大水平投影面积占土地总面积的比率来表示，如果各层建筑面积均相同，则有：容积率＝建筑密度×建筑层数，因为：总建筑面积＝土地总面积×建筑密度×建筑层数；建筑高度；绿化率，指用地红线内绿化用地总面积占土地总面积的比率；建筑后退红线距离，指规定建筑物应距离城市道路或用地红线的程度。城市规划一般要求建筑物四周留有一定的空地，以作为建筑物的绿地和交通，满足建筑物的通风、采光、防火以及居住者的隐私权等要求；出入口方位；地面标高；其他如消防、环保、文物保护等方面的规定或要求。

(8) 利用现状。包括土地的实际用途等利用情况是否符合规划设计要求、土地上有无建筑物、构筑物或其他定着物及其具体情况。

(9) 基础设施与平整状况。即通常所说的"三通一平"、"五通一平"、"七通一平"。"三通一平"是建筑工程的基本要求，一般是指路通、水通、电通和场地平整；"五通一平"一般指具备了道路、给水、排水、电力、通信等设施或条件以及场地平整；"七通一平"则是指具备了道路、给水、排水、电力、通信、燃气、供热等设施或条件以及场地平整。

(10) 其他。包括地质情况、地下水位等，农用地还要看其土壤肥劣等。

2．土地的特征

为做好房地产估价工作，真正掌握房地产的估价技术，必须对土地的特征进行了解。土地具有固定性、耐久性和稀缺性，这些物理特性又决定了土地的垄断性与增值性等经济特性。作为房地产估价专业人员，尤其要对土地的经济特征进行深入的理解，具体包括：

(1) 垄断性：自然资源有一些是相对无限的，如空气、阳光、风力；而土地是绝对有限的。土地在社会经济活动中形成了各种各样的权利，对某一土地的拥有是独立的，反映在经济领域中就是一种垄断。如同马克思所指出的，地租是土地所有权在经济上的实现。

(2) 可塑性：土地不能再生，但是可以改良，对土地进行改造，通过劳动加工达到某种利用形态，也就是土地具有可塑性。如农村可以对土地施加肥力、开渠挖沟；城市土地的可塑性则表现为旧区改造等。

(3) 恒利性：恒即永久，即土地可以带来永久的利益，一种永续的收益。土地在中国古代称为"恒产"，孔子认为：有恒产而无恒心者，先也。土地能使人每年都得到一笔固定的、永恒的收入。在估价学中也要具体考察土地的收益。如在土地征用工作中进行土地收益的补偿等。

(4) 增值性：这是由土地的不可再生性所决定的，越是中心地区的土地越具有增值性。根据国际惯例，在正常情况下，即没有政治风波、没有战争、没有国际事件冲击，经济平稳繁荣，且逐步增长的情况下，城市土地的价格应该平均每5～8年翻一番（投机性增值除外）。

(5) 可变性：是指土地的使用收益的可变性。该可变性一方面是城市经济发展的自然趋势，另一方面可能来自于政府的管制，国际上统称为政府公法上的管制。在城市经济社会生活不断发展的过程中，土地的使用性质不是一成不变的。土地用途的改变必然带来收益的改变，而土地收益的变化必然导致土地价值的改变，反映在市场上其价格就会改变。

(6) 个别性：现实生活中不可能有同等条件、同等设施、同等利用价值的土地。每块土地都有其本身所固有的特征，房产同样如此。

3. 土地的种类

土地的种类与价格有关。土地本身无所谓种类，只是人类赋予土地的一种特定概念，为区分其使用性质和价值而人为制定的。人们为了便于区分相同性质的土地价值而对整个土地进行分类，一是为了把握房地产的价格，二是为了政府管理的需要。

世界各国对土地的有效管理都有一整套规范，土地的分类要以国家的法定归类为标准。

(1) 土地的法定分类

1) 建筑用地：只能用于建造建筑物或构筑物，而不能作其他用途的土地。这类土地的范围相当广泛，包括住宅、办公楼、商场、机场、仓库、监狱、庙宇等。

2) 生产用地：即农、林、牧、渔用地以及猎区、池塘、盐场、矿地等一系列直接用于生产的土地。

3) 交通水利用地：即该地必须用于发展交通事业与水利。如高架桥、普通公路、高速公路、铁路以及连接各省市的国道等。水利有河流、湖泊、码头等。

4) 其他用地：即除以上三种用地之外的土地，如沙漠、雪山、草原、沼泽等土地。

以上分类只是一种大类的分类法，对于房地产估价来说是不够的，还必须掌握专业性的分类标准。

(2) 土地的估价分类

土地的估价分类一般依据城市规划法进行分类，不同的城市有不同规划，它涉及到具体规范指标，是具有决定性的因素，常常成为不动产估价的价格基础。

1）工业用地：指按照城市规划法规定，以提供工业使用为主要用途的地区，称工业区。对此，国外有大量的管理法规，对各项管理指标作了规定，如污染、噪声、烟尘甚至面积、高度等。

2）住宅用地：指按照城市规划法规定，以建造住宅为主的地区。

3）商业用地：该土地只能用于经商，这类规定在大都市中相当普遍。

4）农业生产用地：主要指依附于城市的郊县土地，即俗称市郊、农业区，是为保证农业生产的正常发展而特别划定的土地。

5）保护区土地：该土地专门保留作为天然资源，其使用率相当低，只允许作低程度利用，一般其地上建筑面积只能占土地的百分之零点几。主要是为了便于拆迁，保持一定的空地，便于城市整体规划。

6）其他使用土地：即依据城市规划法进行土地分区使用，包括文教用地、娱乐用地、风景区、仓储区等。从城市经济学角度出发，城市土地的使用模式与使用收益表现在空间上的集中，以某一点为中心，然后向四周放射，呈扇形分布，即城市土地的使用具有规范性。

在房地产估价中，最重要的是对商业、住宅与工业用地的把握。除以上几种估价上的分类外，还有非都市的郊县土地使用分类，包括乡镇区、山坡地、保育区、森林区、农耕地（又可分粮棉地、蔬菜地、放牧地、林地、养殖地、窑地、盐地等）、国家保安用地、生态保护用地、交通水利用地、古迹保护用地、其他特定的事业性用地等等。

（二）建筑物

建筑物是指人工建筑而成，由建筑材料、建筑构配件和设备（如给排水、卫生、燃气、照明、空调、电梯、通信、防灾等设备）等组成的整体物。建筑物包括房屋和构筑物。房屋是指能够避雨并供人居住、工作、娱乐、储藏物品、纪念或进行其他活动的空间场所，一般由基础、墙、门、窗、柱、梁和屋顶等主要构件组成。构筑物是指建筑物中除了房屋以外的东西，人们"一般不直接在里面进行生产和生活活动的建筑物"（中国社会科学院语言研究所词典编辑室编：《现代汉语词典》，商务印书馆，1996年版），例如烟囱、水塔、水井、道路、桥梁、隧道、水坝等。从房地产估价的角度来看，主要可以从以下几方面来认识建筑物：

1．结构。结构主要是指建筑物中由承重构件（如基础、墙、梁、柱、屋架、支撑、屋面板等）组成的体系。如按照承重构件的主要建筑材料来划分的话，一般可分为：钢结构；钢筋混凝土结构；砖混结构；砖木结构；木结构；其他结构。

2．类型。针对商业用房、居住用房、工业用房、其他用房等不同用途的建筑，还可细分房屋类型，如居住用房一般又可分为单体别墅、联排别墅、高档公寓、花园住宅、新公房、新式里弄、旧式里弄或四合院、简屋等。类型与结构之间一般具有连带关系，如公寓类型的房地产，其结构不可能在砖木结构以下；而花园住宅可能是砖混结构或砖木结构，一般砖混结构较多。

3．式样。主要指外观、造型等建筑风格。如哥特式、西班牙式、独立式、连接式等建筑式样。目前国内的建筑对式样的要求还不高，但一些殖民地时期遗留下来的建筑，因式样独特而价值连城。

4．装修。包括外装修与内装修，主要涉及装修材料的标准与装修质量。

5. 设备。包括给排水、卫生、照明、空调、燃气、电梯、通信、消防等设备的配置与性能。

6. 质量。房屋的质量一般由专门机构进行测评，主要涉及建筑材料的质量、建造工艺、地面是否沉降等。

7. 面积。在我国，建筑物的面积以平方米为单位，主要按建筑面积计算，另外还可采用居住面积、使用面积、套内面积等。建筑物面积大，其价值不一定就高。

8. 楼层。按照层数或高度，可将建筑物分为低层建筑、多层建筑、高层建筑和超高层建筑。评估楼房内某一具体单元时，还应注意该评估单元所处的层面位置。

9. 朝向。中国地大物博，不同地区的生活习惯不同，对建筑物尤其是住宅的朝向也有不同的要求。朝向不同，建筑物的价值可能有所不同。

10. 权属。建筑物在所有权上可以与土地相分离，而不属于同一人所有，但要受到土地使用权年限的约束。《中华人民共和国城镇国有土地使用权出让和转让暂行条例》第40条规定："土地使用权期满，土地使用权及地上建筑物、其他附着物所有权由国家无偿取得。"建筑物所有权又可分为单独所有、共同共有、按份共有等。

(1) 单独所有是指房地产的所有人为单一的自然人或法人。

(2) 共同共有是指房地产的所有人是二个以上的法人或自然人。其特点在于，任何一位共同所有人都不可能明确占有该房地产的某一具体部分，而是所有共有人对同一房屋享有共同的平等的权力，房屋所有权不划分为一定比例。假设土地与房产既不属于甲一个人的，也不属于乙一个人的，而是甲乙共同财产，也就是说甲和乙都不能明确土地归谁所有或房产归谁所有，而是双方共有，只能通过平均分摊来处理。在房地产估价中可能会碰到类似问题，如涉及墙体的归属问题时，必须分清该墙体是自有、他有还是共同共有。

(3) 按份共有的一般概念也是指房地产的所有人是二个以上的法人或自然人。但其特点与共同共有不同，即对房屋所有权划分一定比例份额，各主体对各自所持份额享有所有权。

11. 年代。主要指建造年代，如开工日期和竣工日期，在历史悠久的城市要注意建筑物是否属于保护建筑范围。

12. 保养。主要指维修、养护状况与完损程度。不同的保养，建筑物的折旧也不同，保养是否得当很大程度上影响到建筑物的价值。

13. 其他。包括建筑物在用地范围内所处的位置、层高、通风、采光、隔声、隔热还有物业管理情况等。

（三）其他地上定着物

其他地上定着物是指固定在土地或建筑物上，与土地、建筑物不能分离，或虽然能够分离，但分离后会破坏土地、建筑物的功能或完整性，或者使土地、建筑物的价值明显受到损害的物。如为了提高土地或建筑物的使用价值或功能，种植在地上的树木、花草；埋设在地下的管线、设施；在地上建造的庭院、花园、假山、围墙等。而在地上临时搭建的帐篷、戏台等则不属于房地产。

房地产是物质实体与权益的结合，依托于物质实体上的权益主要有所有权、使用权、抵押权、租赁权等。物质实体是权益的载体，而最终体现房地产价值的是其权益。同一物质实体的估价对象房地产，如果附着于其上的权益不同，评估出的客观合理价格或价值也会有所不同。

二、房地产的表现形式

概括地说，作为房地产估价对象的房地产主要有以下几种表现形式：

1. 单纯的地产，即地上无建筑物的空地。必须指出的是，即使在土地上有建筑物的情况下，也可以单纯进行土地的评估，如征收土地税费时，常常需要对单纯的土地价值进行相关评估。一般情况下，可以有两种做法：或者将其看作为无建筑物的空地；或者考虑建筑物存在对土地价值的影响。

2. 单纯的房产，即不考虑固着的土地价值的单纯建筑物。在现实生活中不可能存在纯粹意义上的单纯房产，但在为房屋投保火灾险等情况下，需要对建造在土地上的建筑物进行单独评估。一般情况下，可以有两种做法：或者将其设想为没有土地的"空中楼阁"；或者考虑土地存在对建筑物价值的影响。

3. 房产与地产相结合的房地产，即土地与建筑物的综合整体。目前许多市场性评估主要都是对房产与地产相结合的房地产进行整体评估。

人们通常所称的房地产，可指土地，也可指建筑物，还可指土地与建筑物的合成体。在实际估价中，估价对象的物质实体可能既有土地也有建筑物，也可能只是它们中的某一部分，如土地、房屋、构筑物、附属设施、在建工程等各种房地产物质实体的某一部分；但估价对象同时必须包括依托于该物质实体上的具体权益。

三、房地产的权益

权益就是权利与利益，从某种角度来说，物的本身不是财富，拥有对物的权利才是真正的财富。房地产的权益应该根据法律行为而取得或设定，经过登记才能产生效力，其前提是合法，即房地产权益是受法律保护的财产关系。在房地产估价中这些权利和利益是构成房地产价格的重要基础。因此，在估价学领域中必须研究房地产的权益。房地产的权益主要可以分为两大类，即所有权以及由所有权衍生的租赁权、抵押权、典权、地上权、地役权等限制所有权的物权。

（一）所有权

房地产的所有权是指对房地产的占有、使用、收益与处分的权利。所有权所包含的要素及有关的要点表现在以下几方面：

1. 房地产所有权是一种全权

房地产有两类基本的权力状态，一类是完全产权，一类的有限产权。其中所有权就是完全的产权，即占有、使用、收益、处分四种表现形式缺一不可。作为完全产权，它所具有绝对性和排他性使其不同于有限产权。

2. 所有权的核心在于处分权

处分权就是对房地产能够进行自由处分的权利，也可以称为支配权、处置权。处分权具体可以表现为转让、出租、托管、赠与、分割、交换、抵押、典当、捐献等。一个人拥有对房地产的所有权就意味着在合法的前提下可以不受任何干扰地处分自己的房地产。

3. 所有权是纯法律上的支配权，并不等于事实上对房地产的支配权

事实上的支配权是法律上的支配权所派生的，对抗性的暴力支配除外。我们平时所说

的对房地产的占有或使用是指事实上的控制，占有人事实上对该房地产进行控制与支配，但他并不一定就是所有人本人。在非常时期可以表现为对抗性暴力夺取。如解放初期，所有敌产、孽产、官僚买办产等均被没收，这种暴力占有不须经过法律程序。而另一种实际上的支配控制是经过法律程序的，如承租人通过一定的法律程序签订了租约，就拥有了对该房地产实际的使用权。可见，事实上的占有人可以是产权所有人，也可以是非产权所有人。所以说，所有权是一种纯法律上的支配权，并不等于事实上对不动产的支配权。

4. 所有权的本质在于收益权

一切权力只有反映在经济利益上才具有实际的意义。如土地本身是一种资产，它在经济运动过程中是一种资源，谁拥有土地就拥有了资产，将其投入经济运行就能产生收益，转而成为资本，它的本质在于能够带来一份基本的永续的收益，在于增值，在于孳息。所以马克思把地租看作是土地所有权借以在经济上的实现。收益权的具体表现一般为两种形式：一是所有人自己使用房地产而获得收益；二是出租给他人，供他人使用而获取租金或使用费以取得收益。有时所有权本身也是一种无形资产。

必须指出的是，虽然房地产的所有权是一种全权，但这种权力只有在合法的范围内才能成立。法律是为了公众的利益而制定的对人们行为的强制性规范，所有权权利范围内凡是有损于国家民众利益的地方都要受到法律的限制。房地产所有权的限制性具体可表现在：

1. 所有权的本因限制

所有权的本因限制取决于房地产的种类，种类不同则限制不同。如土地的所有权虽然涵盖了地表以上和地表以下，但其权利所及的高度和深度是不同的，针对森林、荒野、河流、湖泊、矿山、耕地、住宅地等的不同而具有不同内容。

2. 所有权的法律限制

由于房地产具有特殊的环境相关性，政府有关部门会对房地产的所有权做出一定的限制。法律限制的内容相当广泛，涉及的法律包括军事法、水利法、交通法、森林法、名胜古迹保护法、公共事业法等等，这些法令会对许多所有权的权利范围加以限制。如政府要求房地产开发商必须兴建配套服务设施；规定保护建筑的使用与改造必须符合有关标准；部分地区周围不能兴建高层建筑或规定一定的建筑高度等。同样，对于某一居民小区的业主来说，即使拥有住宅单元的所有权，也不能任意改变房屋的外观或功能，发生损害相关居民利益的行为。这些对房地产所有权的限制均起到了保证整个社会经济和谐发展的作用。

房地产估价主要用于对房地产所有权的估价。由于我国城市土地属于国家所有，我们更多探讨的是关于建筑物的所有权问题。

（二）所有权衍生的其他主要权益

当所有权的占有、使用、收益与处分四种表现形式中缺少任一部分时，该所有权就受到了一定的限制，即表现为由所有权衍生的租赁权、抵押权、典权、地上权、地役权等，一般也称为他项权利。他项权利包括所有权以外的对房地产所拥有的所有权力。这些权益能单独产生利益，可分别形成价格。在房地产估价时，应注意所有权有无受到这些权益的限制，这将影响其所有权的价格。

1. 租赁权：是指将房屋交付承租人使用、收益，由承租人向出租人支付租金的权利。

房屋出租人应当是拥有房屋所有权的自然人、法人或者其他组织，但依法代管房屋的代管人或者法律规定的其他权利人也可以是房屋出租人。租赁权的成立一般以支付年租金和遵守租赁合同为条件。租赁是房地产流通领域中的重要形式，租金是衡量房地产价值的重要尺度。房地产租赁通常有以下几种：

(1) 建筑地块租赁。其租赁期限一般不低于30年，如我国的香港地区曾被租赁99年。

(2) 建筑物租赁。包括商场、住宅、厂房等。

(3) 转租。即原承租人对其租赁的房地产再次出租。转租一般需具备两个条件，一是转租租金一般要高于原租租金；二是转租期限须在原出租期限之内。

国际上还有永佃租赁、终身租赁等，在特定国家或情况下进行，是特许的。

租赁权是有限权利，其权益的行使要受到多方面限制，限制内容一般应在租赁契约中载明，而且越详细、越规范越好，其主要内容应包括：保证财产有良好使用和维修；未经业主许可，承租人不能改变建筑物原始的结构面貌；租赁期满，房地产应原物返还；未经出租人许可，承租人权益部分不得分割或转租，等等。

2. 抵押权：是指债务人或者第三人以不转移占有的方式向债权人提供土地使用权、房屋和房屋期权作为债权担保的权利；在债务人不履行债务时，债权人有权依法处分该抵押物并就处分所得的价款优先得到偿还。抵押期间债权人不享有该房地产的占有、使用与收益权。

3. 典权：是指承典人支付典价，占有出典人的房地产作为使用和收益的权利。"典"就是到期可以回赎的意思。根据国家经贸委的有关规定，典权是出典物为不动产情况下的专门名称（出典物为动产的情况下称为"当"）。由于用于出典的房地产在出典期间，其占有、使用、收益权均已转移，因此典金一般要高于抵押金。

4. 地上权：它是指以在他人土地上有建筑物或其他工作物为目的而使用其土地的权利，系大陆法系国家物权法中最重要的用益物权种类之一。地上权的取得一般是有偿的，但也可以由当事人自行协商约定是否支付地租以及地上权的期限。地上权可以转让、抵押和继承。

5. 地役权：地役权是指以他人土地供自己土地便利而使用的权利，如排水权、通风权、通行权、眺望权、引水权、禁止权、拾取权等。地役权一般涉及两个分属不同所有权人的地块，其中供他人土地使用的土地为供役地，其所有权人称为地役人，享有地役权的土地为需役地，其所有权人被称为地役权人。地役权附着于需役地，其适用范围的大小由可设定的"需役地利益"而定。地役权一般不能单独进行转让、继承或进行其他处分。地役权属于用益物权中的役权，是一种古老的他物权形式，为各国物权法所承认。如在法国、德国、奥地利等国，其民法规定的役权包括地役权与人役权两种，而日本及我国台湾地区民法则仅设地役权一种。地役权还可分为积极地役权、消极地役权；继续地役权、非继续地役权；表现地役权、非表现地役权等。

地役权的特征在于：地役权仅仅是以自己土地使用方便为目的，不能是经济上的目的。如拾取权，即我的东西掉在别人的土地上，我可以拿回来。但它有别于采集权，别人的森林里有蘑菇，我去采回来，这涉及到了经济上的收益，就不再是地役权，而是一种取利权；地役权仅仅为保证自身的使用量，而不能超出自用量，如引水权、通行权等等。

随着房地产经济的发展，人们对采光权、通风权等相关权益越来越重视，并已出现了一些法律纠纷。但到目前为止，我国现行法律中仍无有关地上权、地役权的明确规定。我国民法通则第八十三条只对相邻关系作了规定："不动产的相邻各方，应当按照有利生产、方便生活、团结互助、公平合理的精神，正确处理截水、排水、通行、通风、采光等方面的相邻关系。给相邻方造成妨碍或者损失的，应当停止侵害，排除妨碍，赔偿损失。"而相邻关系实质上可以被认为是一种法定地役，仍属于所有权的限制范畴，不产生新的物权，相邻权人行使权利一般是无偿的；实际上，除了法定地役外，完整意义上的地役权还应有约定地役，即双方根据需要协商，在契约中自由约定权利的存续时间与有偿与否。如乙住宅小区建成后，为方便起见，希望利用甲住宅小区的某条道路作为乙小区的交通通道。由于涉及甲小区道路的通行权，则乙小区应与甲小区协商，该道路通行权是有偿取得还是无偿取得，取得的期限是多少等一系列问题。

另外，根据具体情况的不同，有限权还可以有使用权、居住权、优先取得权等各种不同的种类。

四、房地产的类型

房地产的类型不同，所采用的估价依据与估价方法也应有所区别。因此，对于房地产估价来说，房地产的类型主要有以下五种划分：

1. 按用途可划分为居住房地产、商业房地产、办公房地产、工业房地产、特殊房地产和综合房地产；

2. 按开发程度可划分为生地（不具有城市基础设施的土地）、毛地（具有一定城市基础设施，但地上有待拆迁房屋的土地）、熟地（具有完善的城市基础设施，能直接在土地上进行房屋建设的土地）、在建工程（地上建筑物已开始建设但尚未建成，不具备使用条件的房地产）、现房；

3. 按经营使用方式可划分为出售性房地产、出租性房地产、营业性房地产、自用性房地产。对于房地产估价而言，这种分类可以方便估价方法的选用，如出售性房地产可以选用市场比较法进行估价；出租或营业性房地产可以选用收益还原法进行估价；自用性房地产则可以选用成本估价法进行估价；

4. 按是否产生收益可划分为收益性房地产和非收益性房地产。是否属于收益性房地产，不是看该房地产的实际使用与收益状况，而是看一般社会状态下该类房地产在本质上是否具有直接产生经济收益的能力。如某栋出租性公寓因市场不景气而未出租出去，并不等于该栋出租性公寓无收益。

5. 按所属社会性质可划分为投资性房地产、消费性房地产、服务性房地产（也称公益性房地产）和混合性房地产。

前面三种类型房地产的价值特征与价值类型分析见表1-1

五、房地产的特性

房地产的特性主要取决于土地的特性，是以土地的特性为基础的。

1. 位置固定性

房地产的位置固定性是由土地的特殊性而形成的。房地产是以土地为基础的，土地在地理位置上的不可移动性使得建筑在该地块上的房屋一旦形成，就无法改变其所在位置，同时形成与该房地产相对应的独特的自然与经济环境。两宗物质上完全相同的房地产,位置不同,所处的环境不同,其价值有所不同。因此,位置固定性也可引申为独一无二性,表现为房地产市场上的"一房一价"。这一特性要求在房地产估价中必须到实地察勘,了解房地产的状况与环境,才能给出合理客观的评估价格。

房地产的价值特征和类型　　　　　　　　　　　　　　　　表 1-1

房地产类型	价值特征	价值类别
投资性房地产	所有者可获得直接的经济效益; 适宜于在市场上出售; 对所投资的资本可以收回	使用价值 交换价值 市场价值 投资价值
消费性房地产	对所有者具有可用性但无直接收益; 适宜于在市场上出售; 对原有购买成本难以收回	使用价值 交换价值 市场价值
服务性房地产	对所有者具有可用性但无直接收益; 不适于在市场上出售; 对原有的投资成本难以收回	使用价值 交换价值

2. 长期耐用性

房地产是高档耐用消费品,土地的不可灭失使房地产的长期耐用性成为可能。一方面,土地上的建筑物根据结构的不同至少具有数十年的耐用年限,如果维护保养得当,甚至可以使用上百年。具体住宅房屋耐用年限(考虑良好保养的前提下)见表 1-2。

住宅房屋耐用年限表　　　　　　　　　　　　　　　　表 1-2

房屋结构	钢结构	钢混结构	砖混结构	砖木结构	其他结构
耐用年限	80~100 年	60~80 年	50~60 年	40~50 年	30 年以下

另一方面,在中国大陆,实行土地使用权有偿有期限使用制度。国家规定,土地使用权在规定的使用年限内可以转让、出租、抵押或进行其他经济活动,土地使用权期满,土地使用权及其地上建筑物、其他附着物所有权由国家无偿取得,欲重新取得土地使用权需重新办理相关手续并交纳相应的土地使用权出让金。因此,在对土地使用权进行估价时,应注意土地使用权在法律范围内的剩余年限,如土地使用权只剩很短使用年限的情况下,即使地上建筑物再豪华、坐落位置再好,也可能不值钱。国家规定的土地使用权出让最高年限见表 1-3。

土地使用权出让最高年限表　　　　　　　　　　　　　　表 1-3

用途	居住	工业	商业旅游娱乐用地	科教文卫体	综合或其他
年限	70 年	50 年	40 年	50 年	50 年

3. 环境相关性

环境相关性又可称为相互影响性。房地产固着于土地上,与周围的自然环境与经济环境密不可分，并与自然环境、经济环境相互影响。首先，现实环境对房地产价格产生直接影响。如同样两宗房地产，其他条件全都相同，但其中一宗房地产前面的景观是一个街心花园，另一宗房地产前面的景观是一个农贸市场，那么这两幢房地产的价格可想而知是如何的不同。其次，环境的累积性投入会对房地产的价格趋势产生影响。如一宗房地产在得知周边按规划将建造轨道交通，那么该房地产的价格也将直线上升。再次，一宗有影响的房地产也可以反过来带动该地区的环境建设，促进区域经济的发展。

4. 用途多样性

房地产在人类的生活中几乎无所不在，房地产的用途包括居住、商业、旅游、娱乐、工业等等，而房地产价格与其本身的用途有着直接的联系。一般来说，一宗房地产的用途一旦限定就不能随意改变，因此在估价领域，房地产用途的多样性主要在评估空地价格时考虑得比较多，即考虑该幅土地在最佳用途下的价格。从经济角度来看，土地利用选择的一般顺序是：商业、办公、居住、工业、耕地、牧场、牧地、森林、不毛荒地。

5. 易受限制性

任何国家对房地产的建设与使用都会有或多或少的限制。由于房地产与周围的自然与经济环境密不可分，因此，一宗房地产的建设不仅仅是该房地产本身的事，必须通过政府有关部门的综合协调，保障消费者的合法利益，达到该房地产周边区域乃至整个地区经济的综合平衡。如政府对建筑容积率、建筑高度等建筑参数进行规划限制；对土地供应量与用途进行宏观调控；为满足社会公共利益需要对房地产行使行政征用权；要求开发商必须保证新建小区的配套服务设施等等。房地产的不可移动性还使房地产市场与价格受到政府相关政策及其未来变化趋势的影响，因此，在房地产估价中必须考虑待估房地产项目的法律与政策的限制性，保证评估价格的合理性。

6. 保值增值性

一般商品随着使用过程中的消耗磨损，其价值（或价格）逐渐减小，但房地产却具有保值性与增值性。从房地产经济学的角度来看，升值是房地产的客观规律。房地产之所以能够保值增值，主要包括以下几方面原因：①土地的稀缺性。房地产的保值性与增值性集中体现在土地上，土地具有永续性，其本身不存在折旧。而且在目前的科技水平下，地球上的土地面积是有限的，且土地总量只可能减少不可能增多，而土地价格是房地产价格中最重要的组成部分，这就使必须建筑在土地上的房地产具有了保值性与增值性。②随着社会经济与区域经济的持续发展，公共投资等环境的累积性增加使房地产的效用得以加强。③人口的增长与城市化发展引起房地产需求上升。④房地产本身的投资改良与独特设计增加了房地产的自身价值。一般来说，地上建筑物随着使用年限的增加，其价值会通过折旧形式而逐年减少，房地产的保值增值主要由土地的保值增值所产生，但一些蕴含历史价值的优秀保护建筑的价值不仅不会降低，而且经过良好的修缮与保护后，其价值还会随着时间的推移而大幅上升。另外，不断对建筑物进行修缮改造也可使建筑物保值增值。

房地产的保值增值性应该从长期趋势来看，并不排斥某宗房地产的价格在短期内下降，如金融危机、环境恶化、过度投机、泡沫经济等均会造成房地产价格在短期内下挫。但从房地产价格变化的总体趋势来看，房地产是保值增值的。另外在中国大陆，房地产市场中的土地价格应该是指有期限的土地使用权的价格，其保值增值性应受到土地使用权年限的限制，在估价时要考虑一定的价格预期。

六、房地产业的特征

房地产的特性给整个房地产行业带来了明显的特征，主要有：①行业渗透兼容性；②交易形式多元性；③价格形式复杂性；④融资配合密切性；⑤中介服务普遍性；⑥法律规范严格性。这些特征对于房地产估价工作具有一定的指导意义。具体内容在后面的章节中将有所涉及，在此不再详细阐述。

第三节 房地产估价的原则

规定房地产估价原则，是为了确保不同的估价人员对估价的基本前提具有认识上的一致性，在遵循规定的估价程序，采用适宜的估价方法和正确的处理方式的前提下，对同一估价对象的估价结果能具有近似性。估价人员应该正确理解房地产估价原则，以此作为估价时的指南。

关于房地产估价的原则，大致有两种观点。第一种是注重于房地产价格形成过程，以房地产价格形成的基本原理为主线所阐述的。持这种观点而形成的房地产估价的基本原则有：需求与供给原则；变动原则；替代原则；最有效使用原则；均衡原则；收益递增递减原则；收益与分配原则；贡献原则；适合原则；竞争原则；预测原则。

另一种是兼顾房地产估价工作和房地产价值形成过程，以房地产估价工作的标准和行为准则为主线所阐述的。持这种观点而形成的房地产估价的基本原则有：合法原则；最有效使用原则；供求原则；替代原则；估价时点原则；公平原则。

本书主要根据1999年2月建设部会同国家质量技术监督局联合发布《中华人民共和国国家标准房地产估价规范》，将房地产估价的原则归纳为以下四项：合法原则、最高最佳使用原则、替代原则和估价时点原则。事实上，不论用哪一种阐述方法，其基本原理均可融会贯通。

一、合法原则

房地产估价应遵循合法原则，即必须以估价对象的合法使用、合法交易或合法处分为前提进行。所谓合法，是指符合国家的法律、法规和当地政府的有关规定。如在评估时涉及到房地产的用途、土地的容积率、覆盖率、建筑高度和建筑风格等，这些都必须符合城市规划法、土地管理法、建筑法及税法等，否则将导致错误的评估。

（一）房地产估价主体的合法性

即要求专业估价机构和专业估价人员的估价活动必须符合国家和地方相关的法律、法规、政策、制度和规定。参与估价的工作人员必须具备房地产估价师或估价员执业资格；专业估价机构必须取得房地产估价资质等级，并在相应的允许估价的范围内承接估价业务。

（二）房地产估价客体的合法性

1. 估价时必须确认估价对象具有合法的产权。确认产权应以有效的房地产权属证书、房地产权属档案的记载和其他有关合法证件为依据。现行的房地产权属证书有土地权属证书、房屋权属证书或者统一的房地产权证书。房屋权属证书有《房屋所有权证》、《房屋共有权证》、《房屋他项权证》三种；土地权属证书有《国有土地使用证》、《集体土地所有证》、《集体土地使用证》、《土地他项权利证明书》四种；统一的房地产权证书有《房地产权证》、《房地产共有权证》、《房地产他项权证》三种。另外，估价时还需确认产权的完整性，注意部分与完全产权、独有与共有产权、临时与永久产权等合法产权之间的价值区分。在无法确认估价对象产权合法性的情况下，必须在估价报告中说明估价过程和结论是在假定估价对象具有合法产权的情况下才是有效的。

2. 估价时所涉及的估价对象的用途必须是合法的，如必须符合城市规划限制的要求。在超越用途范围情况下进行的估价，其评估价格是无效的。

3. 在估价中如果涉及估价对象的交易或处分方式时，该交易或处分方式必须是合法的。合法处分应以法律、行政法规或合同等允许的处分方式为依据。处分方式包括买卖、租赁、抵押、典当、赠与等。例如在涉及到划拨土地使用权单独设定抵押的估价时，就必须考虑到划拨土地使用权在得到土地行政主管部门的批准并补交土地使用权出让金或向国家上缴土地收益之后才能设定抵押，此时该目的下的估价对象才具有合法性。

二、最高最佳使用原则

由于房地产具有用途的多样性，且房地产所有权人通常都期望能从其资产中获得更多的收益，并以此作为选择用途的依据。所以，房地产价格应体现该房地产最高最佳使用状态下的价格。如根据《中华人民共和国土地管理法》规定："征用耕地的土地补偿费，为该耕地被征用前三年平均年产值的六至十倍。"严格意义上讲，其中该耕地平均年产值应指该耕地在最高最佳使用状态下的年产值，而非该耕地征用前三年的实际用途年产值。

遵循最高最佳使用原则，应以估价对象的最高最佳使用为前提估价。所谓最高最佳使用是指法律上许可、技术上可能、经济上可行，经过充分合理的论证，能使估价对象的价值达到最大的一种最可能的使用。其中，法律上许可，也就是满足合法原则的要求；技术上可能，主要是指房屋建筑工程方面的技术能够得以实现，如建筑材料性能、施工技术手段等必须满足要求；经济上可行，法律与技术上的要求终究都要经过经济可行性的检验，一般来说，只有收入现值大于支出现值的使用方式才具有经济可行性，否则应该被淘汰。

在对房地产进行估价时，应按房地产在最高最佳使用状态下所应具有的最佳效用或所能产生的最高收益，来判定其市场价格或所要求的其他评估价格。在估价过程中应坚持最高最佳使用原则的原因主要是：

1. 同一房地产用途不同，其价格也不相同。

2. 即使房地产的既定用途合理，但由于种种原因其效用或收益也可能没有充分发挥出来。这样，如果按现有的使用情况进行评估，将导致低估其价格。

如某宾馆甲，因经营管理不善，年纯收益为500万元，而邻近的且规模与档次相同的另一宾馆乙，其年纯收益则高达700万元。若宾馆的资本化率为10%，则直接按照两个宾馆的实际纯收益估算其价格（价格=年纯收益/资本化率），分别为5000万元和7000万元。因此，直接根据现有的使用情况来评估宾馆甲，将低估其价格约为2000万元，这样的评估显然是不合理的，是难以令人信服和接受的。

3. 当房地产的现状限制其最高最佳使用时，将造成房地产的价格降低。为了确定其减价额，也要判定其最高最佳使用情况并与之进行比较。这包括如下两种主要情形。

(1) 第一种情形,是土地与建筑物不均衡,造成土地或建筑物价格降低,如在市中心建造简易住房。

(2) 第二种情形,是房地产与周围环境不协调造成减价,如高档住宅旁有污染源。

4. 为适应社会发展或城市建设的需要,房地产将会改变目前的用途。

例如:某城市市郊有一块农田,若按农田价格出售则为 100 元/m^2,但根据该城市发展规划,该农田 5 年后的法定用途将变为住宅用地,其价格将达到 1000 元/m^2。在这种情况下,该土地目前的市场价格就不能按农田评估为 100 元/m^2,在评估时应考虑 5 年后该土地将按住宅地使用这一未来情况。

可见,进行房地产评估时,不能受现实的使用状态所限制,不仅要判定其使用情况是否为最高最佳使用状态及其限制有效利用的程度。而且应对在何种情况下才能达到最高最佳使用作出正确判断,具体要考虑:①该估价对象的最高最佳使用状态是什么;②目前的使用状态是否符合最高最佳要求;③如果目前不是最高最佳使用状态,能否在保证转换成本经济性的前提下,通过合法途径转换为最高最佳使用状态;④该估价对象的最高最佳使用状态能维持多久。

另外,在此必须强调指出,房地产的最高最佳使用并不是随心所欲的,必须符合相应的法律规定,即在规划规定范围内的最优选择。

当估价对象已做了某种使用,估价时应根据最高最佳使用原则对估价前提作出下列之一的判断和选择,并应估价报告中予以说明:

其一,保持现状的前提。认为保持现状继续使用最为有利时,应以保持现状继续使用为前提进行估价。现有建筑物应予保留的条件是:现状房地产的价值大于新建房地产的价值减去拆除现有建筑物的费用及建造新建筑物的费用之后的余额。

其二,装修改造的前提。认为装修改造但不转换用途再予以使用最为有利时,应以装修改造但不转换用途再予以使用为前提进行估价。对现有建筑物应进行装修改造的条件是:预计装修改造后房地产价值的增加额大于装修改造费用。

其三,转换用途的前提。认为转换用途再予以使用最为有利时,应以转换作用后再予以使用为前提进行估价。转换用途的条件是:预计转换用途所带来的房地产价值的增加额大于转换用途所需的费用。

其四,重新利用的前提。认为拆除现有建筑物再予以利用最为有利时,应以拆除现有建筑物后再予以利用为前提进行估价。

其五,上述情况的组合。如一部分保持现状继续使用、另一部分装修改造转换用途后使用等。

三、替代原则

遵循替代原则,要求估价结果不得明显偏离类似房地产在同等条件下的正常价格。在这里,类似房地产是指与估价对象处在同一供求圈内,并在用途、规模、档次、建筑结构等方面与估价对象相同或相近的房地产。其中,同一供求圈是指与估价对象具有替代关系、价格会相互影响的适当范围。

从现实的经济行为来看,任何经济主体都是要以最小的费用(或代价、投入)取得最大的收益(或效用、产出),他们在购买物品时,都要选择效用大而价格低的商品。这样,在同一市场中，类似商品（包括有形的货物和无形的劳务）的价格将相互影响、相互牵制，价格最终彼此接近，这即是替代法则。替代原则的理论依据是同一市场上相同物品具有相同市场价值的经济学原理。

房地产价格同样受到替代法则的影响。替代原则是保证房地产估价能够通过运用市场资料进行和完成的重要理论前提：只有承认同一市场上相同物品具有相同的市场价值，才有可能根据市场资料对估价对象进行估价。

替代原则也反映了房地产估价的基本原理和最一般的估价过程：房地产估价所要确定的估价结论是估价对象的客观合理价格或价值。对于房地产交易目的而言，该客观合理价格或价值应当是在公开市场上最可能形成或者成立的价格，房地产估价就是参照公开市场上足够数量的类似房地产的近期成交价格来确定估价对象的客观合理价格或者价值的。替代原理是市场比较法成立的理论依据。

替代法则实际上与收益法也有较深的渊源关系。在估价实务上，我们可根据某房地产的价格来确定能与该房地产产生同等净收益的其他房地产的价格。另外，根据替代法则，如果现存房地产价格高于重新建造的具有同等效用的房地产成本，则自然会选择重新建造房地产，从而使可重置的现存房地产价格受到重置成本的牵制，重置成本必然成为现存房地产的价格上限。因此，替代法则也是成本法的理论依据之一，它属于房地产价格形成法则的核心内容之一。

可见，两宗以上互有替代性的房地产同时存在时，房地产的价格是经过两者相互影响之后才决定的，即房地产的价格要受同类型具有替代可能的其他房地产价格所牵制。可以相互替代的房地产如果价格差异很大，市场就会选择低价房而淘汰高价房，因此可替代性房地产如果都想生存，其价格必然趋向于一致。

四、估价时点原则

估价时点也被称为估价基准日、估价日期、估价期日等，它是指决定估价对象房地产的估价额所指的具体日期，通常以年、月、日表示。在房地产估价时若不以估价时点为基准日，则会因市场的变动而出现很多混乱，如供求状况分析、价格影响因素分析、区域因素分析、个别因素分析，以及对房地产的用途是否合理的分析和房地产投资或改造的合理性分析等都难以统一在一个基准进行。因此，坚持估价时点原则是保证估价作业顺利进行的前提，在房地产估价时坚持估价时点原则，还具有更为重要的意义：

1. 估价时点明确了估价的责任界限。

2. 估价时点是确定建筑物折旧、土地使用权出让剩余使用年限、土地增值税等的标准。

在估价作业时，必须假定市场情况停止于某一时点，所有估价资料的分析及运用均应以该时点为基准。这就是估价时点原则。

遵循估价时点原则，要求估价结果应是估价对象在估价时点的客观合理价格或价值。也就是说，估价结果只能代表某一时点上的价值，而不是一段时间内的价值，更不是所有时间段均可适用的价值。该原则强调的是估价结果具有很强的时间相关性和时效性。

估价结果首先具有很强的时间相关性，这主要是考虑到资金的时间价值，在不同的时间点上发生的现金流量对其价值影响是不同的，如现在的十元钱与两年后的十元钱具有不同的价值。所以，在房地产估价时统一规定：如果一些款项的发生时点与估价时点不一致，应当折算为估价时点的现值。

估价结果同时具有很强的时效性，这主要是考虑到房地产市场价格的波动性，同一估价对象在不同时点会具有不同的市场价格。所以强调：估价结果是估价对象在估价时点的价格，不能将该估价结果作为估价对象在其他时点的价格。

在实际估价中，要注意将估价时点与估价作业日期区分开来。估价作业日期是指从接受委托到完成估价报告之间的日期，是一个时间段，一般可以是10~15个工作日，大型项目的估价作业日期可以是30天或更长。估价时点是一个时间点，指具体某一天。估价时点可以而且经常和估价作业日期同步，即要求评估估价作业日期的现时价格，但估价时点也可以是过去或者未来，如对房地产纠纷进行处理时的估价或对房地产市场进行预测等。

如某公司因对一宗房地产2004年3月1日的评估价格有疑异，特委托某房地产估价事务所进行复评，该估价事务所于2005年3月1日接受委托，并于2005年3月12日完成估价报告。在此例中，估价作业日期为2005年3月1日~3月12日，估价时点为2004年3月1日。

第四节 房地产估价的必要性

房地产作为一种与众不同的特殊商品，对其进行专业估价具有相当重要的意义。首先，房地产具有独一无二的特性，严格意义上讲，世界上不存在完全相同的房地产，房地产的这一特性客观上要求对每一块土地、每一宗房地产实行"一地一价"、"一房一价"，需要对不同的房地产进行单独估价；其次，房地产价格的影响因素相当复杂，需要具有扎实的理论知识与丰富经验的专业人士进行价格判断；再次，由于房地产的位置不可移动，且其市场进入易受到规划、政策等的限制，造成房地产的市场信息不充分，需要专业估价人员参与房地产价格的估价工作。可见，房地产估价对于建立合理的房地产交易秩序，促进房地产公平交易具有重要意义。其必要性具体表现为：

1. 房地产管理的需要

为了加强对房地产的科学管理，我国相关的法律、行政法规和政府部门都提出了完善房地产估价制度的要求，《中华人民共和国土地管理法》规定了"国家依法实行国有土地有偿使用制度"，"国有土地和集体所有的土地使用权可以依法转让"。《中华人民共和国城市房地产管理法》中也规定了：确定定期公布的基准地价、标定地价和各类房屋的重置价格，需要估价；调整土地使用权出让金、确定土地使用权的补偿金额，需要估价；对于房地产权利人转让房地产的不实成交价，需要估价；确定土地收益，需要估价等等。这些规定与要求都使房地产估价成为许多工作的首要前提。

2. 房地产交易的需要

房地产作为商品，在交易过程中，需要确定买价与卖价。卖价是站在卖者的角度，指卖者出售房地产时所愿意接受的价格。由于卖者至少要在赚回成本的基础上多卖些钱，出售房地产时所愿意接受的价格总有一个最低价格，买者的出价必须高于这个最低界限他才愿意出售，其心态是在此最低界限之上，价格越高越好。买价是站在买者的角度，指买者购买房地产时所愿意支付的价格。由于买者总想少付些钱，而且越少越好，买者购买房地产时所愿意支付的价格总有一个最高价格，卖者的要价必须低于这个最高界限他才愿意购买，其心态是在此最高界限之下，价格越低越好。无论是买方还是卖方都会有自己的最高心理价位与最低心理价位。只有当买方的最高心理价位等于或高于卖方的最低心理价位时，交易才能达成。因此，双方具有何种价格界限，对于房地产交易来说至关重要。而由于房地产的独一无二与房地产市场的不完全性，在房地产交易过程中，许多当事人不易掌握市场行情，这一关键性的价格界限往往需要请专业的房地产估价机构来为其提供价格参考依据。

3. 房地产抵押或典当的需要

房地产的价值巨大，使其在交易过程中往往需要金融机构的参与。金融机构为保障自身的利益，减少可能存在的风险，一般要求借款人以其房地产作为抵押，且贷款额会低于该房地产的价值，为此，需要请房地产专业估价机构对该房地产的价值进行估价。另外，房地产的保值增值也使其成为抵押或典当的最佳对象，需要通过房地产估价对其价值进行确定。

4. 房地产保险的需要

房地产保险对估价的需要，一是在投保时需要评估保险价值，为确定保险金额提供参考依据；二是在保险事故发生后需要评估所遭受的损失或重置价格、重建价格，为确定赔偿金额提供依据。

5. 房地产税收的需要

根据国家相关规定，与房地产相关的税收种类很多，如土地增值税、交易契税、房地产税等，这些税收一般都以房地产的价值作为课税依据。为避免偷税漏税，保证课税工作的公平合理，需要科学的估价技术予以支撑。

6. 房地产征用拆迁补偿的需要

房地产业是许多国家与地区的支柱产业，经济建设与社会发展均离不开房地产。在我国城市土地所有权实行国家所有，随着社会经济的不断发展，国家为公共利益的需要，还可以依法对集体所有的土地实行征用，以满足经济、文化、国防建设以及各类社会公共福利事业的需要。国家在征用土地拆迁房地产时，要给予原房地产所有者或使用者相应的合理补偿或安置，以维持其正常的生产与生活。在确定补偿价值与金额的过程中，必须根据一定的原则、规定和方法对被征用拆迁的房地产进行估价。

7. 土地批租与房地产投资开发的需要

土地批租包括拍卖、招标、协议三种形式，拍卖应确定拍卖底价，招标应有招标底价，而协议也应有协议基准价，这些都需要进行科学的土地价格评估。

对于房地产开发商来说，在其购置土地、投资房地产、出租经营等经济行为发生之前，必然关心未来可能获得的投资利润，而利润＝收益－成本。因此，房地产的投资开发离不开对未来房地产价格的预测，离不开对投资成本的估算，也离不开对土地价格的判断。

8. 处理房地产纠纷和有关法律案件的需要

在房地产交易、租赁、抵押、征用、拆迁、课税以及财产分配等过程中，有关当事人可能会对其中涉及的房地产价值、租金、补偿金额、分配比例等产生不同意见与纠纷，对于这些纠纷需要房地产专业估价机构提供公正的、权威的价格参考依据，以有效说服当事人。

9. 企业合资、合作、合并、兼并、分立、买卖、租赁经营、承包经营、改制、上市、破产清算等的需要。

随着我国经济体制改革的进一步深入，加大了产业结构调整的力度，出现了大量企业合资、合作、兼并重组等经济行为，需要根据出资比例以确定双方的利益分配，这些都需要对其中所涉及的土地、房屋或设备进行专业评估。

10. 其他方面的需要

现实中对房地产估价的需要还有许多方面，包括在房地产强制拍卖、抵债、赔偿、把房地产的购买价格在土地和建筑物之间进行分配等情况下需要估价。另外，在房地产开发经营中，房地产开发投资决策、可行性分析、发行股票、会计处理、房地产租赁等，也都离不开房地产估价。

复习思考题

1. 简述房地产估价的概念。
2. 房地产估价的特性有哪些？
3. 何谓容积率？什么是建筑覆盖率？
4. 有一幅面积为 $5000m^2$ 的土地，建筑覆盖率为 50%，容积率为 3，该建筑物在各层建筑面积相同的情况下，应为几层楼？
5. 说明建筑物共同共有与按份共有的区别。
6. 何谓承重构件？请列举 5 个承重构件。
7. 简述房地产权利的类型。
8. 如何理解建筑物的所有权？建筑物的所有权可能受到的限制有哪些？
9. 请说明地上权与地役权的区别。
10. 分别说明生地、毛地、熟地的概念。
11. 简述房地产的特性。
12. 房地产的环境相关性表现在哪些方面？
13. 房地产行业具有哪些特征？
14. 房地产估价的合法原则表现在哪些方面？
15. 为什么在房地产估价中要坚持最高最佳使用原则？
16. 何谓估价时点？在房地产估价中坚持估价时点原则有何意义？

第二章 房地产价格

第一节 房地产价格的形成

一、房地产价格的概念

根据经济学原理,人们对价格这一名词给出不同的解释。一种是从现象上进行解释,认为价格是为获得一种商品或劳务所必须付出的东西,它通常用货币来表示,虽然不一定要用货币形式来偿付（［英］戴维·W·皮尔斯主编,宋承先等译:《现代经济学词典》,上海译文出版社,1988年版）。另一种则主要从本质上进行解释,认为价格是商品价值的货币表现;价值是凝结在商品中的抽象人类劳动（许涤新主编:《政治经济学辞典》上册,人民出版社,1980年版）。

对于房地产估价来说,主要是从现象上把握房地产价格的"数量",故可将房地产价格定义为:房地产价格是和平地获得他人的房地产所必须付出的代价,在现今社会它通常用货币来表示,习惯上也是用货币形式来偿付,但也可以用实物、劳务等其他形式来偿付,例如,以房地产作价入股换取设备、技术等。

二、房地产价格形成条件

房地产虽然是比较特殊的商品,但其价格形成条件和其他商品一样,必须同时具备三个条件:有用性、稀缺性、有效需求。

1. 有用性

有用性是指能满足人们的某种需要或欲望,经济学上称之为使用价值或效用。物体或劳务具有了效用才能成为被人需求的对象。觉得房地产有用的理由可以有很多,首先房地产可以满足生产、生活的最起码的物质需要,其次还可以通过房地产的占有使用产生舒适感与安全感等精神需要,可以通过经营或生产产生收益,甚至也可以仅仅为了炫耀,由此引起占有该房地产的欲望,这就是房地产的使用价值或效用。

2. 稀缺性

稀缺性是指某种物体或劳务现有的数量尚不够满足每个人的需求或欲望。物体或劳务仅仅有用还不足以形成价格,即政治经济学中所提到的,有使用价值并不一定有价值。如空气对人类至关重要,但空气至少到目前为止是取之不尽、用之不竭的,因此类似这种数量丰富、任何人均可任意取用的物品即使再有用也无法产生价格。因此,要形成价格还必须具有稀缺性,俗话说"物以稀为贵",只有有用并稀缺的物品,人们才肯付出金钱等代价去占有或使用它。房地产因其土地数量有限而具有很强的稀缺性,在现有科技水平下,随着人口的不断增加,房地产的建设与发展可能无法满足人们的需求,房地产的稀缺将会越来越显现出来。

3. 有效需求

有用且稀缺的物品形成的价格还应该是有市场的价格，有价无市（给出的价格没有人买）不是真正意义上的价格。房地产价格要成为现实，还必须对房地产形成有效需求。只有购买欲望而无购买能力，或者虽然有购买能力但无购买欲望，都不会发生购买行为。所以，分清需要与需求是非常重要的。需要不等于需求，需要只是一种要求或欲望，需求是指有购买能力支持的需要，即不但愿意购买而且有支付能力。人们把这种有购买能力支持的需要，称为有效需求。

综上所述，房地产价格是由房地产的有用性、稀缺性和有效需求三者相互结合而产生的。可见，房地产的价值并不是房地产本身具有的特性，而是取决于人们的欲望和需求。在现实中，不同房地产的价格之所以有高低，同一宗房地产的价格之所以有变动，总的来说也是由于这三者的程度不同及其变化引起的。

三、房地产价格的一般构成

房地产价格的实际构成相当复杂，不同地区、不同时期、不同类型的房地产，其价格构成可能不同。掌握房地产价格的构成，可以有助于对某一时点房地产价格的完整性与合理性进行分析与判断。

（一）房地产销售价格构成

在此，以取得土地建成房屋销售这种典型的房地产开发类型为例，可将房地产销售价格构成划分为五部分：土地取得成本、开发成本、管理费用、流通费用、开发利润。

1. 土地取得成本

土地取得成本包括购买土地的价款（如土地使用权出让金）和在购置时应由买方缴纳的税费（如交易手续费、契税）。如所取得的土地是熟地，在支付土地使用权出让金的同时，还需支付相关的拆迁安置补偿费。

（1）土地使用权出让金等地价款：由各城市土地主管部门根据土地用途、级别或地价区段、土地具体位置及生熟程度分别测算确定。

（2）征地费：征用农地时，需对被征地的农业集体和个人支付各种补偿费用，包括土地补偿费、青苗树木补偿费、地上附着物（农田水利设施、坟墓等）补偿费、劳动力和超转人员安置补助费、房屋拆迁安置补偿费、耕地占用税、耕地开垦费、新菜地开发建设基金等。

（3）房屋拆迁安置补偿费：取得已开发利用的旧有城市土地时，需对原使用者支付各种补偿费用，包括被拆除房屋及附属物补偿费、购建或租用拆迁安置用房费、安置补助费、被拆迁单位和个体工商户停产、停业期间损失补助费等。

（4）取得土地方应缴纳的税费：如征地管理费、房屋拆迁管理费、房屋拆迁服务费、交易手续费和契税及其他国家规定的税费。

在估价中可查阅当地的具体执行规定，以确定实际所需支付的各类补偿项目、费用与标准。

2. 开发成本

开发成本是指取得开发用地后进行土地开发和房屋建设所需的直接费用和税金。大致可以包括以下几项：

（1）勘察设计和前期工程费，包括可行性研究、规划、勘察、设计及"三通一平"等工程前期所发生的费用。

（2）基础设施建设费，包括所需的道路、给水、排水、电力、通讯、燃气、供暖等的建设费用。

（3）建筑安装工程费，包括建造房屋及附属工程所发生的土建费和安装费。

（4）公共配套设施建设费，包括所需的非营业性的公共配套设施的建设费用。

（5）开发过程中的税费。

3．管理费用

管理费用包括开发商的员工工资、办公费、差旅费等，通常可按土地取得成本与开发成本之和的一定比率进行估算。

4．流通费用

流通费用主要是指房屋销售活动中引起的各种费用及卖方应缴纳的税费，包括销售费用（广告费、展销费、销售代理费等）、销售税金及附加（营业税、城市维护建设税和教育费附加）、其他销售税费（应由卖方负担的交易手续费等）。以上这些费用通常按售价的一定比率进行估算。另外，在实现房屋使用价值的过程中也会引起一些生产性流通费用，如空房管理费等。

5．开发利润

现实中的开发利润是由售价减去各种成本、费用和税金后的余额。但在估价方法中，待估房地产的售价往往是未知的，因此开发利润的求取只能按照一定比率进行估算。在测算开发利润过程中应掌握下列几点：

（1）开发利润是所得税前的，即：

开发利润 = 开发完成后的房地产价值 − 土地取得成本 − 开发成本 − 管理费用 − 流通费用

（2）开发利润是在正常条件下开发商所能获得的平均利润，而不是个别开发商最终获得的实际利润，也不是个别开发商所期望获得的利润。

（3）开发利润是按一定基数乘以同一市场上类似房地产开发项目所要求的相应平均利润率来计算。包括投资利润率、销售利润率、成本利润率等多种形式，其计算基数和相应的利润率如下：

1）计算基数 = 土地取得成本 + 开发成本

相应的利润率可称为直接成本利润率，即：

直接成本利润率 = 开发利润/（土地取得成本 + 开发成本）

2）计算基数 = 土地取得成本 + 开发成本 + 管理费用

相应的利润率可称为投资利润率，即：

投资利润率 = 开发利润/（土地取得成本 + 开发成本 + 管理费用）

3）计算基数 = 土地取得成本 + 开发成本 + 管理费用 + 销售费用

相应的利润率可称为成本利润率，即：

成本利润率 = 开发利润/（土地取得成本 + 开发成本 + 管理费用 + 销售费用）

4）计算基数 = 开发完成后的房地产价值（售价）

相应的利润率可称为销售利润率，即：

销售利润率＝开发利润/开发完成后的房地产价值

所以，在测算开发利润时要注意计算基数与利润率的匹配，即采用不同的计算基数，应选用相对应的利润率；反过来，选用不同的利润率，应采用相对应的计算基数，不能混淆。从理论上讲，同一个房地产开发项目的开发利润，无论是采用哪种计算基数与其相对应的利润率来测算，所得的结果都是相同的。

需要指出是的，以上这些成本与售价，在估价时必须将其价值统一在估价时点上，因为土地取得成本、开发成本、管理费用、销售税费与售价的发生均在不同的时点，其时间价值可能不同。如果未将这些款项折算到估价时点，则还应在价格构成中考虑"投资利息"这一部分，因为房地产投资巨大，无论是借贷资金还是自有资金，都会产生数值不小的贷款利息或可能的存款利息，这笔费用也应计入房地产的成本损失。

(二) 房屋租金构成

房屋租金是房屋承租人为取得该房屋一定时间内的使用权，按契约规定定期支付给房屋出租者的一定数量的货币额。其实质是分期出售房屋使用权的价格。房屋租金的构成要素是确定房屋租金的依据，主要由以下八项因素构成：

1. 维修费。维修费是指为保证房屋正常使用和延长使用年限，对房屋进行合理维修所需的费用，一般根据建筑物的结构、面积和使用状态等情况而有所不同。维修费通常可按建筑物现值的 $1.5\% \sim 2.0\%$ 计算。

2. 管理费。管理费是指管理出租房屋所支出的费用，包括广告费、未收回的租金、空房损失费等等，如聘请专门人员进行管理，则还包括管理人员的工资、办公用品及设施费等。管理费一般可按房租额的 $3\% \sim 5\%$ 计算。

3. 折旧费。折旧费是指房屋在使用过程中，因磨损而转移到租金中的那部分价值，它是逐步或分次实现的房屋的交换价值。在估价中一般采用直线折旧法进行求取，我们将在成本估价法中详细介绍。

4. 利息。租金中的利息是房地产企业在房屋租赁期内，因投资长期不能收回而收取的补偿费，其实质是占有和使用房屋资金的补偿。

5. 税金。房屋出租人必须依法缴纳相关税金。根据国家法律规定，税金一般按房屋租金收入的 12% 计算。

6. 利润。房租中的利润是房屋维修和经营管理劳动所创造的利润。一般以维修费、管理费为基数，按社会平均利润率计算。

7. 地租。地租是土地使用者向土地所有者交纳的土地使用费。一般根据该出租房屋所处的地理位置、土地改造的投资等因素来确定。

8. 保险费。由于房地产价值昂贵，为避免出租期间因事故发生而造成房屋价值损失，租金中应适当考虑保险费。保险费一般按房屋现值的 $0.15\% \sim 0.3\%$ 计算。

以上八项租金构成要素中，一般将维修费、管理费和折旧费这三项称为准成本租金，即接近成本的租金；将维修费、管理费、折旧费、税金和利息这五项称之为成本租金，即按照出租房屋的经营成本确定的租金；在成本租金的基础上考虑地租、利润和保险费，则形成了商品租金，即以房地产价值为基础确定的租金。现实生活中，许多房屋租金的构成并未按照商品租金的模式进行科学测算，而是随行就市，形成有时租金大大超过成本，有时则远远不足的情况。

四、房地产价格特征

1. 土地价格不是由生产成本决定的

一般商品是劳动产品，其价格反映生产成本，从长期（或总体）上来看，其售价必然含有生产成本因素，是由成本决定的。但土地价格不一定含有生产成本因素，地价本质上不是劳动价值的货币表现，而是地租的资本化。例如，一块位置和自然风光较好、适宜建造别墅的未开发土地，价格可能很高，但此之前可能并未有人投入劳动，不能从生产成本的角度来解释。

2. 房地产价格的实质是权益的价格

由于房地产具有空间上的固定性，其物质实体不可能在交易中进行转移。在房地产市场交易中，房地产发生转移的仅仅是房地产的所有权、使用权或其他权益。因此房地产价格实质上就是权益的价格。房地产估价中必须重视对房地产权益的调查与分析，全面掌握房地产的权利状态。同一宗房地产，转移的房地产权益不同，其估价结果也有所不同。

3. 房地产价格具有较强的地区性与个别性

房地产因土地的位置固定性而使其价格具有极强的地区性。即使物质实体具有高度的一致性，如土地面积、容积率、建筑高度等建筑参数完全相同，建筑设计与施工也完全相同，但只要房地产处在不同的区域，其价格必然不同。因此，估价中必须重视对区域因素的分析，并要求估价人员亲自到现场勘察。

房地产价格的个别性也是由房地产的不可移动性决定的。这一特征表明房地产与一般商品不同，不能直接在交易市场上自动产生价格，其个别价格一般是随着交易的发生而单独形成的，即表现为"一房一价"。另外，交易主体间的个别因素容易对其价格产生一定影响，房地产价格的个别性也要求估价人员必须能够准确地判断个别房地产的垄断价格与限定价格的合理性。因为在交易过程中，除了房地产本身的物质差异外，交易双方的个别因素在很大程度上影响着房地产的价格，如对某种房型的偏好、急于买进或卖出、讨价还价的能力等，这在估价上必须予以考虑。

4. 房地产价格既可以表现为交换价值，也可以以租金形式出现

房地产作为特殊的消费品，在现实生活中主要存在买卖和租赁两种方式。因此完整意义上说，房地产同时可以有两种价值：一种是作为交换代价的价值，即习惯上所称的买卖价格；另一种可以表现为使用或收益代价的租金，即将房地产的使用权在一定时间里零星出售。房地产价格所具有的这一双重表现形式的特征，是收益法成立的前提。

房地产估价中一般以评估交易价格为主，但事实上有些类型的房地产以租赁作为主要用途，需要对租金收益进行评估，如商务办公楼、青年公寓等，因此，我们在估价中也不能忽略对租金的把握。房地产价格与租金的关系，如同银行的本金与利息之间的关系，两者之间的转换我们在收益还原法一章中将详细介绍。

5. 房地产价格是经过长期考虑形成的，具有较强的时效性

影响房地产价格的因素与房地产市场都是在不断变化的，房地产的价格也是不断变化的。在不同的时间，同一宗房地产往往会有不同的价格。因此，房地产价格具有时效性，所表现出来的价格必然是某一时点上的价格，每一个价格都对应一个具体的时间。

同时，房地产的环境相关性，使得我们在考虑房地产价格时，必须充分参考该宗房地产过去的使用状态，并预计其将来的使用状态，从长期的角度进行综合分析，才能形成房地产现在的价格。如某一地块从前曾是一个公墓，经动迁并进行综合整治后建造了一个居住小区，按规划该小区附近五年后将有轨道交通经过，那么该小区的房地产价格在形成过程中，就会受到过去与将来的使用状态对该地块的影响。

第二节　房地产市场与供求

一、房地产市场

市场是商品交易的场所，是商品交换关系的总和。所以说，房地产市场就是房地产商品交换和劳务交换关系的总和。这里所提到的劳务，是指房地产作为特殊商品，在流通领域中所伴随着的许多活动，如房地产估价、房地产经纪、房地产咨询等。

房地产市场的构成要素包括二个方面：一是以社会需求为前提的商品供应；二是以社会支付能力为前提的社会需求。

房地产既是生活资料又是生产资料，房地产的市场是一种特殊商品交换形态的统一体，是整个社会市场中的要素市场，其支柱产业、导向产业的作用已越来越明显。

（一）房地产市场的结构

1. 房地产市场的主体与客体

房地产市场的主体首先是交易双方，自然人与法人均可，包括买卖双方、租赁双方、抵押双方（抵押也可能出现第三方）；在交易过程中还必须有政府对房地产市场的管理，除了国家规定的主管部门（土地、建设、房地产主管部门），还有其他相应的主管部门（物价、环保等）。

房地产市场的客体即交易的对象，包括硬件与软件两部分，交易的硬件主要指房与地，交易的软件市场包括知识、信息、技术、情报等，在市场中所占的比重已越来越明显。

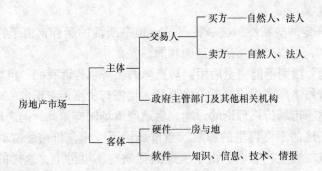

2. 房地产市场的构成

房地产市场可以分为主市场与次市场两部分，其中主体市场包括四大类，即土地投资市场、房产开发市场、建筑施工市场和房产买卖市场。

土地投资市场的投资人一般是房地产开发商，即购买土地使用权进行加工后建造房屋以谋取利益，但也可以是专门从事土地投资后直接转手的中间商。根据国家有关规定，投资人通过出让或租赁的方式从所有人或土地使用权人手中购得土地使用权，必须对土地进行加工改良后才能转让。

房产开发市场的主体主要是指房地产开发商，开发商的作用相当重要，它是整个房地产市场的枢纽市场，不仅在土地投资市场与建筑施工市场之间起着联系作用，而且还与房产买卖市场密不可分。

严格意义上讲，建筑施工市场的商品不是房产，而是施工合同。房产开发市场与建筑施工市场存在着发包和承包的关系，属于合同中甲方与乙方的关系。

一般来说，建筑施工单位不能直接从土地所有人手中获得土地，其生产的房屋也不能直接进行买卖市场，这些都必须依赖房产开发市场。

房地产市场的次位市场主要指咨询服务市场，即前面所提到的以房地产软件为对象的市场。这里所称的次市场是相对于主市场而言的，并不等于该市场不重要，相反，随着房地产市场经济的不断发展，有关房地产的服务市场将越来越重要。

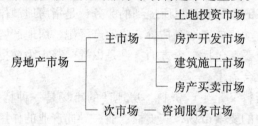

（二）房地产市场的特点

1. 信息不充分：由于房地产的位置固定性，造成房地产市场的区域分布，房地产商品之间难以进行标准化的比较，也往往会引起房地产价格标准的变动。

2. 质量不相同：房地产的独一无二性，使房地产市场内的房地产商品不可能完全相同。

3. 交易的长期性和不易性：房地产交易较一般商品复杂得多，必须完成一系列繁琐的相关手续，需要经历一定的时间周期，非专业人员一般难以应对，国内通常由房地产经纪机构代为办理，国外往往由专业律师代办，因此房地产的变现能力较差，在房地产市场不景气时尤为如此。

4. 市场具有一定的垄断性：这一特点是土地垄断性的延伸，由于特定的地理位置带来特殊的相关权利，可以产生相应的高额利润。

5. "供需平衡"法则不能完全适用：马克思的经济学告诉我们，市场中存在均衡供需理论，供应上升价格下降，供应缺乏价格上升，供需与价格最终形成一个价格均衡点。任何商品都要受到这一市场价格理论的影响。房地产市场同样如此，但房地产市场又不完全如此。这是由于土地的不可再生的影响，当市场供不应求，价格暴涨时，为调节市场价格，一般商品可以加大生产量，但由于土地的稀缺与不可再生，这样的调节手段难以运用；而且马克思的均衡价格理论是在完全的市场竞争机制下，由市场来自发地调节价格和生产的情况下产生的，而房地产市场本身是一个很不完全的市场，很大程度上还受到政府的相关调控，房地产市场在一定时期内还是有限的、局部的。因此，"供需平衡"法则不能完全适用于房地产市场。

6. 炒卖的投机性：凡是有房地产市场就可能有炒卖行为，就有投机性。购置房地产商品可以是一种投资，但作为特殊商品而言，也伴随着炒卖的投机性。这也是由于房地产商品价值量大、利润高，且房地产市场信息不充分所引起的。

二、房地产供求与价格

（一）房地产需求

房地产需求是指消费者在某一特定时间内，在每一价格水平下，对某种房地产所愿意而且能够购买的数量。形成需求有两个条件：一是消费者愿意购买，二是消费者有能力购买。

某种房地产的需求量是由许多因素决定的，除了随机因素，经常起作用的因素有：①该种房地产的价格水平；②消费者的收入水平；③消费者的偏好；④相关房地产的价格水平；⑤消费者对未来的预期。其中该种房地产的价格水平对其需求影响最为明显。一般来说，某种房地产的价格上升，对其需求就会减少；价格下降，对其需求就会增加。其他商品一般也如此。但是炫耀性物品和吉芬物品例外。炫耀性物品是用以显示人们的身份和社会地位的物品。由于这种物品只有在高价位时才能起到炫耀作用，此时对于买者来说，该房地产越贵越能显示身价，所以，其需求与价格成同方向变化。吉芬物品是指某种生活必需品，在某种特定条件下，消费者对这种商品的需求与其价格成同方向变化。19世纪英国人吉芬发现，在1845年爱尔兰大灾荒时，马铃薯价格上升，但人们对马铃薯的需求量却不断增加，这一现象在当时被称为"吉芬难题"。这类特殊物品以后也因此被称为吉芬物品。房地产商品也同样如此，对于老百姓生活必需的保障型房地产，价格再贵也只能节衣缩食设法购买或租赁。但对于那些不属于生活必需品的豪华舒适型房地产，老百姓可能会敬而远之。

（二）房地产供给

房地产供给是指房地产开发商和拥有者在某一特定时间内，在每一价格水平下，对某种房地产所愿意而且能够提供出售的数量。形成供给有两个条件：一是房地产开发商或拥有者愿意供给，二是房地产开发商或拥有者有能力供给。如果房地产开发商或拥有者对某种房地产虽然有提供出售的愿望，但没有提供出售的能力，则不能形成有效供给，也就不能算作供给。

某种房地产的供给量是由许多因素决定的，除了随机因素，经常起作用的因素有：①该种房地产的价格水平；②该种房地产的开发成本；③该种房地产的开发技术水平；④房地产开发商对未来的预期。如果开发商对未来的预期看好，则在制定投资开发计划时会增加开发量，从而会使未来的供给增加，同时会把现在开发的房地产留着不卖，待价而沽，从而会减少该种房地产的现期供给；如果开发商对未来的预期是悲观的，其结果会相反。

（三）房地产均衡价格

房地产的均衡价格，是指当房地产的市场需求量与市场供给量相等时的价格。均衡是市场价格运行的必然趋势，如果市场价格由于某种因素或某些因素的影响而脱离了均衡价格，则必然会出现过剩或短缺，导致卖方之间或买方之间的竞争，形成价格下降或上升的压力和趋势，并最终趋向于均衡价格。

房地产价格与房地产的需求正相关，与房地产的供给负相关：供给一定，需求增加，则价格上升，需求减少，则价格下降；需求一定，供给增加，则价格下降，供给减少，则价格上升。如果需求和供给同时发生变化，均衡价格和均衡交易量也会发生变化。需求和供给的同时变化，有同方向变化（需求和供给均增加或均减少）和反方向变化（需求增加而供给减少，或需求减少而供给增加）、变动幅度不同（需求的增减大于或小于供给的增减）等情况，因而存在着多种变化组合。

第三节 房地产价格的主要类型

房地产的价值类型有很多，价格是价值的货币表现，由此而产生的房地产价格种类也很多，同一宗房地产可能有不同的价格名称，不同的时代与制度也可能会产生一些特殊的价格名称，而不同的房地产价格名称所起到的作用可能不同，估价时应考虑的因素与采用的方法也可能不同，因此学习房地产估价，就必须掌握房地产价格（价值）的种类以及每种房地产价格名称的确切含义。

一、使用价值、交换价值、投资价值、市场价值

1. 使用价值

一种商品的使用价值，是指该种商品能满足人们某种需要的效用，即房地产的使用价值是其能满足人们生产、生活需要的效用价值。

2. 交换价值

是指该种商品同其他商品相交换的量的关系或比例，通常用货币来衡量，即交换价值表现为一定数量的货币或其他商品。人们在经济活动中一般简称的价值是指交换价值，在房地产估价中一般所说的价值也是指交换价值。

作为商品的房地产，既有使用价值也有交换价值。就使用价值与交换价值相对而言，房地产估价所评估的是房地产的交换价值。

3. 投资价值

某一房地产的投资价值，是该房地产对于某个具体的投资者（包括消费者）的经济价值，是该投资者基于个人需要或意愿，对该房地产所估计的价值或作出的评价。

4. 市场价值

是该房地产对于一个典型的投资者的经济价值。在某一时点，市场价值是惟一的，而投资价值因投资者的不同而不同。

投资价值与市场价值的评估方法可能相同，但其中参数选取的立场可能不同。如在评估市场价值时，收益法中的折现率是与该房地产的风险程度相对应的社会一般收益率，而在评估投资价值时，该折现率是某个具体的投资者所要求的最低收益率。这个投资者所要求的最低收益率可能高于也可能低于与该房地产的风险程度相对应的社会一般收益率。投资者评估的房地产的投资价值，或者说消费者对房地产的评价，大于或等于该房地产的市场价值，是其投资行为或交易能够实现的基本条件。

就投资价值与市场价值相对而言，房地产估价所评估的是房地产的市场价值。

二、市场价格、理论价格、评估价格

1. 市场价格是指某种房地产在市场上的一般、平均水平价格，是该类房地产大量成交价格的抽象结果。

2.理论价格是经济学假设的"经济人"的行为和预期是理性的,或真实需求与真实供给相等的条件下形成的价格。

市场价格和理论价格相比,市场价格是短期均衡价格,理论价格是长期均衡价格。在正常市场或正常经济发展下,市场价格基本上与理论价格相吻合,围绕着理论价格而上下波动,不会偏离太远。一般来说,成交价格围绕着市场价格而上下波动,市场价格又围绕着理论价格而上下波动。就成交价格、市场价格与理论价格相对而言,房地产估价所评估的是房地产的市场价格。

3.评估价格

评估价格又称为估计价值、评估价值,简称评估值、评估价或评估额,是估价人员对房地产的客观合理价格或价值进行估算和判定的结果。

评估价值还可以根据所采用的估价方法的不同而有不同的称呼,如采用比较法估算得出的结果通常称为比准价格,采用成本法估算得出的结果通常称为积算价格,采用收益法估算得出的结果通常称为收益价格。

从理论上讲,一个良好的评估价值 = 正常成交价格 = 市场价格。

三、土地价格、建筑物价格、房地综合价

根据房地产的存在形态,房地产价格可用土地价格、建筑物价格、房地综合价来表示。

1.土地价格简称地价,是指不包含建筑物的土地的价格。土地价格的确定主要依据该地块所处的地理位置与土地的"生熟"程度,可以分为生地价格、毛地价格和熟地价格等。

2.建筑物价格是指不包含所占用土地的建筑物的价格。在房地产保险中常常需要评估单纯建筑物的价格。

3.房地综合价是指建筑物连同其占用土地的价格,即房地综合价 = 土地价格 + 建筑物价格。现实生活中人们所称的房价,通常指的就是包含土地价格在内的房地综合价。

四、总价格、单位价格、楼面地价

根据房地产价格的表示单位的不同,房地产价格可用总价格、单位价格和楼面地价来表示。

1.房地产总价格简称总价,是指一宗房地产的整体价格。根据情况的不同,房地产总价格也不同,它可以是某幢具体楼盘的价格,也可以是一个地区或国家的房地产价格。房地产的总价格一般不能反映房地产价格水平的高低。

2.房地产单位价格简称单价,是指土地或建筑物单位面积的价格,一般用以反映房地产价格水平的高低。由于各国或地区的面积计量单位或习惯用法有所不同,在计算时必须注意进行面积单位的统一。如我国大陆地区通常以平方米为单位,土地面积有时也采用公顷或亩;美国、英国和我国的香港地区习惯以 ft^2(平方英尺)为单位($1m^2$ = 10.764ft^2);日本、韩国和我国的台湾地区则习惯以坪为单位($1m^2$ = 0.303坪)。另外,对于住宅来讲,还应注意单位建筑面积、使用面积、居住面积等不同面积内涵之间的区别与换算。

3. 楼面地价又称单位面积地价，是平均到每单位建筑面积上的土地价格。楼面地价可以表现为：

$$楼面地价 = 土地总价 \div 建筑总面积$$

因为

$$容积率 = 建筑总面积 \div 土地面积$$

还可推出：

$$楼面地价 = 土地单价 \div 容积率$$

在现实生活中，房地产的开发利用具有较强的受限制性，尤其土地的用途与容积率必须符合政府的有关规定，因此，在必须考虑容积率的情况下，楼面地价往往比土地单价更能反映土地价格水平的高低。

例如：有甲、乙两块土地，甲土地的单价为 700 元/m², 乙土地的单价为 510 元/m², 如果甲、乙两块土地的其他条件完全相同，毫无疑问明智的买者会购买乙土地而不会购买甲土地。但如果甲、乙两块土地的容积率不同，除此之外的其他条件都相同，则不应简单地根据土地单价来判断甲、乙两块土地的价格高低，而应采用楼面地价。例如：甲土地的容积率为 5, 乙土地的容积率为 3, 则两块土地的楼面地价分别为：

$$甲楼面地价 = 700 \div 5 = 140 \text{元}/m^2$$

$$乙楼面地价 = 510 \div 3 = 170 \text{元}/m^2$$

可见，虽然甲土地现在单价较高，但在考虑政府允许的容积率条件后，乙土地的楼面地价反而高于甲土地价格。在利润 = 房价 - 建筑成本 - 地价的条件下，由于在同一地区、同类用途和建筑结构的房屋在市场上的售价基本相同，建筑造价也基本接近，那么如果假设平均为每平方米建筑面积售价为 1200 元，假设每平方米建筑面积的建筑造价为 900 元，则房地产开发商在甲土地上每平方米建筑面积可获得利润 = 1200 - 900 - 140 = 160 元，而在乙土地上每平方米建筑面积只获得利润 = 1200 - 900 - 170 = 130 元。因此，明智的买者应该购买考虑容积率后的甲土地。当然，高容积率意味着高的建筑密度，在人们越来越重视环境的情况下，容积率高的建筑小区，其房价本身也可能会低于容积率低的建筑物房价。

五、所有权价格、使用权价格、其他权益价格

按照交易或评估的房地产的权益，房地产价格可用所有权价格、使用权价格和其他权益价格来表示。同一宗房地产，交易或评估的可以是房地产的所有权，也可以是使用权，还可以是租赁权、典权等其他权益。评估不同的权益，应该在估价报告书中说明。

1. 所有权价格是指交易房地产所有权的价格。包括占有、使用、收益、处分等诸项个别权利的总和，但如果在所有权上设定了他项权利，造成所有权不完全，则其所有权价格会因此而降低。

2. 使用权价格是指交易房地产使用权的价格。我国目前涉及使用权价格最多的主要是土地，如土地有偿出让和转让的价格都是指使用权价格。《中华人民共和国城市房地产管理法》第 7 条规定："土地使用权出让，是指国家将国有土地使用权在一定年限内出让给土地使用者，由土地使用者向国家支付土地使用权出让金的行为。"由此，土地使用权价格又可称为土地使用权出让金。

3. 其他权益价格，泛指所有权价格、使用权价格以外的各种权益的价格，如租赁权价格、典权价格、地上权价格、地役权价格等。

六、起价、标价、成交价和均价

在商品房销售过程中，房地产价格经常表现为起价、标价、成交价和均价。

1. 起价是指所销售的商品房的最低价格。这个价格可能只适用于一套商品房，通常是最差的楼层、朝向、户型的商品房价格，用以吸引人们对该商品房的注意。所以，起价往往不能反映所销售商品房的真实价格水平。

2. 标价是商品房出售者在价格表上所标注的出售价格，不同的楼层、朝向和户型等会有不同标价。标价一般会有一定的虚拟成份，买卖双方一般会在标价的基础上讨价还价，直至达到双方均能接受的价格并成交，一般来说，标价高于成交价。

3. 成交价是成交价格的简称，是商品房买卖双方的实际交易价格。成交价格可能是正常的，也可能是不正常的，所以，可将成交价格区分为正常成交价格和非正常成交价格。正常成交价格是指交易双方在公开市场、信息通畅、平等自愿、诚实无欺、没有利害关系下进行交易形成的价格，未受到不良因素的影响，如不了解市场行情、垄断、胁迫等；反之，则为非正常成交价格。

严格来说，正常成交价格的形成条件有7个：①公开市场；②交易对象本身具备市场性；③众多的买者和卖者；④买者和卖者都不受任何压力，完全出于自愿；⑤买者和卖者都具有完全信息；⑥理性的经济行为；⑦适当的期间完成交易。商品房买卖合同中写明的价格一般就是成交价。成交价的高低一般取决于双方的谈判能力，以及该种房地产市场是处于卖方市场还是买方市场。在卖方市场下，成交价格往往是偏高的；在买方市场下，成交价格往往是偏低的。

4. 均价是所销售商品房的平均价格，包括标价的平均价格和实际成交价的平均价格。一般情况下，均价能在一定程度上反映所销售商品房的价格水平。

七、基准地价、标定地价和房屋重置价格

《中华人民共和国城市房地产管理法》第32条规定："基准地价、标定地价和各类房屋的重置价格应当定期确定并公布。"基准地价、标定地价和房屋重置价格都是评估价格。

1. 基准地价是指在一个城市的一定区域范围内，根据用途相似、地段相连、地价相近的原则划分地价区段，然后调查评估出的各地价区段在某一时点的平均价格水平。

2. 标定地价是指在一定时期和一定条件下，能代表不同区位、不同用途地价水平的标志性宗地的价格。其中标志性宗地在日本也被称为标准宗地。标定地价的价格时点是相对固定的，就是有关部门公布确定的时间。

3. 房屋重置价格。简单地说，就是假设房屋在估价时点重新建造时，必要的建造费用加平均利润。具体内容在成本估价法一章中进行详细阐述。

八、现房价格和期房价格

按照房地产存在状态的不同，房地产价格可以分为现房价格和期房价格两种。

1. 现房价格是指以已建成的房地产作为交易对象的房地产价格（含土地价格）。

2. 期房价格是指以目前尚未建成而在将来一定时限内建成的房地产为交易对象的价

格（含土地价格）。由于购买现房可以立即享受占有、使用、收益、处分的权益，而期房的不确定因素难以把握，存在较大的风险，因此对于同一宗房地产而言，期房价格一般低于现房价格。在现实中也可能出现同地段的期房价格与现房价格高的相反现象，这主要是由于两者的品质不同，如户型、功能、质量、环境、物业管理服务等。

九、市场调节价、政府指导价和政府定价

市场调节价、政府指导价和政府定价是一组与政府对价格管制或干预的程度有关的价格。

1. 市场调节价是指由经营者自主制定，通过市场竞争形成的价格。对于实行市场调节价的房地产，由于经营者可以自主确定价格，所以，估价应依据市场供求状况进行。

2. 政府指导价是指由政府价格主管部门或者其他有关部门，按照定价权限和范围规定基准价及其浮动幅度，指导经营者制定的价格。对于实行政府指导价的房地产，估价结果不得超出政府指导价规定的幅度。

3. 政府定价是指由政府价格主管部门或者其他有关部门，按照定价权限和范围制定的价格。对于实行政府定价的房地产，估价结果应以政府定价为准。

政府对价格的干预还有最高限价和最低限价。对于最高限价的房地产，估价结果不得超过其最高限价；对有最低限价的房地产，估价结果不得低于其最低限价。

另外，政府还通过规定成本构成或利润率等指标进行价格干预，如规定新建的经济适用住房出售价格实行政府指导价，按保本微利原则确定。其中经济适用住房的成本包括征地和拆迁补偿安置费、勘察设计和前期工程费、建筑安装工程费、住宅小区基础设施建设费（含小区非营业性配套公建费）、管理费、贷款利息和税金等7项因素，利润控制在3%以下。对于这类房地产，估价也应依据这些规定进行。

十、拍卖价格、招标价格和协议价格

拍卖价格、招标价格和协议价格是一组与房地产交易（或出让）所采用的方式相联系的价格分类。

1. 拍卖价格是指采用拍卖方式交易（或出让）房地产的成交价格。
2. 招标价格是指采用招标方式交易（或出让）房地产的成交价格。
3. 协议价格是指采用协议方式交易（或出让）房地产的成交价格。

协议出让方式由于是政府对那些需要扶持的项目提供土地的方式，一般会降低地价。招标出让方式由于不仅考虑投标人的出价，通常还考虑投标人的开发建设方案和资信等，所以选定的土地使用者不一定是出价最高者，从而有抑制地价的作用。拍卖出让方式由于土地使用权由谁获得完全根据价格高低确定，所以最能抬高地价。因此，在通常情况下采取协议方式出让的地价最低，其次是招标方式，拍卖方式出让的地价最高。

十一、实际价格和名义价格

1. 实际价格是指在成交日期时一次付清的价格，或将不是在成交日期时一次付清的价格折现到成交日期时的价格。如当场付款一次性交清。

2. 名义价格是指在成交日期时讲明，但不是在成交日期时一次付清的价格。如今天

以合同方式确定房地产总价为 50 万元人民币，但定于半年后付清。

名义价格可通过折现等方式换算为实际价格。

十二、买卖价、租赁价、抵押价、典价、保险价、课税价和征用价

根据房地产价格的用途与目的，房地产价格又可分为以下几种：

1. 买卖价是房地产权利人以买卖方式将其房地产转移给他人时支付或收取的货币额，也可以其他商品或有价物的形式表现。

2. 租赁价俗称租金，是房地产在租赁时间由承租人支付给出租人的金额，其实质是房地产使用权在租赁期间零星出售的价值。我国的房租有市场租金（或称协议租金，是由市场供求状况决定的租金）、商品租金、成本租金、准成本租金和福利租金之分。房租有按使用面积计算的，也有按建筑面积计算的。住宅一般是按使用面积计租，非住宅一般是按建筑面积计租。房租还有天租金、月租金和年租金之别。

3. 抵押价是指以抵押方式将房地产作为债权担保时的价值。当抵押人不履行债务，抵押权人可依法对提供担保的房地产进行折价、拍卖或变卖。为确保在收不回贷款时能得到完全补偿经济，一般贷款额都要低于房地产的现值，约为房地产现值的 70%，因为只有这样才能使贷款安全收回。从理论上讲，抵押价值本质上应是债务履行期届满债务人不履行债务，抵押房地产折价或者拍卖、变卖所最可能实现的价格或者在设定抵押时的价值。但在实际估价中，由于在委托评估时何时设定抵押、贷款期限多长、借款人是否如期偿还，以及折价、拍卖、变卖抵押房地产的时间等都难以确定，抵押价值评估只能演变为评估拟抵押的房地产在委托评估时的价值。

4. 典价是设定典权时，由承典人向出典人支付的价款，其实质是出典人用房地产使用权换取典价资金使用权。典价一般低于房地产的实际价值。

5. 保险价是对投保房地产估定的价格，保险公司据此收取保费或在出险时理赔。评估保险价值时，估价对象的范围应视所投保的险种而定。如投保火灾险时的保险价值，仅是有可能遭受火灾损毁的建筑物的价值及其可能的连带损失，而不包含不可损毁的土地的价值，通常具体是指建筑物的重建成本（或重置成本）和重建期间的经济损失（如租金损失）。

6. 课税价是为课征房地产相关税收而对房地产估定的价格，一般是政府公布的房地产标准价格或市场交易价格的一定比例，如我国目前房产课税价是房产造价的 70%～90%。

7. 征用价格是政府强制征用房地产时给予的补偿金额。

为了更好地说明了房地产的成本、售价、抵押价格、课税价格、征用价格几种价格之间的联系和区别，我们不妨举例来说明：一个经营者花费 5 万美元购置一块建筑场地，然后再花费 20 万美元修建一幢办公楼。这时他在他的财产中已投入 25 万美元，此即投资成本的总和。如果该财产所有者决定出售其财产，根据当时同类房地产在公开市场的一般水平，他决定标价 30 万美元。购买者欲将该财产作为抵押贷款评估时，该财产只会有 21 万美元的贷款价值，估税员以 17.5 万美元估定财产收税价值，然而，在双方正式办理交易手续前，该经营者发现自己的财产正是某种公共项目所需的，可以得到 27.5 万美元的征用价值。上面这五个数字中，每一个都代表着一种经济价值的衡量，每一个数字都有一种解释和合理性。

第四节　影响房地产价格的因素分析

房地产的具体市场价格是由众多复杂因素相互作用形成的。在这些因素之中，有的仅直接影响到某一具体房地产的价格，有的则在总体上影响某地区、某类房地产的价格水平；有的可以量化，而有的只能凭估价人员的经验加以判断。这些因素本身具有动态性，随着时间、地区、房地产用途等情况的不同，其影响作用也不相同。本书中将影响房地产价格的因素大致分为一般因素、区域因素和个别因素三大类。

一、一般因素

一般因素是指影响一定区域范围内所有房地产价格的共同因素。这些因素通常会对较广泛地区范围内的各宗房地产的价格产生全局性影响。主要包括社会因素、经济因素、行政因素和心理因素。

（一）社会因素

1. 人口

房地产需求的主体是人，因此，人的数量和素质直接决定对房地产的需求程度，因而对房地产价格有着很大影响。具体来说，人口因素对房地产价格的影响表现为人口数量、人口密度和人口素质。

首先，人口数量与房地产价格呈正相关。人口总量增长，对房地产的需求就会增大，房地产价格一般随之上升；反之，房地产价格则下降。

其次，人口密度是指单位面积的人口数量，从总体上看，人口密度高的地区，一般房地产的供给相对缺乏，供不应求，该地区的房地产价格水平一般趋高。人口密度对房地产价格的影响具有两重性：一方面，人口密度提高有可能刺激商业、服务业等产业的发展，提高房地产价格；另一方面，人口密度过高的居住区，可能会降低生活环境的舒适性，甚至造成生活环境恶化，从而降低房地产价格。

第三，随着房地产业整体水平的提高，房地产所在区域的人文素质对房地产价格的影响也越来越明显。社区文明程度、人口平均文化程度、居民的整体修养等因素均起到了间接影响房地产价格的作用。居民素质较高的地区，居住环境一般较好，房地产价格水平趋高；反之房地产价格则下降。

2. 家庭规模与类型

家庭规模是指家庭平均人口数。家庭类型从社会学的角度来看，可以分为核心家庭（家庭中只有一对夫妇，如三口之家）、主干家庭（家庭中有二对以上夫妇，如老夫妇与儿子媳妇同住）、单身家庭等多种类型。家庭人口数与类型发生变化，往往会影响到居住单位数，随之导致房地产需求的变化，从而影响房地产价格的高低。

3. 社会治安状况

主要指相关区域偷盗、抢劫等社会犯罪情况。社会秩序安定，社区管理严格，治安状况良好的地区，房地产价格一般较高；反之，所处地区经常发生犯罪案件，居民的生命财产缺乏保障，其房地产价格必然走低。

4. 政治安定状况

主要指现有政局的稳固程度。政治不安定，意味着社会动荡，必然造成房地产价格低落。发生或即将发生战争、动乱的地区，其房地产的价格一般是持续下降的。

5. 城市化

城市化意味着人口向城市地区集中，造成城市房地产需求不断增大，带动城市房地产价格上涨。

6. 房地产投机

一般来说，投机对房地产价格的影响可分为三种情况：

(1) 为囤货居奇，大量采购，造成供不应求的假象，引起房地产价格上涨。

(2) 当有利可图时，大量抛售，造成供过于求的假象，引起房地产价格下跌。

(3) 房地产价格低落时，投机者由于期待日后房地产价格上涨而购置房地产，造成房地产需求增加；而当房地产价格上涨时投机者抛出房地产，增加房地产供给，从而起到稳定房地产价格的作用。

至于究竟导致怎样的结果，要看当时的多种条件，包括投机者的素质和心理等。

(二) 经济因素

1. 经济发展与社会经济的繁荣程度

一般来说，经济发展预示着投资、生产、经营活动活跃，人们的收入增加，对厂房、办公室、商场、住宅和各种文娱设施等的需求增加，引起房地产价格上涨，尤其是引起地价上涨。如20世纪80年代，亚太地区的日本、新加坡、韩国、中国台湾、中国香港等国家和地区经济持续高速增长，地价也相应地大幅度上涨。反之，社会经济停滞或下滑，必然导致房地产价格的下降。有关研究表明，房地产业发展周期与国家经济发展周期总体趋势基本一致，房地产价格总体水平与国家或地区经济发展状况成正相关关系。

2. 房地产市场供求状况

房地产和其他商品一样，其价格由供给和需求所决定，与需求成正相关，与供给成负相关。房地产的供求状况可分为如下四种类型：

(1) 房地产总的供求状况；

(2) 某地区房地产的供求状况；

(3) 某类房地产的供求状况；

(4) 某地区某类房地产的供求状况。

由于房地产的不可移动性及变更使用功能的困难性，决定了某一房地产的价格高低，主要是受该地区该类房地产的供求状况的影响。房地产供不应求时，价格趋高；供过于求时，价格走低；供求平衡时，房地产价格变动较小。

3. 科学技术和产业结构

科学技术的发展，直接影响到房地产及其相关附属设备及建筑材料的更新换代，如轻质材料、新型涂料的应用，一方面能提高房地产的功效，另一方面也会影响到房地产的成本与需求，从而引起房地产价格波动。产业结构是指第一产业、第二产业与第三产业之间的比例关系。一般来说，当产业结构向第三产业倾斜时，地价会相应上升。

4. 物价与收入水平

房地产价格与一般物价之间的关系非常复杂。通常物价波动，表明货币购买力的变动,即币值发生变动,此时房地产价格也将随之变动。如建筑材料价格与人工费的上涨,直接增加了房地产的开发建设成本,拉动房地产价格的上升。如果物价变动的百分比等于房地产价格变动的百分比,则表示两者之间的实质关系并未改变,否则说明两者之间发生了变化。从一段较长时期来看,房地产价格尤其是地价的上涨率要高于物价和国民收入的上涨率,特殊情况除外。

(三) 行政因素

1. 土地使用制度与住房制度

土地使用与住房制度直接影响房地产价格的高低。科学合理的土地使用制度,可以调动土地利用者或投资者的积极性,促进土地资源合理配置,带动土地增值,导致地价上涨。同样,建立符合经济发展要求的住房制度,并不断使之完善,将进一步刺激住房需求,引导房地产价格的合理升值。如上海市曾实行的内外销房并轨、外来人口买房可享受蓝印户口等政策,在一定时期内对上海市的房地产市场及其价格产生了重要的引导作用。

2. 城市规划与土地利用规划

规划因素对房地产价格的影响较为突出。首先,土地利用规划和城市规划涉及城市的人口和用地规模,这项指标直接影响对房屋和土地的需求量,当人口规模大,增长快,用地指标偏紧时,有可能导致房地产价格上升;反之则降。其次,通过规划对城市土地的用途进行划分,可使不同类型的土地地价相差数倍甚至更大,在其他条件相同的情况下,一般商业用地价格大于住宅用地价格,住宅用地价格大于工业用地价格。最后,详细规划的布局方案和一系列控制指标也对房地产价格产生很大影响,如容积率、建筑覆盖率、绿化率等指标都对房地产价格产生直接影响。两宗房地产,其他条件相同,一宗附近规划建造地铁,一宗附近规划建造垃圾堆场,这两宗房地产的价格必然会出现截然不同的变化趋势。

3. 财政金融与税收政策

存款利率、贷款利率、物价指数、税率和贷款比例等财政金融与税收政策与房地产价格的高低有着密切的关系。如贷款利率提高、紧缩银根会减少市场对房地产的需求,引起房地产价格下降;允许贷款比例上升,可促进房地产业繁荣,引起房地产价格上涨;相关税率的提高,实质上减少了房地产的收益,会相应地导致房地产价格低落。

4. 房地产价格政策

房地产价格政策一般可分为两类:一类是高价格政策,即政府通过一定的政策提高房地产的价格;一类是低价格政策,即政府采取种种措施抑制房地产价格上扬。价格政策和价格本身是两个不同的概念,既可以在房地产价格偏低的情况下采取高价格政策,也可以在房地产价格已经较高的情况下采取高价格政策,低价格政策亦然,即价格政策与原有房地产价格的高低无关。

在我国,政府对低价格政策的运用相对要多一些。政府可通过控制土地供应量或土地出让价格、调整房地产开发经营税费、建立完善的房地产交易管理制度、制定最高限价或标准价格、调整产业政策等措施,抑制房地产价格。

5. 行政隶属变更

行政隶属关系变更包括级别升格和管辖权变更。如将非建制镇升格为建制镇;将建制镇升格为市;将原隶属郊区的"县"改为隶属城镇的"区",或将经济落后地区划归经济发达地区管理等，这些都会促进该地区的房地产价格上涨，在行政隶属关系的改变使农用地成为城镇建设用地的情况下尤为如此。相反，则会导致房地产价格下降。

6. 交通管制

交通管制包括禁止某类车辆通行、实行单行道、限制通行时间等规定。一般来说，交通管制往往使该地区道路的通达性与便捷度受到影响，从而降低房地产价格。但结合该管制的内容与房地产的使用性质来看，交通管制对房地产价格的影响结果也可能有所不同，如在住宅区内禁止货车通行，可以减少噪声与污染，保持社区的安全与清净，相对提高房地产价格。但如果某工厂门前的主干道白天禁止货车通行，造成该厂的原材料与产品只能夜间运输，增加了生产成本，那么该工厂所处的工业用地价格会有所下降。

7. 特殊政策

特殊政策是指国家对某些地区实行与众不同的开放及优惠政策，这些地区一般被称为经济特区，可享受特殊的经济政策、特殊的对外开放政策，实行特殊的管理体制等等，这些特殊性使这些经济特区内的房地产价格得以上升。如深圳、海南以及上海的浦东等地房地产价格的大幅上涨，很大程度上得益于经济特区政策。

（四）心理因素

心理因素除了要考虑购买或出售时的心态、追求时尚心态、迷信心态、个人偏好等，还包括接近名家心理以及人们对房地产价格的心理承受能力和对房地产价格变化的心理预期。

二、区域因素

区域因素是指房地产所在地区的用地结构、城市设施投入、自然条件和环境条件等因素相结合所产生的地区特性，也可以理解为人们通常所称的地段。区域因素对房地产价格的影响根据该房地产的用途而有所区别，如居住区一般对环境景观、交通、基础设施等环境舒适度较为重视；商业区一般对商圈的辐射范围与客流量等因素较为重视；而工业区则对排污设施、能源供应、运输设施等关系到成本的因素较为重视。不同区域、不同因素影响的权重也不同。因此，对于区域因素应根据实际情况综合分析，但不论哪种用途与类型的房地产，在估价工作中需着重考虑的因素有其一定的共性。

在此，本书将区域因素大致可分为商业服务繁华度、交通便捷度、城市设施完备度和自然条件、环境质量等因素。

1. 商服繁华度

商服繁华度是指所在地区的商业、服务业聚集与人流状况，各类商业、服务业的服务范围与影响程度。该因素对商业房地产的影响最大，所谓黄金地段往往是指商业、服务业集中的商业中心，反之，地价也会随着商业、服务业的集中程度而上升或下降。一般来说，商服繁华度可以从商业腹地的大小、顾客的交通手段及其状况、顾客的质和量、营业特点差别与竞争等因素来进行分析。

商业腹地是指商业区内能吸引或容纳顾客来消费的地区范围，即商业网点能辐射到的地区。一方面商业、服务业达到一定的集聚规模可形成腹地，并形成与这一腹地相适应的客流量；另一方面相应的客户群与该腹地的距离与交通手段也极大程度上决定了其繁华程度。而商业腹地的相互竞争可促使其形成一定的营业特色，从而吸引不同类型的顾客群，如饮食街、小商品市场、服装街、汽配街、花鸟市场等。

2．交通便捷度

交通便捷度是指房地产所在区域交通方便的程度，一般是指距离相同时居民到达该地所需耗费时间的多少，通常也称可达性。一个地区的交通方便程度，一方面取决于道路系统的完善程度，包括道路的数量和等级；另一方面也决定于公共交通系统的完善程度和公共的便利程度。完整意义上说，交通便捷度应把通行的距离和时间作为一个统一的有机整体，不仅要求通行距离短，以便于节约交通费用；而且要有四通八达的交通网络，能使出行时间减少到最低限度。交通便捷度可以从道路功能、道路宽度、公交便捷度、路网密度及其他交通设施等方面进行分析。

3．城市设施完备度

（1）基础设施：主要包括供水、排水、供电、供气、供热和通讯等地下设施。基础设施越完备，房地产价格越高。

（2）生活服务设施：主要包括学校、医院、幼儿园、菜市场、银行、邮电局、文化馆、图书馆等地面设施，也可称为社会基础设施。

由于这些设施的配套完善程度反映了政府或开发商对该区域的投入水平，与房地产价格成正相关关系。因此，城市设施完备度高的地区，成本和品质较高，其房地产价格一般趋高。

4．自然条件与环境质量

房地产的位置不可移动，使得其所处区域的自然景观、自然条件与生态环境质量等对房地产价格产生重要影响。自然条件主要指地形、地质、水文、气候条件等。环境质量是污染状况的综合反映，主要指大气污染、水污染、噪声污染、光污染、放射性污染等。随着人们生活水平的提高，对居住环境的质量要求也越来越高，为此，很多开发商花大力气改善自然条件，优化区域环境，以达到提高房地产价格的目的。

在房地产估价工作中，应重视对环境影响的评估，就是要对影响估价对象房地产价值的所有自然和人为条件所组成的环境因素进行综合评价。任何环境因素的存在，都会影响房地产的价值。环境因素对房地产价值的贬值性影响一方面表现为环境污染因素，如环境中存在物理射线、化学制剂、噪声、石棉或其他有害物质，在没有进行有效的改造前，将工业用地直接转变为非工业用地，如建造民用住宅，那么由于污染物的存在，有可能使住宅的价值贬值。另一方面环境因素对房地产价值的贬值性影响也包括由于自然条件的限制，不利于房地产价值的充分实现，引起的房地产价值的贬值。

三、个别因素

个别因素是指房地产本身可能影响房地产价格的物理因素，主要对房地产的个别价格产生最为直接的影响，可分为土地个别因素和建筑物个别因素。

（一）土地的个别因素

土地的个别因素包括地段、面积、地形、地质、地势、临街深度等。

1．地段：地段是房地产价格最根本的决定因素，地段的形成往往需要经过长期的文化、经济与历史的积淀。

2．地质：即土地的质量，建筑地块本身的条件特征，包括土地的强度、黏度、岩层的深度等。地质基础好,其投入的基础设施费用少,开发成本低;反之,则开发成本高。

3. 地貌:指土地表面的形态,主要与土地的平整有关。土地不平整,土地开发的费用成本就高,反之,土地开发成本低。

4. 地势:一般指城市中地块的临路状况或其相临的地块情况。如建筑地块明显低于周边土地,需要回填,增加开发成本;而地势太高,开挖土方量可能要增加,也可能影响土地价格。

5. 地盘:指地块所处的周边环境条件。周围环境好,利用程度高,价格就高。如开发商获得一块市中心地块,处于街道与居民住宅小区的包围中,根据有关规定,开发商在建造房屋时必须保留一定的间距,则该地块的利用率可能较低。但如果该地块周围是绿地,对建筑间距与高度无太严格的规定的话,则该地块的利用率可以提高,其地价也相应可以提高。

6. 地形:指地块的形状。可以分为整形地块与非整形地块两种。一般情况下,整形地块由于利用率高,其价格往往要高于非整形地块。但特殊情况下除外,如在商业区,一非整形地块的临街面要显著宽于另外两幅整形地块的临街面,则该非整形地块的地价可能会高于其他临街面相对较窄的整形地块。

7. 地积:即土地面积。面积是决定土地价格的重要因素。一般来说,对商业区而言,面积越大,则使用价值越高;对于住宅而言,如面积过大,其整体效用可能会比适当面积的土地要小,其单价也可能会降低。

8. 地类:是指土地价格会受到特定城市某一街区中土地的类别的影响。这里所指的土地类别不是指商业用地、农业用地、住宅用地等土地用途,而是指路线价法中的临街地、袋地、街角地、里地等,具体内容在第八章中阐述。

9. 日照、通风、湿度等自然条件。

10. 临接街道的条件:主要指地块所临接的街道是否主要交通干道;路幅的宽窄程度;路面的铺装程度等。

11. 与设施的接近程度:即该地块本身与设施的接近度。包括市政基础设施、公用公益设施、商业服务设施、以及危害性设施,如变电站等。

12. 市政设施条件:一般指基础设施,即地块所具备的上水、下水、电力、通讯、供热、供气设施等。

(二)建筑物的个别因素

建筑物的个别因素可概括为:结构、类型、式样、装修、设备、质量、地段、层次、朝向、年代、折旧、保养等。这些内容在第一章第二节对土地与建筑物的认识中已详细阐述,在此不再重复说明。

复习思考题

1. 什么是房地产价格?
2. 构成房地产价格的必要条件是什么?
3. 简述房地产销售价格构成。

4. 土地开发成本包括哪些费用?
5. 列举三种房地产开发利润率,并说明它们的不同之处。
6. 房屋成本租金构成因素有哪些?
7. 房地产价格有何特征?
8. 简述房地产市场的结构。
9. 影响房地产市场供给的因素有哪些?
10. 何为楼面地价?简述楼面地价与容积率之间的关系。
11. 影响房地产价格的一般因素包括哪些内容?
12. 简述投机对房地产价格的影响。
13. 政府可采取哪些价格政策对房地产价格进行调整?
14. 何谓交通便捷度?交通便捷度由哪些因素组成?
15. 现有甲、乙、丙三块地,土地单价分别是:甲为 1000 元/m^2,乙为 800 元/m^2,丙为 500 元/m^2,其容积率分别为 6、4、2。如此三块地其他条件完全相同,则明智的买者应购买哪一块?为什么?

第三章 房地产估价基本程序

房地产估价程序包括接受估价委托至完成估价报告期间的一系列工作，并按照其内在联系性排列出一定的先后次序。规定房地产估价程序是为了实现房地产估价的规范化，保证估价作业质量。在国家房地产估价规范的基础上，本书将房地产估价的基本程序确定为6个阶段：①房地产估价业务受理；②拟定房地产估价作业方案；③相关资料搜集与估价现场查勘；④估价方法选用与估价结果确定；⑤撰写估价报告书；⑥报告交付与立卷归档。

上述6个基本估价步骤具有明显的阶段性。业务受理、明确估价的基本事项与拟定估价作业计划，属于估价的准备阶段；实地勘察、搜集与分析相关资料、运用估价方法估算并决定估价额，属于估价的实施阶段；撰写并交付估价报告与立卷归档、项目结算则属于估价的结束阶段。以上3个阶段反映了房地产估价的主要过程。

第一节 房地产估价业务受理

一、估价业务受理立项

（一）估价业务分类

根据房地产估价业务的性质，可将其划分为程序性估价和委托性估价两大类。程序性估价是指房地产估价在某一事务的进行过程中，属于不可避免的一项工作，是该事务的必经程序。如房地产保险中的估价、房地产抵押贷款中的估价以及政府对房地产进行征用、课税时的估价等。在房地产市场经济尚不发达、房地产估价尚未兴起的时期，程序性估价往往指定专门的估价单位或部门进行，如银行等机构内部设有专门的部门进行估价，无需委托其他机构进行估价。在评估工作越来越市场化、商业化的今天，程序性估价也已采用委托方式，估价单位往往相对固定。

委托性估价主要指那些并非必要程序，但委托人为了自己掌握以做到心中有数，而自主委托进行的估价业务。对于这类估价业务来说，委托是一项必然手续，如业主在出租或出售房屋前，要求对该房屋进行估价，以确定租金或售价；欲购买房地产的买主，可能会委托估价机构对其欲购买的房地产进行估价等等。

（二）受理估价基本手续

1. 签订估价委托合同或填写估价委托书

目前相关管理部门并未对估价委托合同或者委托书进行统一规范，各估价机构可以自行设计符合自身要求的估价委托合同或委托书，但其中的基本要素一般大同小异。

无论是估价委托合同还是估价委托书，其内容主要包括：①委托人、估价机构的名称、地址等基本情况；②估价目的；③估价对象房地产的概况（可包括用途、面积、权利状态等）；④估价时点；⑤委托人的协助义务（如委托人应向估价机构如实提供估价机构必需的资料及对所提供资料的真实性、合法性的承诺，协助估价机构进行实地查勘等）；⑥估价服务收费标准与支付方式；⑦交付估价报告书的时间；⑧违约责任；⑨解决争议的方法；⑩估价机构和委托人认为需要约定的其他事项。

其中估价服务收费标准应在符合国家有关规定的前提下进行协商约定。目前我国房地产估价按价格总额采取差额定率分档累进制，如对估价总额在100万元以下的房地产，收取5‰的估价费；估价总额在101万元至1000万元之间的房地产，收取2.5‰的估价费；估价总额在1001万元至2000万元之间的房地产，收取1.5‰的估价费等等。有些估价机构还对估价服务费进行了最低限价。估价服务费一般在受理立项时收取一部分，剩余部分在交付估价报告书后进行结算。

估价委托合同或委托书一旦签订，意味着估价项目成立。

2. 验明各类证件

在签订估价委托合同或填写估价委托书后，估价机构应要求委托人提交相关的证件，如委托人的身份证明；如委托人为企业的，则需提供营业执照、法人代表身份证明；估价对象房地产的权属证明、平面图、地籍图等相关资料。在未得到产权人许可的情况下，估价机构一般不接受非产权人的委托。

3. 收件签收

对于委托人提交的各类证件，估价机构应进行签收，并出具收件证明。如委托人提交的是证件的原件，在必要的复印留存后，应在估价结束前返还委托人，不得挪作他用。

二、明确估价基本事项

签订估价委托合同或填写估价委托书应该在明确估价基本事项的基础上进行。在明确估价基本事项时，应与委托方共同商议，最后征得委托方认可，双方在委托合同或委托书上签字盖章以示明确。估价基本事项包括：估价对象、估价目的、估价时点等。

（一）明确估价对象

1. 明确估价对象的实体状态

明确估价对象的物质实体状态，是进行房地产估价的必要前提。首先，必须明确估价对象的范围，如估价对象是单纯土地、单纯建筑物还是整体房地产？整体房地产中需估价的是某一层面还是某一单元？是否需要对建筑物内的设施设备进行估价等等。其次，必须明确估价对象物质实体的具体内容，如涉及土地，需明确其：位置、四至、形状、面积、用途、临街状态、地质、地形、土地平整程度、配套设施、地质水文状况等；涉及建筑物的，需明确其门牌号、结构、面积、容积率、楼层、朝向、平面布置、工程质量、新旧程度、装修、设施设备等。

2. 明确估价对象的权益状态

房地产价格是权益的价格，不同的房地产权益其估价思路有所不同。所需明确的权益状态包括：土地的权属性质、土地使用权年限（已使用年限、剩余年限）、建筑物的权属、是否设定他项权利及其年限等。这些权益必须提供相应的合法权属证明，如土地使用权证、房地产权证、租赁合同、抵押合同等。如委托人因特殊原因无法提供权益证明，应在估价报告书中予以说明。

（二）明确估价目的

在填写估价委托书或签订估价委托合同时，专业人员有责任引导委托人明确估价目的，即明确估价报告书的用途，如土地使用权出让价格估价、房屋转让价格估价、房地产纠纷估价、企业合并资产评估、房地产拍卖底价估价、房屋拆迁补偿估价等等。依据有关法律、法规，有些估价对象不能用于某些估价目的，而有些估价目的限制了估价对象的范围和内容，所以，估价对象及其范围和内容，既不能简单地根据委托方的要求确定，也不能根据估价人员的主观愿望随意确定，而应根据估价目的，依据法律、法规并征求委托方认可后综合确定。如对于产权有争议的房地产，可以按照纠纷目的进行估价，但要按照转让或抵押目的进行估价则是不可行的，估价机构应不予受理，或作出特殊情况处理说明。

明确了评估目的，也就相应地确定了所要评估的价格类型，如买卖价格、租赁价格、入股价格、抵押价格、征用价格、课税价格等。各种价格在评估时都有相应的注意事项，如抵押价格评估与买卖价格评估就有较大的差异，由于抵押价格评估要考虑抵押贷款清偿的安全性，因此其数额应等于估价对象的预期价格（考虑抵押期限）减去处置税费等；征用价格和课税价格评估一般是按照国家的有关规定进行，如有些国家及地区规定，土地的课税价格须用路线价法评估；保险价格的评估仅指建筑物及其家具、设备的价值等。

（三）明确估价时点

房地产价格受多种因素影响，是不断变化的。对于同一宗房地产来说，在不同的时点上，其价格可能有较大的差别。我们通常所说的某宗房地产的价格都是指该房地产在某个特定时点上的时价，我们所要评估的也正是这种时点价值。没有特定时点的价值评估不仅是毫无意义的行为，而且也是无法进行的，因此，必须明确估价时点。估价时点一般以年、月、日来表示，其详略程度一般是由房地产市场的稳定程度及评估的价格种类所决定的。另外，估价时点的详细程度还决定了估价的难易程度，估价时点越具体，要求的估价精度越高，估价也就越困难。

作为非专业人士的委托人，对估价时点的含义并不一定清楚，这就需要估价专业人员注意引导，并与委托人协商后达成共识。估价时点可以是现在，也可以是过去或将来，一般来说，大多数情况下的估价时点是现在，但也需注意其他时点，如委托估价的目的是纠纷处理的话，那么专业估价人员应问清纠纷情况，以便确定估价时点。

（四）明确评估前提

由于特殊情况的需要，以及估价对象与其他事物之间所存在的关系，在评估上还要明确估价的前提条件，主要包括如下四种：

1. 独立估价

独立估价发生在估价对象为土地与建筑物合一的"房地产"的情况下，根据某种需要或特定条件，有时单独就该房地产的土地作为独立部分进行评估，并且不考虑建筑物的存在，这种情形称为独立估价。简单地说，就是将土地当成空地，视为无建筑物存在的情形下进行评估。在地上建筑物预定拆迁的条件下，往往进行建筑物拆迁的独立估价。

2. 部分估价

部分估价是指估价对象房地产是由土地及建筑物构成的综合体，在该土地与建筑物为一整体的既定条件下，仅就其中的土地或建筑物进行价格评估。它与独立估价的区别是，独立估价不考虑地上建筑物存在对地价的影响，而部分估价则考虑地上建筑物存在对地价的实际影响，或土地对建筑物价格的实际影响。土地或建筑物的部分估价额将受到既定状态的影响而发生变化。如两幅邻近的土地，在其他条件相同的情况下，甲土地上计划建造一座高档宾馆，乙土地上计划建造一家福利院。对这两幅土地进行部分估价，即考虑地上建筑物对土地价值的影响的话，甲土地的估价结果必然要高于乙土地的估价结果。

3. 合并估价或分割估价

以房地产的合并或分割为前提所进行的评估，称为合并或分割估价。例如，以购买邻地并与自有土地合并使用为前提，对邻地进行买卖价格评估即为合并估价；又如，为使土地的一部分分割出售成为可能，而评估其剩余部分的价格，即为分割估价。无论是合并估价还是分割估价，其估价结果都将与正常评估存在一定差异，其评估出的价格称为"限定价格"，即在市场受限定的条件下所形成的价格，该价格仅对特定的交易主体具有经济合理性。

4. 变更估价

变更估价是以改变房地产的利用状态为前提所进行的评估，也可称为变更利用状态估价，它主要包括如下几种情形：

（1）以房地产改变原来的用途为前提所进行的估价。如学生宿舍将改造为宾馆，政府机关办公楼将改造成供出租的写字楼等。

（2）以房地产重新进行装修改造为前提所进行的估价。

（3）以拆除建筑物为前提对土地进行的估价。

上述需要确定的种种估价事项，一般都是由委托人提出的，或根据委托人的意向由估价人员整理出来的。

（五）明确估价要求

在明确以上四项基本要素的基础上，估价人员还需确定估价报告书交付时间，并进一步明确一些特殊的估价要求，如明确转让估价时是否带租约等，因为在这些情况下，房地产的价格可能会偏离其正常的公开市场价值。房地产估价专业人员应充分运用自己的专业知识，帮助委托人分析情况，提出有效的建议。

第二节 拟定估价作业方案

一、对估价项目进行初步分析

在明确估价基本事项的基础上，应对估价项目进行初步分析，确定拟采用的估价技术路线，初步选择适合估价对象的估价方法，并确定工作人员。

初步选择估价方法，可以使以后现场勘察与搜集资料时能有的放矢，避免不必要的重复劳动。因为不同性质的估价对象、不同的估价目的对估价方法的要求有所不同，所需要搜集的资料也不尽相同。需要注意的是，该阶段所选用的估价方法只是初步选择，随着估价准备工作的进一步深入，可能会因为估价情况的变化而有所变化。

对于大型估价项目，尤其是专业性较强的项目，并非所有估价人员均能胜任，需要有针对性地选用估价人员。估价人员一般各有所长，有的擅长从事商业用房估价，有的对拆迁估价经验丰富，有的对成本估价法研究较深，明确了估价对象和估价目的，初选估价方法后，可以确定最适当的人员参与项目评估，有利于估价工作的顺利进行。

二、拟定估价作业方案

经过对估价项目的初步分析,可拟定估价作业方案,以便控制进度并更好地协调合作,提高工作效率。

估价作业方案主要应包括下列内容:

1. 设计拟采用的估价技术路线和估价方法;
2. 列出拟调查搜集的资料及其来源渠道;
3. 预计所需的时间、人力、经费;
4. 拟定作业步骤进度。

一些复杂的综合性估价项目常常需要多种专业人员参加,如造价工程师、设备工程师、律师等。估价所需时间,包括估价报告书的交付日期,一般由委托方提出要求,由估价机构与委托方磋商确定。

对于大型项目可以先罗列各种工作的先后顺序与相互关系,以便选择最优方案。估价作业方案最好以工作流程图、进度表等形式来表现,如横道图就是一种直观、简明、方便、有效的方法。方案的拟定最终需要通过实践来实现,在方案执行过程中应注重有效的控制和监督,进行科学地调整与修订,保证最合理地使用人力、物力和财力。

三、房地产估价技术路线案例

技术路线是人们用来认识问题、解决问题,以达到预期目标的筹划、路径和基本思路。房地产估价技术路线是针对估价对象的类型和内容,根据估价目的,设计出估价作业的工作思路,选择适当的估价方法,搜集必要的资料,对估价对象进行价格计算和调整,以求取在某时点合理的估价值。

例:上海虹桥开发区某地块进行国有土地使用权有偿出让国际招标,地块面积为 $12927m^2$,土地使用权出让期为 50 年,容积率为 5,规划用途为建造高级宾馆、酒店、高级公寓。日本××集团为参加投标竞争,委托香港某房地产估价机构进行土地使用权投标价格评估。(该案例适宜在掌握估价方法原理基础上进行理解)

该估价机构设计的技术路线为:

1. 确定最佳用途的投标建筑类型。依据合法原则及最高最佳使用原则,通过对上海市高级宾馆、酒店及高级公寓市场进行供需调查,拟定兴建多功能高级公寓为主的投标方案。确定需搜集的相关法律法规资料与市场分析资料。
2. 搜集类似地区高级公寓的市场售价资料,采用市场比较法求取可能的现时楼价。也可运用长期趋势法求取未来楼价再折算为现时楼价。
3. 搜集建造类似高级公寓的造价资料与利息率、利润率、税率等相关财税资料,采用成本估价法进行测算。
4. 采用假设开发法测算可承受的土地使用权出让价格。即:

土地使用权出让投标价格 = 楼价 – 建造成本 – 相关费用 – 利润

若业主投标该地块建造高级公寓的经营思路改为:出售和出租比例各占一半,则此估价作业的技术路线应调整为:

1. 对出售部分的高级公寓仍按以上述思路计算现时楼价,即搜集类似地区高级公寓的市场售价资料,采用市场比较法求取可能的现时楼价。也可运用长期趋势法求取未来楼价再折算为现时楼价。

2. 搜集同一供求圈内类似高级公寓的租金资料,采用市场比较法,估算估价对象年租金额。

3. 搜集类似高级公寓的年物业管理费及其年支出费用,也可采用市场比较法或成本估价法估算该公寓的出租成本,并求取年净收益。

4. 搜集银行存、贷款利率与相关资本化率资料,估算该公寓的资本化率等参数。

5. 通过收益还原法求取出租部分的现时楼价。

6. 总楼价=出售部分楼价+出租部分楼价

7. 除楼价求取的估价思路有所变化外,土地使用权出让投标价格仍按上述假设开发法的思路进行计算。

第三节 相关资料搜集与估价现场查勘

一、估价资料搜集

估价资料的搜集与整理是估价作业中重要的环节,资料的全面性与正确性是估价结论具有可靠性的依据。一些房地产估价发展较先进的国家建立了系统的数据库,包含有8类113目的详细资料,并列出了各目资料来源的45条信息渠道,供估价人员查询,使得这些国家的房地产估价工作有了统一的地区性数据基础,也使得市场比较法得以成为最主要、最可靠的估价方法。

从内容上看,估价所需资料主要应包括下列方面:

1. 对房地产价格有普遍影响的资料;
2. 对估价对象所在地区的房地产价格有影响的资料;
3. 类似房地产交易、成本、收益实例资料;
4. 能反映估价对象状况的资料。

其中前两种资料即一般因素资料与区域因素资料,一般属于共性资料,即不论采用哪种估价方法,在一定程度上能直接或间接影响房地产的价格。这部分资料应尽可能详尽周到,包括政治、法律、经济等各方面,要求估价机构和估价人员能注意经常、及时地进行搜集,并加以核实、分析、整理。

后两种资料,根据拟采用的估价方法而有所不同。对于市场比较法,主要搜集交易实例资料,如交易时间、单价等;对于收益还原法,主要搜集收益实例资料,如出租率、租金水平、运营费用等;对于成本估价法,主要搜集成本实例资料,如折旧率、税费率、建筑造价等;对于假设开发法,主要搜集规划资料,如容积率、拟开发费用等。搜集实例资料时,应考察它们是否受到不正常的或人为因素的影响,对于受到这些因素影响的实例资料,只有在能确定其受影响的程度并能进行修正的情况下才可被采用。

估价资料也可以从产权资料、建筑资料、市场交易资料、法律规划资料、其他资料等角度进行搜集与分析。

搜集资料的渠道一般有:①委托人提供;②实地勘察测量;③到政府相关部门查阅;

④询问有关当事人、咨询机构等;⑤同行之间交流信息资料等。

估价人员必须对搜集到的资料进行整理、分类编号、校验核实,以便查阅和对资料做出进一步分析研究。

二、现场查勘

前面所述的估价要素与估价资料主要是由委托方提供的文字或图件资料,不一定能满足估价工作的所有要求,有些委托人提供的资料有限或存在错误,甚至刻意隐瞒估价对象的真实情况。因此,估价人员必须到估价现场,亲身感受估价对象的位置、周围环境、景观等情况的优劣,查勘估价对象的外观、建筑结构、装修、设备等状况,并对事先搜集的有关估价对象的坐落、四至、面积、产权等资料进行核实,同时搜集估价所需的其他补充资料以及对估价对象及其周围环境或临街状况进行拍照等。要科学地、客观地完成估价工作,现场查勘是一个必不可少的环节。

现场查勘主要应实现以下几方面目标:

1. 对估价对象的物质实体进行确认。对估价委托合同或估价委托书中所明确的估价对象的物质实体进行实地调查。包括估价对象的坐落位置、面积、房型、成新度等是否与记载的内容一致,以及估价对象的实际使用状况是否符合最高最佳使用状态与其他相关规定。

2. 对估价对象的权益状况进行确认。如对建筑物所有权的独有、共有、区分所有三种状态进行实地核实,听取知情人或相关人员的说明,明确其具体区分界限。尤其要查清估价对象的实际用途是否与权属证明相符。

3. 对估价对象的环境条件进行确认。需核实的环境条件主要包括:估价对象周边交通路线的数量、距离、是否终点站;商业服务、医院、学校等公共设施的完备程度、布局与距离远近;距离市中心的远近与交通便捷度;是否有污染源如垃圾堆场、受污染的水源、噪声、废气、光污染等;临街状况;物业管理情况;小区舒适度等等。

另外,在缺乏估价对象物质实体确认资料的情况下,估价人员还需对估价对象进行丈量绘图,进行笔录会签。如在城乡结合地区有一宗房地产需要估价,其建筑物原为生产大队自建厂房,在估价过程中无法提供设计图、施工图、竣工图、面积数据等任何确认资料,估价人员必须到现场进行实际的勘丈绘图,有条件的可以以拍照或录像作为辅助,以确定估价对象的实际面积、形状或其他情况。在实地查勘时,一般需要委托人中熟悉情况的人员和被查勘房地产的业主陪同,估价人员要认真听取陪同人员的介绍,详细询问在估价中所需弄清楚的问题,并将有关情况和数据认真记录下来,形成"实地查勘记录"。完成实地查勘后,实地查勘的估价人员、委托人中陪同实地查勘的人员和被查勘房地产的业主,应在"实地查勘记录"上签字认可,并注明实地查勘日期。

第四节 估价方法选用与估价结果确定

一、估价方法选用

虽然在第二节中已涉及估价方法的初步选用,但经过相关资料搜集与现场查勘,也可能会有相应的变化,在此还需确定最终的估价方法。

在运用各种估价方法进行估价时,都不可避免地需要进行估算和判定。但由于每种估价方法适用对象和适用条件不同,使其估算判定的角度不同,所依据的估价数据和资料也不同,而且估价中所采用的数据资料还可能具有一定的不确定性,这些数据资料的不确定性对各种估价方法的估算判定过程的影响程度又是不一样的,可见,每种估价方法本身具有局限性,单纯采用任何一种估价方法都难以确保真正准确地反映估价对象的客观合理价格或价值。为此,对同一估价对象应同时选用两种以上的估价方法进行估价,有助于各种估价方法之间的互相补充,消除数据资料的不确定性对估价结果准确性的影响。

估价人员应根据已明确的估价目的,掌握并正确运用各种估价方法,若估价对象适宜采用多种估价方法进行估价的,应同时采用多种估价方法进行估价,不能随意取舍,如果必须取舍,应在估价报告书中予以说明并陈述理由。

一般来说,有条件选用市场比较法进行估价的,应以市场比较法为主要的估价方法,因为市场比较法是最能体现房地产估价的基本原理、最直观、适用性最广也是最容易准确把握的一种估价方法;收益性房地产应选用收益还原法作为其中的一种估价方法;具有投资开发或再开发潜力的房地产,应选用假设开发法作为其中的一种估价方法;而在无市场依据或市场依据不充分而不宜采用前三种方法进行估价的情况下,可以采用成本估价法进行估价。用估价方法得到的房地产价格都可称为评估价格或试算价格。

如某城市商业中心一临街店铺需进行估价,其估价目的为转让。由于该估价对象为收益性房产,首先可选用收益还原法进行估价;其次,经调查,该类商业用房在该地区有较多的交易案例,为此还可选用市场比较法对该估价对象进行估价。

二、确定估价结果

同一宗房地产估价一般宜采用两种以上的估价方法进行估价,而不同的估价方法所计算得出的多个估价结果不可能完全相同,估价人员对不同估价方法估算出的结果,应进行比较分析。当这些结果差异较大时,应寻找并排除出现差异的原因。

对不同估价方法估算出的结果应做下列检查:
1. 计算过程是否有误;
2. 基础数据是否准确;
3. 参数选择是否合理;
4. 是否符合估价原则;
5. 公式选用是否恰当;
6. 选用的估价方法是否适宜估价对象和估价目的。

估价专业人员在确认所选用的估价方法估算出的多个结果无误之后,应根据具体情况计算求出一个综合结果,通过科学的方法确定最终的估价额。

综合确定估价结果的方法有:

1. 求简单算术平均数

即将计算出来的所有价格累加,再除以项数,得出简单算术平均数,以此作为最终的估价额。

2. 求加权算术平均数

根据估价方法的适用程度与资料的可信程度，对不同估价方法得出的结果给出相应的权数（通常对评估该房地产最适用可靠的估价方法所计算出的结果赋予较大的权数），将每个价格乘以各自的权数并进行累加，再除以权数总和（权数总合为1），得出加权算术平均数，以此作为最终的估价额。

3. 求中位数

即将用不同估价方法得出的结果按数值大小进行排序，当项数为奇数时，取其中项作为最终的估价额；当项数为偶数时，则以中间两项的平均数作为最终的估价额。

4. 求众数

众数与中位数一样，是一种位置平均数，即在计算出的所有价格中，以价格相同的且项数最多的为众数，以此作为最终的估价额。在房地产估价中，一般需要选择10个以上的可比实例，才可能用这种方法确定综合结果，目前采用较少。

5. 以一种估价方法计算的价格为主，参考其他估价方法计算出的价格，经综合分析后，判断得出最终的估价额。

例题：一宗房地产选用了五种方法进行估价，得到五个估价结果：4200、4350、4500、4500、4600（元/m^2），则：

求算术平均数为：$(4200 + 4350 + 4500 + 4500 + 4600) \div 5 = 4430$ 元/m^2

求加权平均数为：$(4200 \times 0.1 + 4350 \times 0.2 + 4500 \times 0.3 + 4500 \times 0.3 + 4600 \times 0.1) \div (0.1 + 0.2 + 0.3 + 0.3 + 0.1) = 4450$ 元/m^2

求中位数为：4500 元/m^2（按大小排序为：4200、4350、4500、4500、4600，共有5项，是单数，则取第三个数为中位数）

求众数为：4500 元/m^2（4500出现过两次，而其他数值只出现过一次）

估价专业人员在计算求出一个综合结果的基础上，应考虑不可量化的价格影响因素，还需要依靠自己的专业经验及对房地产市场行情的理解来把握评估价值，同时可听取有关人士的意见，对该结果进行适当的调整，或取整，或认定该结果，作为最终的估价结果。当有调整时，应在估价报告中明确阐述理由。当对估价结果作出调整时，应在估价报告中明确而充分地阐述调整的理由。

第五节 撰写估价报告书

房地产估价报告书又称估价报告，它是全面、公正、客观、准确地记述估价过程和估价成果的文件，是给委托方的书面答复，是关于估价对象的客观合理价格或价值的研究报告。它是估价机构提供给委托人的最终"产品"，是估价过程和估价成果的综合反映，具有一定的法律效力。通过估价报告书，不仅可以了解房地产估价的最终结果、技术路线等内容，还可以明确估价机构和估价人员的责任，限定估价结果的应用条件，并为房地产估价纠纷的处理提供有效依据。

一、房地产估价报告书的类型

1. 定型式估价报告书：也称为封闭式估价报告，其内容和格式是固定的，估价人员必须按照有关要求填写，不能随意增减项目。优点是较全面地包括了一般事项，填写起来不易漏项、简便、快速、完整、规范；缺点是对于估价对象的具体情况和特殊事项不能展开深入分析。为了避免其不足，可根据不同类型的房地产编制不同的定型式估价报告书备用。对于一般的例行估价案件都可采用定型式估价报告书。

2. 自由式估价报告书：也称为开放式估价报告，它没有一定的格式限制，估价人员可根据估价对象的具体情况自由编写，深入分析特殊事项，有较大的发挥余地；缺点是容易遗漏一般事项。专案估价案件多采用自由式估价报告书。

3. 混合式估价报告书：介于上述两种估价报告书之间，既有自由式部分，又有定型式部分，可以避免二者的缺点。通常可以对估价对象的一般事项采用定型式格式，对估价对象的特殊分析部分采用自由式格式。

单纯的土地估价报告书也可以分为书信式、文字式和表格式等类型。

二、房地产估价报告书的要求

1. 全面性。估价报告书应完整、全面地反映估价所涉及的事实、推理过程和结论，报告组成要完整，格式要规范，正文内容和附件资料应齐全、配套。

2. 客观性。估价报告书应站在中立的立场上对影响估价对象价格或价值的因素进行客观地介绍、分析和评论，应尽量使用中性的词汇，用词不可带有较强烈的感情色彩，做出的结论应有充分的依据。与估价项目或委托方有利害关系的估价机构与人员应回避。

3. 准确性。估价报告书的用语应清楚、准确，避免使用含混不清、模棱两可或易生误解的文字，对未经查实的事项不得轻率写入，对于难以确定的事项应在报告书中予以说明，并分析其对估价结果可能产生的影响。估价报告的语言要简洁、优美，具有较强的说服力，搭配恰当，逻辑严谨，句子完整，做到描述准确，陈述真实，词语简练。

4. 概括性。估价报告书应使用简洁的文字对估价中所涉及的内容进行高度概括，对获得的大量资料应在科学鉴别与分析的基础上进行筛选，选择典型的、有代表性、能反映事物本质特征的资料来说明情况，并得出结论。要注意避免不分主次地罗列资料，使报告书冗长且观点结论不突出。

5. 美观性。以上四项要求可以说是房地产估价报告书的内在质量，估价报告书还应注重外在质量，即在估价报告书的封面设计、排版、纸张、装订等方面都应保证高质量，尽量做到图文并茂。估价报告书的纸张一般采用 A4 纸规格。

三、房地产估价报告书的构成要素

根据《房地产估价规范》要求，房地产估价报告书一般由下列 8 个部分组成：①封面；②目录；③致委托人函；④估价师声明；⑤估价的假设和限制条件；⑥估价结果报告；⑦估价技术报告；⑧附件。

其中，估价结果报告和估价技术报告是核心部分，都是有关估价的测算和结果的说明，但二者的具体内容、详细程度和侧重点不同。

估价结果报告是以精炼的文字，扼要地说明有关估价的关键问题和估价结果的报告，不需要详细介绍估价的具体测算过程。主要内容包括：委托方和估价方的基本情况、估价对象的概况、估价目的、估价时点、估价依据、估价思路与方法、主要公式与计算、估价结果、估价人员、估价作业日期和估价报告有效期等。估价结果报告一般应用文字说明，但对于成片多宗价值较低的房地产同时估价的，估价结果报告也可以采用表格形式，如旧有住宅成片拆迁的估价。

估价技术报告是详细阐述估价过程的报告，主要内容包括：资料搜集和处理，对影响房地产价格的各方面因素的分析，房地产市场的分析和预测，估价对象的最高最佳使用分析，估价思路和估价方法选择的理由，估价测算过程，数据和指标的选择理由，估价结果的确定方法和理由等。有的估价机构将估价技术报告作为商业机密，只允许委托人查询，而不直接提供给委托方。

在以上 8 个部分中，房地产估价报告书应详细记载以下具体内容：
(1) 估价项目名称；
(2) 委托估价方名称或姓名和住所；
(3) 受理估价方名称、法人代表和地址；
(4) 估价对象概况；
(5) 估价目的；
(6) 估价时点；
(7) 价值定义；
(8) 估价依据与原则；
(9) 估价所采用的方法、技术路线和测算过程；
(10) 估价结果及其确定的理由；
(11) 估价假设、限定条件及估价报告有效期等估价结果应用的说明事项；
(12) 参与估价人员；
(13) 注册房地产估价师的声明和签名、盖章；
(14) 估价作业日期；
(15) 附属资料，包括反映估价对象位置、周围环境、形状、外观和内部状况的图片，估价对象的产权证明，估价中引用的其他专用文件资料，估价人员和估价机构的资格证明等。

其中，《房地产估价规范》对估价师声明做了严格规定。作为房地产估价报告书中的重要组成部分，注册房地产估价师的声明应包括下列内容，并应经注册房地产估价师签名、盖章：
(1) 估价报告中估价人员陈述的事实，是真实的和准确的；
(2) 估价报告中的分析、意见和结论，是估价人员自己公正的专业分析、意见和结论，但受到估价报告中已说明的假设和限制条件的限制；
(3) 估价人员与估价对象没有（或有已载明的）利害关系，也与有关当事人没有（或有已载明的）个人利害关系或偏见；
(4) 估价人员是依照中华人民共和国国家标准《房地产估价规范》进行分析，形成意见和结论，撰写估价报告；
(5) 估价人员已（或没有）对估价对象进行了实地查勘，并应列出对估价对象进行了实地查勘的估价人员的姓名；

(6) 没有人对估价报告提供了重要专业帮助（若有例外，应说明提供重要专业帮助者的姓名）；

(7) 其他需要声明的事项。

第六节　报告交付与立卷归档

一、复核送审

为保证估价报告的质量，估价机构应当建立估价报告内部审核制度，由资深估价人员按照合格估价报告的要求，对撰写出的估价报告进行全面审核，并确认估价结果的合理性。

对估价报告进行审核，类似于对生产出的产品在出厂前进行的质量检验，是防范估价风险的最后一道防线。对于经审核认为不合格的估价报告，要作修改或者重新撰写。只有经审核合格的估价报告，才能够出具给委托人。

在估价报告审核中，要做好审核记录。完成审核后，审核人员应在审核记录上签名，并注明审核日期。

二、报告交付

估价报告经审核合格后，由负责该估价项目的专职注册房地产估价师签名、盖章，以估价机构的名义出具，并由负责该估价项目的估价人员及时交付给委托人。估价人员在交付估价报告时，可就估价报告中的某些问题作口头说明或解释，至此完成了对委托人的估价服务。估价机构应按照有关规定和收费标准，及时与委托人结清估价服务费。

必须注意的是，根据国家有关规定，房地产估价报告应由至少 2 名专职注册房地产估价师签字、盖章，并加盖估价机构的公章后才具有法律效力。在估价报告上签名、盖章的注册房地产估价师和加盖公章的估价机构，应对估价报告的内容和结论负责任。

三、立卷归档

估价报告向委托人出具后，估价人员和估价机构应及时对涉及该估价项目的一切必要的文字、图表、声像等不同形式的资料进行整理，并将它们分类保存起来，即归档。

估价资料归档的目的是建立资料库和备案，以方便今后的估价及管理工作。估价资料归档有助于估价机构和估价人员不断提高估价水平，也有助于解决日后可能发生的估价纠纷，还有助于行政主管部门和行业组织对估价机构进行资质审查和考核。

应归档的估价资料包括：①估价机构与委托人签订的估价委托合同；②估价机构向委托人出具的估价报告（包括附件）；③实地查勘记录；④估价项目来源和接洽情况记录；⑤估价过程中的不同意见和估价报告定稿之前的重大调整或修改意见记录；⑥估价报告审核记录；⑦估价人员和估价机构认为有必要保存的其他估价资料。

估价人员不应将上述估价资料据为已有或者拒不归档。估价机构应建立估价资料管理制度，保证估价资料妥善保管、有序存放、方便查阅，严防毁损、散失和泄密。估价资料的保管期限从估价报告出具之日起计算，要求不得少于 10 年。保管期限届满而估价服务的行为尚未了结的估价资料，应当保管到估价服务的行为了结为止。例如，15年前出具的为某笔房地产抵押贷款服务的估价报告等估价资料，如果该笔房地产抵押贷款期限为20年，则估价资料应当保管20年以上。

附：房地产估价报告书案例

××省××市创业大厦8套公寓房地产纠纷估价报告

一、封面

××省××市创业大厦8套公寓房地产估价报告

估价项目名称：××省××市创业大厦8套公寓房地产纠纷估价

委托人：××省××市中级人民法院（其他略）

估价机构：×××房地产评估有限责任公司（其他略）

估价作业日期：2001年6月5日至2001年7月10日

估价报告编号：略

二、目录：略

三、致委托人函

××省××市中级人民法院：

受贵院委托，我公司对位于××省××市创业大厦B座11~18层C单元的8套房屋在1997年4月25日、1998年6月18日、2001年6月5日的市场价格进行了评估。评估建筑面积1084.4m^2，土地使用权性质为出让土地，土地出让年限为50年。截止上述三个估价时点，剩余土地使用年限分别为45.7年、44.55年、41.58年。

此次评估目的是为贵院对涉及上述估价对象的民事裁判提供价格参考依据。

我公司估价人员本着公平，公正，客观的原则，在对现场进行实地查勘，广泛收集有关市场信息和估价对象信息的基础上，全面分析了影响估价对象市场价格的因素，并运用科学的估价方法对估价对象的市场价格进行了评估。最终确定估价对象具备完整产权（能够在市场上公开、自由地出售）条件下的房地产市场价格如下表3-1。

估价时点房地产价格　　　　　　　　　　表3-1

估价时点	单价	总价
1997年4月25日	1495美元/m^2	162.12万美元
1998年6月18日	1495美元/m^2	162.12万美元
2001年6月5日	7034元/m^2	762.75万元人民币

×××房地产评估有限责任公司
2001年7月10日

四、估价师声明

估价人员郑重声明：

(1) 本估价报告中对事实的陈述，是真实、完整和准确的。

(2) 本估价报告中的分析、意见和结论，是估价人员公正的专业分析、意见和结论，但要受估价报告中说明的假设和限制条件的限制和影响。

(3) 估价人员与估价报告中的估价对象没有任何利益关系；对与该估价对象相关的各

方当事人没有任何偏见，也没有任何个人利害关系。

(4) 估价人员是依照中华人民共和国国家标准《房地产估价规范》的规定进行分析，形成意见和结论，撰写本估价报告。

(5) 估价人员已对估价报告中的估价对象进行了实地查勘。

(6) 估价人员在该估价项目中没有得到他人的重要专业帮助。

五、估价的假设和限制条件

(一) 本报告所依据的与估价对象有关的法律文件来源

1. 由委托方提供的资料：鉴定委托书（原件）。

2. 由××物业管理公司提供的资料

(1) 国有土地使用证（复印件）；

(2) 关于××房地产开发有限公司申请预售创业大厦的批复（复印件）；

(3) ××市商品房销售许可证（复印件）；

(4) ××区××路创业大厦单元面积汇总表（复印件）；

(5) 创业大厦"B—10—A"单元商品房屋预售合同、"A—17—D"单元商品房买卖合同、"A—18—C"单元商品房买卖合同（复印件）。

本报告中所采有的由××物业管理公司提供的文件，我公司未向政府有关部门核实，其真实性由该××物业管理公司负责。

(二) 根据××物业管理公司的介绍及评估人员向××市房地产管理部门有关人员的咨询和了解，1997年、1998年××市商住楼的租金水平和售价水平基本无重大变化，高档外销公寓大多于1996年底至1997年初竣工并投入使用，延至1998年底的租售情况都比较平稳，因此此次评估的结果中，1998年6月18日与1997年4月25日的房地产价格相同，不作调整。

(三) 根据××物业管理公司的介绍及其提供的××市××路××号创业大厦单元面积汇总表，估价对象8套房屋的建筑面积，户型，结构，装修等情况一致。评估人员在现场勘察过程中，对11C、12C、14C、16C、18C五套房屋进行了入户调查。此次评估假设这8套房屋在建筑面积，户型，结构，装修方面情况一致。

(四) 创业大厦的土地用途为商业、写字楼、高级住宅，此次评估的估价对象为其公寓部分的8套住宅，因此本报告的市场比较法中也同样选取了比较实例中的公寓部分进行因素比较和系数修正。

(五) 在房地产的销售和租赁过程中，不同楼层，户型的房屋的价格有所不同。根据估价对象分布于不同楼层的特点，此次在评估过程中所选取的比较实例的价格为平均价，修正后的估价结果也为平均价，不再作楼层，朝向的价格调整。

(六) 本报告中对估价对象市场价格的把握，仅相对于估价时点估价对象的现状而言，市场价格在具体实现过程中会受市场环境变化，处置费用，交易税费等因素的影响，本报告的使用者在使用本报告的结果时应予充分考虑。

(七) 本次评估的目的是为委托方对涉及上述估价对象的民事裁判提供价值参考依据，评估结果的价值定义是估价对象在不同估价时点的房地产市场价格。在评估过程中，评估人员并未考虑对估价对象进行强制处分和短时间变现的特殊性。

(八) 本报告必须完整使用方为有效，对仅使用本报告中部分内容所导致的可能损失，本评估公司不承担责任。

（九）本报告中数据全部采用电算化连续计算得出，由于在报告中计算的数据均按四舍五入保留两位小数或取整，因此，可能出现个别等式左右不完全相等的情况，但不影响计算结果及最终评估结论的准确性。

（十）根据估价对象的实际情况，估价人员在测算1997、1998年的房地产价格时采用了美元作为计算单位，测算2001年的价格时采用了人民币作为计算单位。

六、房地产估价结果报告

（一）委托方：××省××市中级人民法院

（二）受托方：×××房地产评估有限责任公司

（三）估价对象概况

1. 估价对象界定

创业大厦位于××市××区××路××号，××路与×××路交叉口的东南角，建设用地面积为4995m²，总建筑面积约为54000m²，为地下2层和地上31层建筑，地上分A、B两座，1~4层为商业裙楼，6~28层为公寓，29~31层为纯写字楼。

此次委托方委托评估的估价对象是指创业大厦B座的11~18层C单元8套房屋，8套房屋的户型相同，每套建筑面积均为135.55m²，评估总建筑面积为1084.4m²。

2. 权利状况

根据评估人员掌握的资料，创业大厦由××房地产开发有限公司投资开发，1993年5月申请立项并开工建设。截止估价作业日期，××房地产开发有限公司已取得创业大厦的《国有土地使用证》（证号：×国用（93）字第×××号），土地使用权性质为出让用地，土地用途为商业、写字楼、高级住宅，土地使用年限自1993年1月5日至2043年1月4日。

根据委托方的《鉴定委托书》，××房地产开发有限公司与××贸易有限公司、××区开发建设公司产生法律纠纷，涉及标的为创业大厦B座11~18层C单元8套房屋。我公司此次评估的是该8套房屋在1997年4月25日、1998年6月18日、2001年6月5日的完全产权的市场价格。

3. 建筑物状况

创业大厦占地面积为4995m²，销售建筑面积54046.66m²，大厦外形为底部裙楼托举两栋桥角相对的方形大厦，外墙采用高级釉面锦砖与天然花岗石和玻璃幕墙贴面，地上高度约100m，建筑结构及风格在××市××区××地区具有一定的标志性。大厦地下1~2层为设备层，地上1~4层为商业用房，5层为设备层，6~28层为公寓，29~31层为纯写字楼。大厦的A、B座各装有三部芬兰"通力"电梯，商业用房及写字楼用房采用中央空调，公寓用房采用分体式空调。此次评估的为创业大厦B座11~18层C单元的8套房屋，每套建筑面积为135.55m²，总建筑面积为1084.4m²。该8套房屋的客厅与卧室内墙刷乳胶漆，实木地板，铝合金窗，卫生间与厨房为精装修并配有厨具、洁具，每套房屋装有1~2部分体式空调。

（四）估价目的

为委托方对涉及上述估价对象的民事裁判提供价格参考依据。

（五）估价时点

(1) 1997年4月25日

(2) 1998年6月18日

(3) 2001年6月5日

(六) 价值定义

本报告的估价结果是指估价对象创业大厦B座11~18层C单元的8套房屋（建筑面积1084.4m²，土地用途为公寓），其土地出让年限为50年，在估价时点1997年4月25日时，剩余土地使用年限45.7年；在估价时点1998年6月18日时，剩余土地使用年限44.55年；估价时点2001年6月5日时，剩余土地使用年限41.58年，估价对象具备完整产权（能够在市场上公开、自由地出售）条件下的房地产市场价格。

(七) 估价依据

1.《中华人民共和国土地管理法》；

2.《中华人民共和国城市房地产管理法》；

3.《房地产估价规范》；

4.《中国房地产统计年鉴》；

5.委托方与××物业管理公司提供的涉及估价对象的有关法律文件，图表和资料（详见附件）（略）；

6.我公司掌握的有关市场资料及估价人员实地勘察所获取的材料。

(八) 估价原则

1. 合法原则

房地产估价必须以房地产合法使用为前提。

2. 最高最佳使用原则

能给估价对象带来最高收益的使用，这种使用是法律上允许、技术上可能、财务上可行。

3. 替代原则

根据经济学基本原理，有相同使用价格或相同效用、有替代可能的房地产会相互影响和竞争，使其价格相互牵制而趋于一致。

4. 估价时点原则

由于房地产市场是不断变化的，在不同估价时点，同一宗房地产往往具有不同的价格，本报告对估价对象的房地产市场情况及其自身情况的界定，均以其在估价时点已知或假设的状况为准。

(九) 估价技术思路和方法

本评估报告对估价对象在三个估价时点的价格进行测算：

1. 估价时点为1997年4月25日

估价对象于1993年开始销售，1996年底竣工并入住使用，1997年属于该大厦的平稳销售阶段。根据估价人员掌握的资料，1997年高档外销公寓的租赁及销售市场都比较稳定，有一定的市场交易量，与估价对象类似的房地产项目有××广场，××大厦，×××大厦等，因此本次评估采用市场比较法测算估价对象在1997年4月25日的房地产价格。

2. 估价时点为1998年6月18日

根据评估人员对××市房地产管理部门有关人员的咨询和了解，1997年4月25日至1998年6月18日，高档外销公寓的销售市场变化不大，1998年类似房地产的销售价格与

1997年基本持平,因此本次评估不对1998年6月18日估价对象的房地产价格进行调整。

3. 估价时点为2001年6月5日

根据××物业管理公司的介绍以及估价人员对××市房地产市场所掌握的资料,高档外销公寓市场在该估价时点的销售情况低迷,成交案例较少,基础数据不足。相反,租赁市场相对平稳,虽租金下降,但仍维持一定的市场交易量,因此,本次评估采用收益法测算估价对象在2001年6月5日的房地产价格。

(十) 估价结果

我公司估价人员本着公平,公正,客观的原则,在对现场进行实地查勘,广泛收集有关市场信息和估价对象信息的基础上,全面分析了影响估价对象市场价格的因素,并运用科学的估价方法对估价对象的市场价格进行了评估。最终确定估价对象具备完整产权(能够在市场上公开,自由地出售)条件下的房地产市场价格如表3-2。

估价时点房地产价格　　　　　　　　　　　　　　表3-2

估价时点	单价	总价
1997年4月25日	1495美元/m²	162.12万美元
1998年6月18日	1495美元/m²	162.12万美元
2001年6月5日	7034元/m²	762.75万元人民币

(十一) 估价人员:略

(十二) 估价作业日期

2001年6月5日至2001年7月10日。

(十三) 估价报告应用的有效期

本报告估价作业日期为2001年6月5日至2001年7月10日,所评估的为估价对象创业大厦B座11~18层C单元的8套房屋在不同估价时点的过去价值和现在价值,随着时间及市场情况的变化,在应用本估价报告的估价结果时,估价对象房地产的价格需作相应调整。如使用本报告估价结果的时间与本报告的估价作业日期相差12个月或以上,我公司对应用此结果造成的损失不负任何责任。

七、房地产估价技术报告

(一) 个别因素分析

1. 土地用途

创业大厦的国有土地使用证所载的土地用途为商业、写字楼、高级住宅,估价对象的实际用途为公寓,依据房地产估价中的最高最佳使用原则和估价时点原则,此次评估设定用途为公寓。

2. 土地使用权性质

创业大厦的土地使用权性质为出让土地,出让编号为92-×××,土地出让年限为50年(自1993年1月5日至2043年1月4日止),截止至1997年4月25日,剩余土地使用年限为45.7年,截止至1998年6月18日,剩余土地使用年限为44.55年,截止至2001年6月5日,剩余土地使用年限为41.58年。

3. 建筑面积

估价对象创业大厦B座11~18层C单元的8套房屋，每套房屋的建筑面积为135.55m²，总计建筑面积为1084.4m²。

4. 根据××物业管理公司的介绍及其提供的《××区××路××号创业大厦单元面积汇总表》，估价对象8套房屋的建筑面积、户型、结构、装修等情况一致。评估人员在现场勘察过程中，对估价对象8套房屋进行了入户调查。此次评估假设这8套房屋在建筑面积、户型、结构、装修方面情况一致，均为木质地板，乳胶漆涂刷内墙，铝合金窗，卫生间与厨房为精装修并配有厨具、洁具，每套房屋配有1~2部分体空调。

（二）区域因素分析

1. 地理位置

创业大厦位于××市××区××路××号，位于××市历史上比较繁华的商业区，该大厦是××区第一家外资开发的商住楼宇，集办公，商住，商业，娱乐，餐饮等多功能的综合性大厦。

2. 交通便捷度

创业大厦位于××市××路与××路的交叉口，距××国际空港约7km，距××火车站约8min（分钟）车程，交通便捷。

3. 周边环境及商业繁华度

创业大厦位于××市历史上比较繁华的商业区，周边分布有×××大饭店，××大厦，××银行大厦，××广场等高层建筑；除大厦裙楼的××百货外，附近还有×××购物中心等综合性商场，距××商厦，××步行街等，仅1.5km左右。各类物业相辅相成，互为推动，形成规模效应。

4. 基础设施条件

区域内基础设施条件达到"七通一平"，包括通路、供水、排水、通电、通讯、供暖、供气及土地平整。

（三）市场背景分析

××市位于华北平原的东北部，濒临××湾，××、××铁路在此交汇，成为连接海内外、南北交通的枢纽，是北方对外贸易的主要口岸和商品流通的重要集散地，是中国北方的经济中心之一。

××市是一座有数百年历史的文化名城，××市的建筑享有"建筑博览会"的美称。近年来，随时着经济的发展和房改的深化，住房供给量和需求量的大幅上升，××市加快了房地产市场的建设步伐。

（四）估价技术思路及方法（同估价结果报告）

（五）估价测算过程

1. 测算1997年4月25日的房地产价格

（1）对于不采用收益法进行评估的解释

收益法是指运用适当的资本化率，将预期的估价对象房地产未来各期的正常净收益折算到估价时点上的现值，求之和得出估价对象房地产公开市场价格的一种方法。

根据房地产评估的准则，针对房地产过去价值的评估，评估人员虽可以采用该估价时点以后的数据，以证实买卖双方在当时已充分考虑到此价格将来的合理浮动趋势，但若该数据不能真实反映估价时点的客观合理价格时，估价人员应进行逻辑上的取舍。

根据评估人员所掌握的资料，创业大厦大厦1993年起动工兴建即开始预售，直至1998年都属于销售和租赁的稳定时期，根据估价人员调查的数据显示，创业大厦于1997年的平均租金水平约为0.8美元/m²·天，与之类似的项目如×××广场、×××大厦等的租金约为1.1~1.3美元/m²·天。自1999年至今，随着××市高档住宅小区的兴起，人们的居住观念逐渐朝着小区化，规模化的方向发展，类似创业大厦这样与写字楼混住，缺乏绿化环境的高档外销公寓市场处于滞销状态。根据我方的调查，1999~2001年该类物业的销售成交案例较少，租赁价格较低，不仅不再以美元支付出租金，平均的租金价格也降至人民币2~3元/m²·天。

显然，1999年以前的买卖双方对于这种租金剧烈下降的趋势无法做出准确的预测，租金递减比率大大超过了平均资本化率，因此采用1997年4月25日以后的、变动幅度如此大的实际租金收益数据不能客观反映该估价时点的房地产市场状况，因此本次评估无法采用收益还原法对估价对象于1997年4月25日的房地产价格进行评估。

(2) 采用市场比较法进行评估

根据评估人员所掌握的资料，与创业大厦相类似的物业于1997年4月处于销售市场比较平稳状态。选取周边类似房地产的交易案例，将估价对象与在较近时期内已经发生了交易的类似房地产加以比较对照，从已经发生的交易价格，修正得出估价对象房地产价格。

1) 比较实例选择

选择三个与估价对象的用途相近，交易类型相同，区域及个别因素条件相近，交易情况正常的交易案例，以它们的价格作比较，结合影响房地产价格的因素，进行因素修正，求取估价对象房地产价格。

①实例一：××广场

位于××市××区××路××号，××路的南侧，商业繁华度较高，公用设施完备，环境条件较好，物业管理情况较好，公寓部分采用中央空调，安装有三部电梯，智能化系统完备，每套公寓内进行了初装修，地面铺地毯。1997年4月的销售单价为1600美元/m²。

②实例二：×××大厦

位于××市××区××路××号，南京路的南侧，商业繁华度较高，公用设施完备，环境条件较好，物业管理情况较好，公寓部分采用中央空调，其余备有分体空调，安装有两部电梯，智能化系统基本完备，每套公寓内进行了初装修，地面铺地毯，1997年4月的销售单价为1350美元/m²。

③实例三：××大厦

位于××市××区××广场××号，商业繁华度高，公用设施完备，环境条件较好，物业管理情况好，公寓部分采用中央宽调，安装有六部电梯，智能化系统完备，每套公寓内进行了初装修，地面铺地毯。1997年4月的销售单价为1700美元/m²。

估价对象与比较实例的比较因素条件详述见表3-3。

比较因素条件说明表　　　　　　　　　　　　　表3-3

比较因素	估价对象与实例 内容	估价对象	实例一	实例二	实例三
	名称	创业大厦	××广场	×××大厦	××大厦
	物业坐落	略	略	略	略
	土地使用年限	50年	50年	50年	50年
	交易日期	1997年4月	1997年4月	1997年4月	1997年4月
	土地用途	公寓	公寓	公寓	公寓
	交易情况	正常	正常	正常	正常
	市场售价（美元/m²）	待估	1600	1350	1700
区域因素	交通通达度	较高	一般	一般	较高
	商业繁华度	高	较高	较高	高
	公用设施完备度	完备	完备	完备	完备
	环境条件优劣度	较好	较好	较好	较好
个别因素	物业管理	较好	好	较好	好
	空调系统	分体空调	部分中央空调	少部分中央空调	全部中央空调
	电梯系统	3部	3部	2部	6部
	智能化系统	基本完备	完备	基本完备	完备

2) 编制比较因素条件指数表

根据估价对象与比较实例各种因素具体情况，编制比较因素条件指数表。
比较因素指数确定如下：

①交易情况修正

估价对象与三个交易实例在土地使用年限，土地用途，交易状况方面情况相同，因此不作修正。

②日期修正

由于估价对象与三个比较实例于1997年期间都属于交易市场较稳定时期，销售价格较透明且一年中变化不大，因此此次设定估价对象与三个比较实例的交易日期为1997年4月，并不对估价对象的交易日期进行修正。

③区域因素

A. 交通通达度：估价对象与三个比较实例交通通达度情况接近，但估价对象与××大厦两面临街，出入较方便；××广场与××大厦位于南京路的南侧，出入皆依靠南京路。交通通达度分为一般、较高、高三个等级，以估价对象为100，每相差一个等到级相应修正2%；则实例一、二为98，实例三不作修正。

B. 商业繁华度：估价对象与三个比较实例都位于商业繁华区内，××广场与×××大厦虽临××路，但周边分布有一些政府机关或企事业单位，隔××路北侧才为步行街及××大街，商业繁华度稍差于估价对象。商业繁华度分为一般、较高、高三个等级，以估价对象为100，每相差一个等级相应修正1%；则实例一、二为99，实例三不作修正。

C. 公用设施完备度：估价对象与三个比较实例都位于××市历史上比较繁华地区公用设施完备，以估价对象为100，三个实例不作修正。

D. 环境优劣度：估价对象与三个比较实例都位于××市历史上比较繁华地区，较适合商住两用公寓，写字楼使用或投资，以估价对象为100，三个实例不作修正。

④个别因素

A. 物业管理：物业管理情况是客户在选择购买物业中非常重要的因素。估价对象与三个比较实例都采用国内较知名的物业管理公司进行物业管理，但根据评估人员对四个房地产的现场勘察，××广场和××大厦的物业管理水平属于较高的档次；×××大厦的物业管理水平稍差于二者，物业管理状况分一般、较好、好三个等级，以估价对象为100，每相差一个等级相应修正3%，实例一、三为103，实例二不作修正；

B. 空调系统：估价对象和三个比较实例同为同档外销综合楼，本次比较的公寓部分定位为高档外销公寓。不同的空调系统决定了物业的不同市场定位；对于高层建筑，室内温度的调节及新风的更换更是非常重要的。因此，高层建筑使用中央空调系统明显优于使用分体空调来调节室内温度。以估价对象为100，实例一、二不作修正，实例三为102。

C. 智能化系统：估价对象与三个比较实例的智能化系统都比较完备，水平布线，垂直布线到位；设置了国际卫星电视系统、保安监控系统、消防监控系统、网络通讯系统等，根据评估人员的现场勘察，××广场和×××大厦的智能化系统略好于估价对象及××大厦，智能化系统分基本完备、完备两个等级，每相差一个等级相应修正1%。以估价对象为100，实例一、三为101，实例二不作修正。

3) 编制比较因素条件指数表（略）

4) 编制因素比较修正系数表（略）

取上述三个实例修正后的房地产单价的平均值作为此次市场比较法测算的价格：

房地产单价 = (1539 + 1391 + 1555) ÷ 3 = 1495 美元/m²

房地产总价 = 1495 × 1084.4 = 162.12 万美元

2. 测算1998年6月18日的房地产价格（略）

3. 测算2001年6月5日的房地产价格（略）

八、附件

附件一：《国有土地使用证》(×国用93字第×××号)；

附件二：关于××房地产开发有限公司申请预售××大厦的批发；

附件三：商品房销售许可证（[1993]×房权售字第×××号)；

附件四：××区××路创业大厦单元面积汇总表；

附件五：《鉴定委托书》；

附件六：《中国房地产统计年鉴》；

附件七：创业大厦位置示意图；

附件八：创业大厦现状照片；

附件九：估价机构营业执照及资质证书；

附件十：估价人员执业资格证书等。

（附件一至附件十内容略）

复习思考题

1. 房地产估价包括几个阶段？具体有哪些步骤？
2. 房地产估价应明确哪些基本事项？
3. 如何明确房地产估价对象？
4. 请说明独立估价与部分估价的区别。
5. 哪些情况下属于变更估价？
6. 房地产估价作业方案应包括哪些内容？
7. 房地产估价资料的内容有哪些？请列举5个具体资料名称。
8. 房地产现场查勘应对哪些方面进行确认？
9. 对房地产估价对象进行丈量绘图时应注意哪些方面？
10. 为什么要选用两种以上的估价方法对房地产进行评估？
11. 良好的房地产估价报告书应满足哪些条件？
12. 估价结果报告与估价技术报告有何区别？
13. 房地产估价报告的具体内容是什么？
14. 请说明房地产估价中立卷归档工作的作用与具体内容。

第四章 市场比较法

第一节 市场比较法概述

一、市场比较法的概念

市场比较法又称为比较法、交易实例比较法、市场资料比较法、市价比较法、市场法等,是房地产估价方法中最常用的基本方法之一,被称为"房地产估价方法之王"。

市场比较法是指将估价对象与估价时点近期的、类似房地产交易的实际成交价格进行比较,通过对这些类似房地产已知的实际成交价格进行适当的多方面修正,以此估算估价对象在估价时点的客观合理价格或价值的方法。

在市场比较法的定义中,包括三个关键词:

1. 近期:一般要求所选用的类似房地产交易价格发生在一年以内,但在房地产市场价格变化较快的地区,宜选用半年内所发生的类似房地产交易价格。

2. 类似房地产:是指与估价对象处在同一供求圈内,并在用途、规模、档次、建筑结构等方面与估价对象相同或相近的房地产。

3. 实际成交价格:即类似房地产交易当时的实际成交价格,须经过修正才能用于比较。

采用市场比较法得到的评估价格,称为比准价格。由于市场比较法是以市场实际交易价格为估价基准,所以其比准价格更接近于公开的市场价格,市场比较法的说服力也相对较强,是一种适用范围广且普遍采用的重要估价方法。

二、市场比较法的理论依据

市场比较法的理论依据是经济学中的替代原理,充分体现了市场价值论。在一个完全竞争的市场上,两个以上具有替代关系的商品同时存在,商品的价格会由于替代关系而相互竞争,最终促使商品的价格趋于一致。房地产市场同样如此,效用相等的房地产经过市场竞争,其价格最终会基本趋于一致。因此,房地产的未知价格可以通过类似房地产的已知成交价格来求取。

三、市场比较法的适用范围与限制条件

在房地产市场比较发达的情况下,同一供求圈内具有较多与估价对象房地产相类似的房地产交易案例时(至少可以从中选择3个以上的可比实例),市场比较法是较有效的、适用的估价方法。

市场比较法不仅适用于交易性房地产价格的评估,而且还可以在有关估价参数的求取

上起到重要作用。

虽然市场比较法应用广泛，但在以下情况下，该方法往往难以适用：

1. 在没有类似房地产交易或类似房地产交易较少的地区；
2. 在较长时间内没有发生类似房地产交易的地区；
3. 估价对象为特殊房地产的，如教堂、寺庙、学校、医院、名胜古迹、保护建筑等。

第二节 市场比较法的基本步骤

一、搜集交易实例

市场比较法选用的一个必要条件就是必须拥有大量的、已经发生的房地产交易实例准确资料，掌握正常市场价格行情。如果交易实例资料太少，不仅会影响估价结果的准确性和客观性，甚至会使市场比较法无法采用。因此，专业估价人员平时就应该注重对不同类型的房地产交易实例资料的搜集与整理。

搜集房地产交易实例的渠道有：

1. 查阅政府有关部门关于房地产交易的申报登记资料，这种方法具有较强的权威性，但往往获取难度较大，信息量不足；
2. 查阅各类报刊、杂志、网络上的房地产广告与交易信息，这种方法信息量巨大，但信息的真实性、准确性较差；
3. 参加各种房地产展览会、交易会等，这种方法可以了解房地产行情，但针对性可能较差；
4. 以购买房地产者的身份，与房地产经办人或交易当事人进行洽谈，以掌握相关信息。这种方法获取的信息可能最真实、最准确，但获取信息的速度较慢，且成本较高；
5. 同行之间相互交流，如估价协会的会员单位通过信息简报进行交流。这种方法切实可行，但要求估价人员具有较强的职业道德，不得瞒报、错报，存心误导同行；
6. 其他途径，如走访房地产交易当事人、相关经纪人、金融机构等。

搜集房地产交易实例资料时还应注意以下两点：

1. 交易实例资料及其来源必须真实可靠。所选用的交易实例必须是已发生的，预告的、听说的、虚报的或者是推断、臆想的房地产价格均不能成为市场比较法的交易案例。
2. 所选用的交易实例应能明确显示自身所具备的条件。市场比较法必须将已发生的案例与估价对象进行交易情况、交易时点、物质实体等影响房地产价格的因素的逐项比较，如果交易实例没有各项因素的记载，而只有一个价格标识的话，那么它将失去作为比较案例的意义。

根据上述要求，房地产交易实例搜集的内容应包括：

1. 交易双方情况及交易目的。交易双方情况不仅包括交易者的名称、性质、法人代表、住址等基本情况；更重要的是要说明交易双方是否在公开的市场状况下进行公平自愿的交易，即属于正常交易还是非正常交易。

交易目的是指交易双方为什么而交易，一般包括买卖、入股、抵押等交易目的。

2. 交易实例的房地产状况，一般应包括：

(1) 坐落位置、形状与面积；
(2) 地质条件；
(3) 购物、交通等环境条件；
(4) 土地利用现状与规划用途；
(5) 有关地上建筑物的基本情况；
(6) 权利状态。

3．成交价格。成交价格应包括房地总价、房屋总价、土地总价及相应的单价和房屋租金等内容，同时应说明价格类型、价格水平及货币种类和货币单位等情况。

4．成交日期。一般要求以公历的年、月、日表示。

5．付款方式。付款方式包括：一次付清、分期付款及比例、抵押贷款比例、租金支付方式等内容。

估价人员对于已搜集的房地产交易实例资料应及时进行整理、分析与归类登记，估价人员可以针对不同类型房地产事先制作统一的房地产交易实例调查表，并按表格内容进行调查，既可避免遗漏重要事项，又可方便输入计算机，建立数据库，实现快速查询和调用。

二、选取可比实例

交易实例并非都能直接用于与估价对象的比较参照，必须经过适当的选择。用作比较参照的交易实例，简称可比实例。选取可比实例就是从已搜集和积累的大量交易实例中，选取与估价对象房地产条件相同或相似的、成交日期与估价时点相近的、成交价格为正常价格或可修正为正常价格的交易实例。交易实例不一定是可比实例，而可比实例一定是交易实例。

运用市场比较法估价应根据估价对象状况和估价目的，从搜集的交易实例中选取3个以上（一般为3~5个）可比实例。如果可比实例少于3个，其代表性较差，可能造成估价结果因其个别性而出现偏差，难以客观地反映市场状况。同时，所选取的可比实例应符合下列要求：

1．可比实例应与估价对象房地产相类似，具体包括：

(1) 可比实例的用途应与估价对象的用途相同。主要指房地产的具体利用方式，一般大类相同即可进行比较，如住宅、办公楼、商业、厂房、仓库等。如能细分到小类相同则会使可比实例更具有可比性，如住宅房地产可细分为别墅、公寓等；商业房地产可细分为百货店、菜市场等。

(2) 可比实例与估价对象房地产所处的地段应相同，或在同一供求范围内的类似地区。主要指可比实例与估价对象房地产应处于相同特征的同一区域或邻近地区，或处于同一供求圈、同一等级土地内。

(3) 可比实例的权利性质应与估价对象房地产的权利性质相同。如国家所有土地及其地上建筑物与农村集体所有土地及其地上建筑物不能进行比较；以出让形式取得的土地及其地上建筑物与以划拨方式取得的土地及其地上建筑物不能进行比较；商品住宅与经济适用住宅或房改所购住房不能进行比较等。

(4) 可比实例的建筑结构应与估价对象的建筑结构相同。这里主要指建筑结构的大类相同，如钢结构、钢混结构、砖混结构、砖木结构等。如能再细分到小类建筑结构，则更具可比性，如砖木结构中又可分为砖木一等、砖木二等。

2. 可比实例与估价对象的价格类型应一致。估价目的包括：买卖、租赁、抵押、典当、征用、课税、投保等。不同的估价目的，要求选用可比实例的交易类型或价格类型应该相对应。

3. 可比实例的成交日期应与估价时点相接近。一般选择的可比实例房地产的成交日期距估价时点的间隔越短，在进行交易日期修正时的准确性越高。因此，最好选择近期1年内成交的房地产作为可比实例。如果房地产市场相对稳定，可适当延长间隔时间，但最长时效不宜超过2年，否则在进行交易日期修正时容易出现较大偏差。

4. 可比实例的成交价格应为正常价格或可修正为正常价格。所谓正常价格是指在公开的房地产市场上，交易双方均充分了解市场信息，以平等自愿的方式达成的交易价格。这类交易实例应当首选为可比实例。如果市场上正常交易实例较少，不得不选择非正常交易实例作为可比实例时，也应选取其交易情况明了且可修正的实例作为可比实例。

三、建立价格可比基础

建立价格可比基础主要是为后面进行交易情况、交易日期和区域因素、个别因素的修正服务。因为已选取的若干个可比实例之间及它们与估价对象之间，可能在付款方式、成交单价、货币种类、面积内涵和面积单位等方面存在不一致，无法进行直接的比较修正，因此，需要对它们进行统一换算处理，建立价格可比基础，使其表述口径一致，以便进行比较修正。换算处理包括以下内容：

（一）统一付款方式

房地产交易时通常采用分期付款的形式，而不同时点支付的价款具有不同的时间价值，不利于比较分析，因此，付款方式应通过折现计算的方法，统一为成交日期时一次性付清。（折现系数：$\frac{1}{(1+i)^n}$）

【例题 4-1】 某宗房地产的成交总价为83万元人民币，分两期支付，首付30万元人民币，余款53万元于半年后付清。以成交日期一次付清为基准，当时人民币的月利率为1%，则其成交日期时一次付清的价格相当于：

$$30 + 53 \div (1 + 1\%)^6 = 80(万元人民币)$$

（二）统一采用单价

房地产价格水平的高低一般通过单价来反映，有时也可统一采用楼面地价进行比较。在上面例题中，如该宗房地产的建筑面积为250m²，那么其单价应为3200元/m²，即：

$$80 \div 250 = 0.32(万元/m^2)$$

（三）统一币种和货币单位

不同币种之间的换算，应按中国人民银行公布的成交日期时的市场汇率中间价计算。

【例题 4-2】 某宗房地产的成交总价为15万美元，一次付清。已知，以人民币为基准，该房地产成交日期当时人民币与美元市场比价为1:8.6，则其人民币总价为：

$$15 \times 8.6 = 129(万元人民币)$$

（四）统一面积内涵

在我国当前的房地产交易中，一般按照建筑面积计价，但不同时期、不同地区的面积内涵使用习惯可能不同，有的按使用面积计价，也有的按套内建筑面积计价。它们之间的换算公式如下：

$$建筑面积下的价格 = 套内建筑面积下的价格 \times \frac{套内建筑面积}{建筑面积}$$

$$建筑面积下的价格 = 使用面积下的价格 \times \frac{使用面积}{建筑面积}$$

【例题4-3】 某宗房地产的成交总价为15万美元，一次付清。已知，以人民币为基准，该房地产成交日期当时人民币与美元市场比价为1:8.6，假定其使用面积为200m²，且该类房地产建筑面积与使用面积的比率为1:0.7（使用面积:建筑面积 = 70:100），那么该房地产每平方建筑面积的单价应为4515元，即：

$$15 \times 8.6 = 129（万元人民币）$$

$$129 \div 200 \times 0.7 = 0.4515（万元/m² 建筑面积）$$

（五）统一面积单位

我国大陆地区通常采用平方米（m²）作为面积单位，土地的面积单位有时也采用公顷或亩，有些国家和地区则习惯采用平方英尺或坪作为面积单位。它们之间的换算如下：

1m² 的价格 = 1 亩的价格 ÷ 666.67

1m² 的价格 = 1 公顷的价格 ÷ 10000

1m² 的价格 = 1 平方英尺的价格 × 10.764

1m² 的价格 = 1 坪的价格 × 0.303

【例题4-4】 某宗房地产的成交总价为15万美元，一次付清。已知，以人民币为基准，该房地产成交日期当时人民币与美元市场比价为1:8.6，假定其建筑面积为3000ft²（平方英尺914.4m²），则其每平方建筑面积的单价约为4629元，即：

$$15 \times 8.6 = 129（万元人民币）$$

$$129 \div 3000 \times 10.764 = 0.462852（万元/m² 建筑面积）$$

四、可比实例成交价格的修正

由于房地产市场属于不完全竞争市场，其价格的形成具有较强的个别性，所以，估价人员所选取的可比实例不可能与估价对象完全类似，必须进行交易情况、交易日期、区域因素和个别因素的修正。交易情况、交易日期、区域因素和个别因素等方面，视具体情况可采用百分率法、差额法或回归分析法进行修正。每项修正对可比实例成交价格的调整不得超过20%，综合调整不得超过30%。

（一）交易情况修正

进行交易情况修正，应排除交易行为中的特殊因素所造成的可比实例成交价格偏差，并将可比实例的成交价格调整为正常价格。由于房地产的特殊性和房地产市场的不完全性，交易价格往往在交易过程中受当时当地一些特殊因素的影响而发生偏差，不宜直接作为基准用于估价对象，必须预先对交易中的某些不正常的情况加以修正，使其成为正常的交易价格后，才能作为估算估价对象价格的比准值。

有下列情形之一的交易实例不宜选为可比实例：

1. 有利害关系人之间的交易。如父子之间、亲友之间、有利害关系的公司之间、公司与其职员之间的房地产交易价格,通常都低于正常的市价。

2. 急于出售或购买情况下的交易。前者易造成价格偏低,后者则往往造成价格偏高。

3. 受债权债务关系影响的交易。如附带抵押权或租赁权的房地产交易,一般交易价格偏低。

4. 交易双方或者一方对相关市场信息了解不充分的交易。如果买方不了解市场行情,盲目购买,往往会造成交易价格偏高;相反,卖方不了解市场行情,盲目出售,则易造成交易价格偏低。

5. 交易双方或一方有特别动机或者特别偏好的交易。如买方对某一个区域或某一种房型有特殊的感情或者卖方惜售等情况下,交易价格往往偏高。

6. 相邻房地产的合并交易。如买方若在购买相邻房地产后,与其原有房地产合并使用,将增加原有房地产的效用,相邻房地产的拥有者会因此抬高价格迫使买方以高于市场正常价格的价格购买,所以成交价格往往高于该房地产单独存在时的正常价格。

7. 特殊方式的交易。如以拍卖、招标等方式成交的价格往往导致非正常价格,一般拍卖价格多高于市场正常价格,但一些抵押期满未清偿而由银行拍卖的房地产,也可能因债权不清或信息不充分而价格偏低;招标则因注重其整体方案效用,故招标的成交价格既可能偏高,也可能偏低。

8. 交易税费属于非正常负担的交易。如土地增值税本应由卖方负担,却转嫁给了买方;交易手续费本应由双方各负担一部分,却转嫁给了买主或卖方;契税本应由买方负担,却转嫁给卖方等等,这些都会造成交易价格的不正常。这种情况下,应将成交价格调整为依照政府有关规定,由买卖双方负担各自应负担的税费下的价格。

9. 其他非正常的交易。如受政府某些特殊政策影响而导致房地产成交价格偏高或偏低的价格。

在可供选择的交易实例较少,确需选用以上情形的可比实例进行估价时,应对其进行交易情况修正。交易情况修正的一般步骤为:

1. 测定各种特殊因素对房地产交易价格的影响程度,即分析在正常情况下和特殊情况下,房地产交易价格可能产生的偏差大小。测定方法可以利用已掌握的同类型房地产交易资料分析计算,确定修正比例或系数。也可以由估价人员根据长期的经验积累,判断确定修正比例或系数。

2. 利用修正系数,修正求得可比实例的正常价格。

交易情况修正的一般公式为:

交易情况修正后的正常价格 = 可比实例成交价格 × 交易情况修正系数

$$交易情况修正系数 = \frac{正常交易情况指数}{可比实例交易情况指数} = \frac{100}{100 \pm X} = \frac{1}{1 \pm X\%}$$

交易情况修正系数表示以正常交易情况为基准,假设可比实例的成交价格比其正常市场价格高 $X\%$ 时,则分母大于 100,即 $100 + X$;假设可比实例的成交价格比其正常市场价格低 $X\%$ 时,则分母小于 100,即 $100 - X$。

【例题 4-5】 为评估某房地产价格,选取 A 房地产作为可比案例,可比案例 A 的成交价格为 3200 元/m²,比当时同类房地产的正常市场价格低 10%,则估价对象房地产进行情况修正后的正常价格为：

$$3200 \times \frac{100}{100-10} = 3555.56 \text{（元}/\text{m}^2\text{）}$$

（二）交易日期修正

交易日期修正，是将可比实例在其成交日期时的价格修正到估价时点的价格。因为，可比实例的实际成交价格一般发生在估价时点之前，成交日期与估价时点不同，其房地产市场状况可能发生变化，价格就有可能不同，而通过估价方法所求得的评估价格必须是估价时点上的价格。因此，必须将发生在成交日期的可比实例价格修正到估价时点。

交易日期修正的一般公式为：

交易日期修正后的价格 = 可比实例成交价格 × 交易日期修正系数

交易日期修正的具体求取方法包括：

1. 利用类似房地产的价格指数进行修正。

利用价格指数进行日期修正的公式为：

可比实例估价时点价格 = 可比实例当时成交价格 × $\frac{\text{估价时点的价格指数}}{\text{成交日期的价格指数}}$

目前，在房地产估价中主要采用中房价格指数，但在具体运用过程中必须注意，所采用的房地产价格指数的地区、类型等情况必须要与估价对象与交易实例相类似。

【例题 4-6】 有一房地产可比案例，交易时间为去年 10 月，成交价格为 2800 元/m²，已知去年类似房地产市场价格指数为 120，今年类似房地产市场价格指数为 168，则经交易日期修正后的价格为：

$$2800 \times \frac{168}{120} = 3920 \text{（元}/\text{m}^2\text{）}$$

2. 采用类似房地产的价格变动率进行修正。

由于类似房地产的市场价格指数较难获取，故交易日期修正较多采用房地产价格变动率进行修正，其一般公式为：

可比实例估价时点价格 = 可比实例当时成交价格 × $(1 \pm \text{月价格变动率})^{\text{月数}}$

必须注意的是，当价格变动率为年、季、周等其他时间单位时，其月数也应相应地改为年数、季数或周数。当价格变动率上涨时为"＋"，价格变动率下降时为"－"。

【例题 4-7】 某宗房地产成交价格为 3000 元/m²，成交日期是 2004 年 2 月末，获知 2004 年 2 月末至 6 月末该类房地产价格平均每月上涨 1.5%，2004 年 6 月末至 2005 年 1 月末平均每月上涨 2%，求取 2005 年 1 月末该房地产交易日期修正后的价格。

【解】 由于可比实例成交日期与估价时点期间出现两种月上涨率，因此必须分两次求取。根据题意，同类房地产价格月上涨 1.5% 的情况出现了 4 个月；同类房地产价格月上涨 2% 的情况出现了 7 个月，即：

$$\text{交易日期修正价格} = 3000 \times (1+1.5\%)^4 \times (1+2\%)^7 = 3657(\text{元}/\text{m}^2)$$

其中时间间隔（主要指月数）计算规则如下：

（1）同一年中的月数计算。可用同一年中后面的月份减去前面的月份。如上题中 6 月 − 2 月 = 4 个月。值得注意的是，严格意义上讲，在计算时应明确成交日期与估价时点是处在月初、月中还是月末，如上题中均为月末，则 6 月 − 2 月 = 4 个月，如题中改为 2 月初至 6 月末，则时间间隔为 5 个月；如题中改为 2 月末至 6 月初，则时间间隔为 3 个月。一般已知条件中未告知月初、月中还是月末，则一般按月中进行计算。

(2) 跨年度的月数计算。一年有 12 个月，上题中时间跨度为两年，即第一年的月数可用 12 个月减去 6 月，由于估价时点为第二年的 1 月份，因此再加上 1 个月，12 - 6 + 1 = 7。如可比实例成交日期改为 2003 年 12 月，估价时点为 2005 年 2 月，则月数计算可表示为：

第一年 2003 年月数：12 - 12 = 0

第二年 2004 年月数：12 个月

第三年 2005 年月数：2 个月

则间隔月数为：0 + 12 + 2 = 14 个月

3. 估价人员根据市场情况及其自己的经验积累进行判断修正。

在缺少房地产价格指数或变动率的情况下，估价人员可以根据当地房地产价格的变动情况和发展趋势及自己的经验积累进行判断，加以修正。

房地产价格还可通过分析房地产价格随时间推移的变动规律，采用时间序列分析，建立房地产价格与时间的相互关系模型来求取。

(三) 区域因素修正

区域因素修正，是将可比实例在其外部环境下的价格调整为估价对象外部环境状况下的价格。进行区域因素修正时，应将可比实例与估价对象的区域因素逐项进行比较，并将可比实例相对于估价对象由于外部环境差异所造成的价格差异排除，使修正后的可比实例价格能够与估价对象房地产所处地段的实际情况相符。区域因素修正是市场比较法中的一个难点，在具体操作中比较困难，往往依赖于估价专业人员的经验与判断。

区域因素修正的内容主要包括：繁华程度、交通便捷程度、环境、景观、公共配套设施完备程度、城市规划限制等影响房地产价格的因素。由于不同用途的房地产，影响其价格的区域因素不同，因此，区域因素修正的具体内容应根据估价对象的用途确定，分别选择对其有影响的主要因素。

区域因素修正的一般公式为：

区域因素修正后的价格 = 可比实例成交价格 × 区域因素修正系数

$$区域因素修正系数 = \frac{估价对象区域因素分值}{可比实例区域因素分值} \times \frac{100}{100 \pm X} \left(或 \frac{1}{1 \pm X\%}\right)$$

区域因素修正系数的具体求取方法有以下两种：

1. 直接比较修正，即以估价对象房地产的各项区域因素状况为基准，与可比实例相对应的区域因素逐项进行比较，然后确定修正比率。为了计算方便，往往将估价对象房地产的区域因素分值设定为 100。这时，区域因素修正系数表示以估价对象区域因素为基准，假设可比实例的区域因素比估价对象的区域因素条件好 $X\%$ 时，则分母大于 100，即 $100 + X$；假设可比实例的区域因素比估价对象区域因素条件差 $X\%$ 时，则小于 100，即 $100 - X$。

【例题 4-8】 现有一可比实例，成交价格为 5000 元/m²，该可比实例所处区域的环境优于估价对象，经分析，可比实例在商业服务、交通条件、基础设施、规划条件、文娱设施等到方面综合起来需修正 2%，则区域因素修正后价格为：

$$5000 \times \frac{100}{100 + 2} = 4902 \text{（元/m}^2\text{）}$$

【例题 4-9】 需评估某待估房地产 2005 年 5 月末的市场交易价格，经调查搜集相关资料，获得估价对象房地产和可比实例房地产的区域因素条件，并经比较分析，各分项分值如表 4-1 所示，可比实例成交价格为 4000 元/m²。

区域因素条件分值表　　　　　　　　　　　　　　　表 4-1

序号	比较项目	估价对象	可比实例
1	地段等级	15	15
2	交通条件	15	14
3	配套设施	15	15
4	环境状况	15	11
5	商业繁荣	10	8
6	城市规划	10	9
7	人文环境	5	5
8	旅游娱乐	5	5
9	视觉景观	5	5
10	其他条件	5	3
合计	/	100	90

则可比实例成交价格经区域因素修正后的价格为：

$$4000 \times \frac{100}{90} = 4444 \text{（元/m}^2\text{）}$$

2. 间接比较修正，即以设定的某标准房地产的各项区域因素为基准，将估价对象和可比实例的区域因素与其相比较，并根据比较结果逐项打分，然后再将分值转化为修正比率，用修正比率乘以可比实例交易价格，即可得到修正后的可比实例在估价时点的价格。在间接比较修正中，是将标准房地产而不是估价对象的区域因素分值设定为 100。

如将 [例 4-9] 中的区域因素条件分值表改为表 4-2 所示，可比实例成交价格仍为 4000 元/m²。

区域因素条件分值表　　　　　　　　　　　　　　　表 4-2

序号	比较项目	标准分值	估价对象分值	可比实例分值
1	地段等级	10	9	9
2	交通条件	10	8	7
3	配套设施	10	9	9
4	环境状况	10	10	6
5	商业繁荣	10	8	6
6	城市规划	10	7	6
7	人文环境	10	6	6
8	旅游娱乐	10	8	8
9	视觉景观	10	7	7
10	其他条件	10	8	6
合计	/	100	80	70

则可比实例成交价格经区域因素修正后的价格为：

$$4000 \times \frac{100}{70} \times \frac{80}{100} = 4571 \text{（元/m}^2\text{）}$$

在房地产估价实际工作中，通常以直接比较修正为主要方法。

（四）个别因素修正

进行个别因素修正，应将可比实例在其个体状况下的价格调整为估价对象个体状况下的价格。进行个别因素修正时，应将可比实例与估价对象的个别因素逐项比较，找出由于个别因素优劣所造成的价格差异进行调整。个别因素修正与区域因素修正一样，都是市场比较法中的一个难点，同样依赖于估价专业人员的经验与判断。

有关土地方面的个别因素修正的内容主要包括：面积大小、形状、临街状况、基础设施完备程度、土地平整程度、地势、地质水文状况、规划管制条件、土地使用权年限等；有关建筑物方面的个别因素修正的内容主要包括：折旧程度、装修、设施设备、平面布置、工程质量、建筑结构、楼层、朝向等。个别因素修正的具体内容应根据估价对象的用途确定。

个别因素修正的一般公式为：

个别因素修正后的价格 = 可比实例成交价格 × 个别因素修正系数

$$个别因素修正系数 = \frac{估价对象个别因素分值}{可比实例个别因素分值} \times \frac{100}{100 \pm X} \left(或 \frac{1}{1 \pm X\%}\right)$$

个别因素修正系数表示以估价对象个别因素条件为基准，假设可比实例的个别因素比估价对象个别因素条件好 $X\%$ 时，则分母大于 100，即 $100 + X$；假设可比实例的个别因素比估价对象个别因素条件差 $X\%$ 时，则分母小于 100，即 $100 - X$。

个别因素修正系数也可以用直接比较与间接比较两种方法进行逐项打分。

【例 4-10】 有一可比实例，成交价格为 5000 元/m^2，该可比实例的个别因素综合起来劣于估价对象，经分析，该可比实例在临街深度、宗地形状、宗地面积等方面综合起来需修正 -3%，则经个别因素修正后的可比实例价格为：

$$5000 \times \frac{100}{100 - 3} = 5155（元/m^2）$$

五、求取比准价格

（一）四项修正的综合求取

由前面的内容中可以看到，市场比较法至少需选取三个以上的可比实例，而每个可比实例都必须经过交易情况、交易日期、区域因素和个别因素等方面的修正。经过交易情况修正，可将可比实例的可能不正常的实际成交价格转换成正常价格；经过交易日期修正，可将可比实例的交易当时的成交价格转换为估价时点的价格；经过区域因素修正，可将可比实例在其所在区域下的成交价格转换为估价对象所在区域下的价格；经过个别因素修正，又将可比实例在其个体状态下的价格转换到了估价对象个体状态下的价格。这样，在四个方面的修正后，可比实例交易当时的实际成交价格就转换成为估价对象在估价时点的正常的客观合理价格。其综合计算公式可以表示为：

公式一：

估价对象价格 = 可比实例价格 × 交易情况修正系数 × 交易日期修正系数 × 区域因素修正系数 × 个别因素修正系数

公式二：

$$估价对象价格 = 可比实例价格 \times \frac{估价对象正常交易情况指数}{可比实例交易情况指数} \times \frac{估价时点价格指数}{成交日期价格指数} \times \frac{估价对象区域因素分值}{可比实例区域因素分值} \times \frac{估价对象个别因素分值}{可比实例个别因素分值}$$

公式三：

$$估价对象价格 = 可比实例价格 \times \frac{估价对象正常交易情况指数}{可比实例交易情况指数} \times (1 \pm X\%)^{期数}$$

$$\times \frac{估价对象区域因素分值}{可比实例区域因素分值} \times \frac{估价对象个别因素分值}{可比实例个别因素分值}$$

公式四：

$$估价对象价格 = 可比实例价格 \times \frac{100}{100 \pm X} \times (1 \pm X\%)^{期数} \times \frac{100}{100 \pm X} \times \frac{100}{100 \pm X}$$

公式五：

$$估价对象价格 = 可比实例价格 \times \frac{1}{1 \pm X\%} \times (1 \pm X\%)^{期数} \times \frac{1}{1 \pm X\%} \times \frac{1}{1 \pm X\%}$$

公式中的 X 分别代表交易情况、价格变动率、区域因素修正率与个别因素修正率等不同的百分率，而且价格变动率与期数应根据月、年等不同的计时标准而相互匹配。在房地产估价的实际操作中，百分率法是使用较多的一种方法。

市场比较法的四项修正还可以采用差额法或回归分析法。不管用何种方法，每项修正后，可比实例成交价格的调整不得超过 20%，综合调整不得超过 30%。

（二）比准价格的求取

选取的多个可比实例的价格一一经过以上四项修正后，会得出多个修正后价格，应根据具体情况计算求出一个综合结果，作为比准价格，并最终确定为估价额。多个修正后价格可通过以下方法综合为比准价格：

（1）通过简单算术平均数求取；

（2）通过加权平均数求取；

（3）通过中位数求取；

（4）通过众数求取；

（5）以其中一个可比实例的修正后价格为主，参考其他可比实例修正后价格，经综合分析后，判断得出最终的估价额。

以上综合方法的具体计算在第三章第四节中已有具体介绍，在此不再重复。在房地产估价实际操作中，以求取算术平均数方法求取比准价格的运用较多。

第三节　市场比较法案例分析

【案例一】

（一）估价对象概况：

估价对象为城市规划住宅区内的一宗住宅房地产，其他情况略。

（二）估价目的：求取该估价对象在 2005 年 9 月初的正常单价。

（三）估价时点：2005 年 9 月初

（四）估价作业日期：2005 年 9 月 3 日 ~ 9 月 18 日

（五）估价方法：由于该类住宅房地产近期有较多的交易实例，故采用市场比较法。

（六）已知条件

根据估价人员调查分析，在估价对象附近选取了 A、B、C 三宗已成交类似商品住宅，有关资料如表 4-3 所示。

三宗已成交类似商品住宅资料 表 4-3

比较项目	A	B	C
成交价格	4500 元人民币/m²	600 美元/m²	5000 元人民币/m²
成交日期	2004 年 11 月初	2005 年 1 月初	2005 年 6 月初
交易情况	-5%	0%	+2%
区域因素	+2%	+3%	-2%
个别因素	-3%	+5%	-2%

其中负值表示低于正常值（估价对象），正值表示高于正常值。另知，2005 年 1 月初人民币与美元的市场汇价为 1∶8.5；2005 年 9 月初的市场汇价为 1∶8.3；该类商品住宅以人民币为基准的价格在 2004 年 6 月初至 2005 年 3 月初之间平均每月上涨 1%，在 2005 年 3 月初至 2005 年 9 月初之间平均每月上涨 1.5%。

（七）比较演算

根据公式

$$估价对象价格 = 可比实例价格 \times \frac{100}{100 \pm X} \times (1 \pm X\%)^{期数} \times \frac{100}{100 \pm X} \times \frac{100}{100 \pm X}$$

求得：

$$实例 A 的修正价格 = 4500 \times \frac{100}{100-5} \times (1+1\%)^4 \times (1+1.5\%)^6 \times \frac{100}{100+2} \times \frac{100}{100-3}$$
$$= 5447.52（元/m^2）$$

其中可比实例 A 的成交日期为 2004 年 11 月初，而估价时点在 2005 年 9 月初，由于在此期间该类商品住宅的价格有两种月上涨率，因此其估价日期修正必须分两次进行。月上涨率为 1% 的月数应从成交日期 2004 年 11 月初算起至 2005 年 3 月初，而不是从已知条件 2004 年 6 月初算起，即 12-11+3=4 个月；月上涨率为 1.5% 的月数为 9-3=6 个月。可比实例 B、可比实例 C 进行估价日期修正时的月数计算同理。

$$实例 B 的修正价格 = 600 \times 8.5 \times \frac{100}{100} \times (1+1\%)^2 \times (1+1.5\%)^6 \times \frac{100}{100+3} \times \frac{100}{100+5}$$
$$= 5259.96（元/m^2）$$

可比实例 B 中须建立价格可比基础，已知条件中出现两种市场汇率，因 600 美元是发生在交易当时的价格，所以此处应选用可比实例成交当时的市场汇率，而非估价时点的市场汇率。另外还应注意，当已知条件中月上涨率等数据发生在人民币基准下，应将美元统一为人民币进行修正；当已知条件中月上涨率等数据发生在美元基准下，则应将人民币转化为美元才能进行日期修正。

$$实例 C 的修正价格 = 5000 \times \frac{100}{100+2} \times (1+1.5\%)^3 \times \frac{100}{100-2} \times \frac{100}{100-2} = 5337.23（元/m^2）$$

（八）求取比准价格

以上各修正价格差距不大，故将上述三个修正价格的简单算术平均数作为比准价格，则该估价对象的最终估价额为：

$$\frac{5447.52+5259.96+5337.23}{3} = 5348.24（元/m^2）$$

【案例二】

(一) 估价对象概况

某房地产位于某市二级地段内,为一独立式花园住宅,占地面积 240m²,建筑面积 460m²,庭园面积 300m²,建筑物结构为砖木一等,内部装修良好,保养程度约为七成新,设备有电话、空调等。

(二) 估价目的:求取该房地产 2005 年 3 月的市场交易价格

(三) 估价时点:2005 年 3 月

(四) 估价作业日期:2005 年 1 月 20 日~2 月 20 日

(五) 估价方法

估价人员经调查认为,该城市近年来房地产市场相当稳定,房地产交易价格变动幅度不大,虽然类似独立式花园住宅在同一区域的交易相对较少,但其区域条件可以进行修正,且交易实例数量已足以采用市场比较法进行估价结果的辅助验证。又由于估价对象为独立式花园住宅,须考虑的内容较多,应详细分析比较,故在区域因素与个别因素等方面采用了项目打分的形式进行比较分析。

(六) 已知条件

估价人员经过调查选取了五个可比实例,相关资料如表 4-4 所示。

可比实例相关资料 表 4-4

比较项目	可比实例 A	可比实例 B	可比实例 C	可比实例 D	可比实例 E
座落区域	一级	三级	二级	二级	三级
庭园面积 (m²)	250	320	330	280	220
建筑物面积 (m²)	420	480	550	380	350
交易日期	2004.5	2004.8	2003.10	2003.8	2005.1
交易单价 (元/m²)	16000	14500	15800	13500	15080

另知:可比实例 C 的成交价格低于当时的正常市价 2%,其余可比实例均为正常价格;同类物业的交易价格 2003 年平均月上涨率为 1.5%,2004 年平均月上涨 2.5%,2005 年平均月上涨 2%。

其区域因素比较见表 4-5 所示。

可比实例区域因素 表 4-5

序号	比较项目	设定分值	对象分值	实例 A	实例 B	实例 C	实例 D	实例 E
1	地段等级	10	9	10	8	9	9	8
2	交通便捷	10	8	10	8	9	8	7
3	市政设施	10	9	9	9	9	9	8
4	环境景观	10	10	7	7	8	7	7
5	商业服务	10	7	8	7	7	7	6
6	文教设施	10	7	7	7	8	7	7
7	公共设施	10	6	8	7	8	8	8
8	小区等级	10	8	9	7	8	8	7
9	供求状况	10	7	8	7	7	8	7
10	其他	10	8	7	8	7	7	8
	合计	100	79	83	77	80	78	73

个别因素比较见表4-6所示。

可比实例个别因素 表4-6

序号	比较项目	设定分值	对象分值	实例A	实例B	实例C	实例D	实例E
1	保养成色	10	9	7	7	9	7	8
2	装修设备	10	9	8	8	9	8	7
3	庭园面积	10	9	7	9	10	9	6
	合 计	30	27	22	24	28	24	21

（七）比较演算

根据已知条件，案例中的区域因素与个别因素均采用了间接比较，故选用公式

$$估价对象价格 = 可比实例价格 \times \frac{估价对象正常交易情况指数}{可比实例交易情况指数} \times (1 \pm X\%)^{期数}$$

$$\times \frac{估价对象区域因素分值}{可比实例区域因素分值} \times \frac{估价对象个别因素分值}{可比实例个别因素分值}$$

得出：

实例A 的修正价格 $= 16000 \times \frac{100}{100} \times (1+2.5\%)^7 \times (1+2\%)^3 \times \frac{79}{83} \times \frac{27}{22}$
$= 23575.61(元/m^2)$

实例B 的修正价格 $= 14500 \times \frac{100}{100} \times (1+2.5\%)^4 \times (1+2\%)^3 \times \frac{79}{77} \times \frac{27}{24}$
$= 19604.37(元/m^2)$

实例C 的修正价格 $= 15800 \times \frac{100}{100-2} \times (1+1.5\%)^2 \times (1+2.5\%)^{12} \times (1+2\%)^3 \times \frac{79}{80}$
$\times \frac{27}{28} = 22573.18(元/m^2)$

实例D 的修正价格 $= 13500 \times \frac{100}{100} \times (1+1.5)^4 \times (1+2.5\%)^{12} \times (1+2\%)^3 \times \frac{79}{78} \times \frac{27}{24}$
$= 23300.75(元/m^2)$

实例E 的修正价格 $= 15080 \times \frac{100}{100} \times (1+2\%)^2 \times \frac{79}{73} \times \frac{27}{21}$
$= 21829.83(元/m^2)$

（八）求取比准价格

将上述5个修正后的价格的简单算术平均数作为该估价对象的最终估价额，即：

比准价格 $= \frac{23575.61 + 19604.37 + 22573.18 + 23300.75 + 21829.83}{5} = 22176.79（元/m^2）$

比准价格总价 $= 22176.79 \times 460 = 10201327.4 元$

则该独立式花园住宅的估价总额约为1020万元。

复习思考题

1. 何谓市场比较法？其理论依据是什么？

2. 简述市场比较法的适用范围与限制条件。
3. 市场比较法的基本步骤有哪些?
4. 简述房地产交易实例应搜集的内容,并说明在搜集交易实例过程中应注意哪些事项?
5. 房地产交易实例与市场比较法中选用的可比实例之间的关系如何?
6. 选取可比实例应符合哪些要求?
7. 在哪些情况下,可比实例与估价对象房地产相类似?
8. 建立价格可比基础可以从哪些方面进行?
9. 两宗房地产可比实例,甲成交总价为83万元人民币,分两期支付,首付30万元人民币,余款53万元人民币于半年后付清,建筑面积250m^2,(以成交日期一次付清为基准,当时人民币的月利息率为1%);乙实例的成交总价为15万美元,一次付清,使用面积3000ft^2(平方英尺)。已知,以人民币为基准,乙交易当时人民币与美元市场比价为1:8.6,该类房地产建筑面积与使用面积的比率为1:0.7,请对甲、乙两房地产作修正前处理。
10. 哪些情况不宜选为可比实例?
11. 一宗房地产,成交日期为2004年5月初,估价时点为2005年8月末,请问其间隔月数为多少个月?
12. 日期修正可有哪几种具体方法?
13. 区域因素修正中直接比较与间接比较有什么区别?
14. 可比实例房地产的朝向为面南,成交价格为2500元/m^2,估价对象房地产的朝向为面东,而市场上同类型房地产朝南和朝东的差价为500元/m^2,试用差额法求估价对象个别因素修正后的单价。
15. 估价对象概况:估价对象为城市规划区内属住宅区的一块空地,面积为880m^2,地形矩形。欲求该地块2005年7月的市场交易价格。已知,选取了类似地区三个可比实例,有关条件如表所示:

比 较 项 目	可比实例A	可比实例B	可比实例C
交易日期	2005年5月	2004年8月	2004年2月
交易单价	1910元/m^2	1788元/m^2	1750元/m^2

另知:可比实例A、C的成交价格属正常市价,可比实例B的成交价格比交易当时的正常市场价格偏低2%;据资料分析,2005年同类房地产市场交易价格平均每月上涨率为1%,2004年平均月上涨1.5%;可比实例A的商业设施条件比估价对象差2%,但地形比估价对象好1%;可比实例B的交通状况比估价对象好4%,但地质条件比估价对象差2%;可比实例C的交通条件比估价对象差3%,其他条件均与估价对象差不多。

请根据已知条件求该估价对象2005年7月的正常市场交易价格。(此题应在分清商业设施条件、交通状况属区域因素,地形、地质属于个别因素的基础上进行分析计算。)

第五章 收益还原法

第一节 收益还原法概述

一、收益还原法的概念与基本思路

收益还原法简称收益法，又可称为收益资本化法、投资法、收益现值法等。该方法理论依据充分，在房地产估价实践中得到广泛应用，是房地产估价最主要的方法之一，被称为房地产估价方法的"王后"。

收益还原法是预计估价对象未来的正常收益，选用适当的资本化率将其折现到估价时点后累加，以此估算估价对象的客观合理价格或价值的方法。采用收益还原法求取的价格称为收益价格。

房地产在使用过程中可以产生收益，而且由于房地产的长期耐用性，在其耐用期限内其收益每年可以获取，房地产的价值就可通过每年能够获取的净收益与其相应的还原利率来体现，将所有不同时间获得的净收益统一到估价时点上，再进行累加，即可估算该房地产在估价时点的收益价格。

我们知道，假设某人拥有100万元人民币，将其存在银行里，为方便起见按年利率10%计算的话，那么每年可获得10万元利息。（100万元×10% = 10万元）

那么，如果有一幢房地产用于出租，该房地产的权利人希望每年能通过出租赚取10%的净收益，现在该房地产每年通过出租可获得净收益10万元人民币，那么价值多少万元人民币的房地产才能获得每年10万元的净收益呢？我们将10万元等同于银行利息，即可通过计算得知需要价值100万元的本金，将求得的100万元等同于房地产价值，即需要价值100万元的房地产才能在10%还原利率的情况下得到每年10万元的净收益。（10万元÷10% = 100万元）

由此可见，以收益还原法计算房地产价格的原理与银行存款一样，将房地产取得的年净收益视为银行存款利息，按照一定的利率，还原出存入的本金，即房地产价值总额，这就是收益还原法的基本思路。

当然，收益还原法比银行存款要复杂得多，如在实际生活中，每年的净收益与还原利率不会一成不变；净收益一般会有年限问题；还原利率与利息率之间的区别等等，这些问题，在后面的阐述中会加以讨论。

二、收益还原法的理论依据

第二章中房地产价格理论中曾提到，有效用才有价格，收益还原法正是充分利用了效用价值论，将经济学中的预期收益原理运用到房地产估价方法中来，即某宗房地产的客观合理价格或价值,为该房地产的产权人在拥有该房地产的期间内从中所获得的各年净收益的现值之和。预期是市场主体对市场未来形势的估计。收益还原法就是分析估价对象房地产的未来市场情况,推测和估计估价对象未来将要获得的收益,并测算房地产在估价时点上的价格或价值。因此,在实际估价计算中,要注意以下三点:

1. 收益还原法只能选用未来的收益,对于发生在估价时点前的已获取收益应不再考虑。

2. 收益还原法依据的是正常、客观、合理的年净收益,已扣除了必要的适当的运营成本。

3. 收益还原法应根据时点对每一个未来收益进行折现,并进行累加。

三、收益还原法的适用范围

广义上讲,房地产绝大多数都可能产生收益,但收益还原法主要适用的房地产一般要求具备三个条件:一是能产生可用货币度量的收益;二是能产生持续性收益的;三是所产生的收益必须是合法收益。即主要指那些用来投资,以获得持续性经济收益的房地产,如商店、出租性公寓、办公楼、宾馆、酒店、餐馆、娱乐性房地产、厂房等等。

例如,一房地产开发公司因建设需要,暂借工地旁边的学校操场堆放建筑材料,并经过协商支付学校一定的费用。对于学校而言,这一费用虽然可以用货币值进行度量,但不属于持续性收益,因此不能作为学校的正常收益。

对于出于自用目的而拥有的房地产、公益公用性质的特殊房地产以及没有或很少有明显经营收益的房地产,如学校用房、机关用房、公园、寺庙等,由于难以求取其净收益,基本不适于采用收益还原法进行估价。但要注意的是,原来没有收益而不适用于收益还原法的房地产,通过依法改变用途,成为能获得持续的合法收益的房地产后,该房地产应采用收益还原法进行估价。也就是说,房地产的收益不仅包括现在已经发生的收益,还可包括潜在的可能收益。

四、收益还原法的计算基础——货币的时间价值

(一) 货币具有时间价值

在现实生活中存在这样一种现象,今天某人拥有10万元现金,可以购买价值10万元的商品,由于社会经济的变化或通货膨胀等原因,明年这10万元现金可能只能购买到价值8万元的商品。更重要的是,这10万元现金的所有者可以通过银行存款获得相应的利息收入,因此,可以断定,货币具有时间价值,即同样的货币,在不同的时点具有不同的价值。对于房地产这种价值巨大的商品来说,更应充分考虑到货币的时间价值,在收益还原法中主要表现为未来收益的折现。

(二) 相关概念(未来值均用 F 表示,现在值均用 P 表示)

1. 单利值

单利值是指现在存入一笔钱(通常称为本金),按期(通常按一年计算)按一定利率计算利息,每期均按原始本金计算,这种计息方式称为单利。即只考虑本金的利息,银行存款一般采用单利值。如设 A 代表本金,n 代表计息期数,i 代表利率,I 代表利息额,则 n 期末的利息额 I 为:

$$I = A \times n \times i \tag{5-1}$$

n 期末的本金和利息（简称本利和）F 为：

$$F = A + A \times n \times i = A(1 + ni) \tag{5-2}$$

如将本金 1000 元，存入银行，为计算方便，假设年利率为 10%，那么 3 年后如何求取本利和？

第一年的利息额为：$1000 \times 10\% = 100$ 元

第二年的利息额为：$1000 \times 10\% = 100$ 元

第三年的利息额为：$1000 \times 10\% = 100$ 元

到第三年末的本利和为：$1000 + 100 + 100 + 100 = 1300$ 元

【例题 5-1】 某人于 2002 年 2 月将 5000 元现金按年利率 2.25% 存入银行，问到 2005 年 2 月可得本利和为多少？

【解】 本利和为：

$$F = 5000(1 + 3 \times 2.25\%) = 5337.5 \text{ 元}$$

2. 复利值

复利值是指按期按一定利率将本金所生利息加到本金上再计利息，逐期滚算到预定期数的本利总值。这一过程通常被称为"利滚利"。即除了考虑本金的利息外，还要考虑利息的利息，银行对企业发放贷款通常采用复利计息。n 期末的本利和 F 为：

$$F = A(1 + i)^n \tag{5-3}$$

如将本金 1000 元存入银行，每年年末将本金与利息同时取出后再存入，在年利率为 10% 的情况下，3 年后如何求取本利和？

第一年的利息额为：$1000 \times 10\% = 100$ 元

第二年的利息额为：$(1000 + 100) \times 10\% = 110$ 元

第三年的利息额为：$(1000 + 100 + 110) \times 10\% = 121$ 元

到第三年末的本利和为：$1000 + 100 + 110 + 121 = 1331$ 元

即：$F = 1000(1 + 10\%)^3 = 1331$ 元

【例题 5-2】 某银行向华泰公司贷款 12 万元，贷款利率 9.25%，期限为 5 年，问到期华泰公司应偿还银行多少钱？

【解】 应还银行贷款及利息为：

$$F = 12(1 + 9.25\%)^5 = 18.68 \text{ 万元}$$

3. 现值

现值指未来某一金额的现在价值，也就是现在按一定利率，存入一笔现金，到未来恰好等于某一金额，该存入现金就是未来这一金额的现在价值，可以理解为复利值的倒算，即在按复利计算，且年利率为 10% 的条件下，为了在 3 年后能获得 1331 元本利和，现在应该存入多少元。

$$P = F \frac{1}{(1 + i)^n} \tag{5-4}$$

其中 $\frac{1}{(1+i)^n}$ 被称之为折现系数。

【例题 5-3】 某房产公司现正建设一幢商住楼，预计两年后销售，到时可得利润为

180万元,问该利润现值是多少?(年利率9.3%)

【解】 该利润现值为:

$$P = 180 \times \frac{1}{(1+9.3\%)^2} = 150.67(万元)$$

4. 年金的复利值

年金是指在某一特定时期内,每间隔相同时间(如每年、每月)收到或支付一定数额的款项。

年金的复利值是指年金按复利计算的本利总值。即:

$$F = A + A(1+i) + A(1+i)^2 + A(1+i)^3 + \cdots\cdots + A(1+i)^{n-1}$$

根据等比数列求和公式,可推出:

$$F = A \cdot \frac{(1+i)^n - 1}{i} \tag{5-5}$$

如果说在前面对单利和复利的阐述中只是一次性存入1000元的话,那么年金是指在复利计算的基础上,每年都存入1000元,如某家长从孩子1岁起,每年都为自己的孩子存入1000元压岁钱,按复利率10%计算的话,到孩子18岁那天,共可得到多少钱?即:

$$F = 1000 + 1000(1+10\%) + 1000(1+10\%)^2 + \cdots\cdots + 1000(1+10\%)^{17}$$

$$= 1000 \cdot \frac{(1+10\%)^{18} - 1}{10\%}$$

$$= 45599.17(元)$$

【例题5-4】 某综合楼的年租金72万元,问到第10年末共可获租金多少?(年利率为8.5%)

【解】 共可获取租金为:

$$F = 72 \times \frac{(1+8.5\%)^{10} - 1}{8.5\%} = 1068.13(万元)$$

5. 年金(复利值)的现值

年金的现值就是年金的复利值的现在价值,是年金的复利值的倒算。也就是说在年金的复利值的基础上进行折现,即乘上折现系数。

$$\begin{aligned} P &= A \cdot \frac{(1+i)^n - 1}{i} \times \frac{1}{(1+i)^n} \\ &= A \cdot \frac{(1+i)^n - 1}{i(1+i)^n} = \frac{A}{i}\left[1 - \frac{1}{(1+i)^n}\right] \end{aligned} \tag{5-6}$$

如上题中孩子18岁那天得到的金额相当于现在的多少钱?

$$P = 45599.17 \times \frac{1}{(1+10\%)^{18}} = 8201.41(元)$$

【例题5-5】 某综合楼拟出租15年,年租金为57万元,问15年的租赁价格是多少?(利率为7.5%)?

【解】 租赁价格是:

$$F = 57 \times \frac{(1+7.5\%)^{15} - 1}{7.5\%(1+7.5\%)^{15}} = 503.15(万元)$$

6. 还本付息额

主要用于取得银行贷款后的分期付款。即如果现有一笔贷款额 P，准备 n 年还清该笔贷款，年利率为 i，那么每年的还本付息额为 A：

$$A = P \times \frac{i(1+i)^n}{(1+i)^n - 1} \tag{5-7}$$

在这里要注意的是，当求取月还本付息额时，应相应地采用月利率与月数。

【例题 5-6】 某房地产公司向银行贷款 12 万元，年利率 12%，25 年内分期偿还，问每年应还本付息额是多少？

【解】 每年应还本付息为：

$$A = \frac{12\%(1+12\%)^{25}}{(1+12\%)^{25}-1} \times 12 = 1.53(万元)$$

(三) 例题分析

1. 某房地产开发建设后用于出租，在 40 年的出租期内，每年可提供的纯收益为 20 万元，在年利率为 10% 的情况下，求相当于现在的收益总额。

题中告知每年纯收益，即已知年金，问现在收益，即求现在值，也就是已知年金，求年金的现值。那么将数据代入公式 (5-6) 即可求得相当于现在的收益总额：

$$P = 20 \times \frac{(1+10\%)^{40}-1}{10\%(1+10\%)^{40}} = 195.58(万元)$$

在学习货币的时间价值的若干公式时，往往会出现难以选用公式的问题。实际上，只要判断出：已知未来值求现在值，还是已知现在值求未来值；已知年金还是非年金，就能选择适当的公式加以运用。

2. 某房地产在 5 年后出售可产生纯收益 200 万元，在年利率 10% 的情况下，求相当于现在的纯收益。

在此，已知未来一次性收益 F，求取现在价值 P，即代入公式 (5-4)：

$$P = F \frac{1}{(1+i)^n} = 200 \times \frac{1}{(1+10\%)^5} = 124.18(万元)$$

3. 某商品房价格为 2000 元/m²，首期付款为 25%，试问面积为 58.72m² 的一套二室户住房，15 年按揭贷款，年利率为 10.98%，每月应支付多少？

这是典型的求取还本付息额，应选用公式 (5-7)。题中应注意两点：

(1) 题中未明示贷款额，所以应先求出贷款总额：$2000 \times 58.72 \times (1-25\%)$；

(2) 题中告知的是年利率，但要求求取的却是每月应支付，因此必须将年利率转化为月利率，即：$10.98\% \div 12$；并将年数转化为月数，即 15 年 × 12 个月。

$$A = \frac{i(1+i)^n}{(1+i)^n-1} \times P = \frac{\frac{10.98\%}{12}\left(1+\frac{10.98\%}{12}\right)^{15\times12}}{\left(1+\frac{10.98\%}{12}\right)^{15\times12}-1} \times 2000 \times 58.72 \times 75\% \approx 1000 \,元/月$$

4. 一幅土地用以出租，每年的纯收益是 20 万元，出让期为 50 年，土地还原利率为 8%，则该幅土地出让价格为多少元？

此题为已知年金求现值，代入公式 (5-6) 即：

$$P = A \frac{(1+i)^n-1}{i(1+i)^n}$$

$$= 20 \times \frac{(1+8\%)^{50}-1}{8\%(1+8\%)^{50}} = 244.67(万元)$$

5. 有一店铺经 1999 年 6 月维修后，尚可使用 30 年，年租金为 53000 元，假定该店铺还原利率为 8.2%，求该店铺 2005 年 6 月的出售价格？

此题为已知年金求现值，可选用公式（5-6），但此题中有一个难点，即折现的年数 n。该店铺的 30 年年期是从 1999 年计起，但估价时点是 2005 年，折现年数只能从 2005 年开始计算，即要扣除 1999 年～2005 年已使用过的 6 年，按 24 年折现。

$$P = A \frac{(1+i)^n - 1}{i(1+i)^n} = 53000 \times \frac{(1+8.2\%)^{24}-1}{8.2\%(1+8.2\%)^{24}} = 548840.77(元)$$

第二节　收益还原法的基本步骤

收益还原法的基本步骤可概括为以下四个步骤：①搜集有关收入和费用的资料；②估算净收益；③选用适当的资本化率（还原利率）；④选用适宜的计算公式求出收益价格。其中，净收益的估算与资本化率（还原利率）的选用是收益还原法的关键。

一、搜集有关收入和费用的资料

收益法应用的关键是对估价对象年净收益的估算和资本化率的选用。因此，运用收益法进行房地产估价时，首先要收集与估价对象及所处市场条件相关的信息，如涉及有效毛收入、合理运营费用和市场收益率水平的信息，并以此作为估价工作的基础。只有在获得相关可靠信息的基础上，才能对估价对象客观合理价格或价值作出正确的判断。

二、估算净收益

在实际生活中，收益性房地产的收益存在着许多种形式，如实际收益与客观收益；有形收益与无形收益；潜在总收益（潜在毛收入）与有效总收益（有效毛收入）；净营业收益等。在房地产估价中，必须掌握不同形式收益的使用范围。

根据估价规范规定，净收益的估算可以通过下列步骤进行：①估算潜在毛收入；②估算有效毛收入；③估算运营费用；④估算净收益。即：

　　净收益 = 潜在毛收入 − 空置等造成的收入损失 − 正常客观的运营费用
　　　　 = 有效毛收入 − 正常客观的运营费用

以上所指的潜在毛收入、有效毛收入、运营费用、净收益均应按年度计算。

【例题 5-7】　某写字楼建筑面积 5000m²，月租金水平为 120 元/m²，空置率为 10%，租金损失平均为毛租金收入的 3%，合理运营费用为有效租金收入的 30%，则该写字楼的净收益为：

　　年潜在毛收入 = 5000 × 120 × 12 = 720（万元）
　　年有效毛收入 = 720 × (1 − 10%) × (1 − 3%) = 628.6（万元）
　　年合理运营费用 = 628.6 × 30% = 188.6（万元）
　　年净收益 = 628.6 − 188.6 = 440（万元）

在实际操作中要注意的是，利用估价对象本身的资料直接推算出的潜在毛收入、有效毛收入、运营费用或净收益，应与类似房地产的正常情况下的潜在毛收入、有效毛收入、运营费用或净收益进行比较。若与正常客观的情况不符，应进行适当的调整修正，使其成为正常客观的。也就是说，收益还原法中的收益与费用不是个别房地产在经营和使用中实际产生的收入与费用，而是排除了实际收入与费用中特殊的、偶然的因素后所发生的一般正常的收入与费用。只有正常的、客观的净收益与运营费用才能作为收益还原法的依据。

（一）估算潜在毛收入

潜在毛收入是指假定房地产在充分利用、无空置状态下可获得的收入。即房地产在完全出租、按时收取租金情况下的全部收益，是一种在考察租金合理性基础上的预测收益。由于潜在毛收入只是一种理想状态，不适于在收益还原法中直接运用。

（二）估算有效毛收入

有效毛收入是指由潜在毛收入扣除正常的空置、拖欠租金以及其他原因造成的收入损失后所得到的收入。空置等造成的收入损失一般按潜在毛收入的某一百分率来计算。有效毛收入比较符合实际生活中的收益状况，因此可以在收益还原法中加以运用。有效毛收入必须具有一般性、持续性与可预测性的特点。

1. 一般性。指有效毛收入应是处在正常利用状态下使用房地产所产生的收入，其使用者应具有一般人的智力和同行业平均的经营管理水平。某些特殊技能或特别人物所带来的额外收入不属于客观收入。

2. 持续性。指有规则地持续产生的收益，一般指长年累月正常发生的地租、房租或企业经营收益。一次性处置房地产的收入、短期租赁的租金、违章建筑、即将或已经达到经济耐用年限的建筑物的租金收入，不能保证经常获得，也不能作为客观收入。

3. 可预测性。指建立在科学的市场预测基础上的最可能实现的收益。收益还原法必须推测未来各年的收入及变化规律，利用特定的公式计算未来各年净收益的折现之和作为房地产现值。所以，由于房地产本身或市场剧烈变化等原因无法预测未来收入时，就无法应用收益还原法。

（三）估算运营费用

运营费用是指维持房地产正常生产、经营或使用必须支出的费用及归属于其他资本或经营的（不是由房地产本身所带来的）收益。即运营费用包括两个部分，一部分是房地产正常生产、经营或使用中所必须支出的费用，如房屋维修费、管理费等；另一部分是属于其他资本的收益，或称为非房地产本身所创造的收益，如利用房地产进行生产或经营，为生产经营活动投入的货币资金也会产生利息和利润，这些收益与房地产本身无关。运营费用与会计上的成本费用有所不同，是从估价角度出发的，不包含房地产抵押贷款还本付息额、会计上的建筑物折旧额（寿命比整个建筑物寿命短的设备、装修等除外）、房地产改扩建费用和所得税。收益性房地产的性质不同，其运营费用的具体构成也不同。

（四）净收益的求取

净收益是指由有效毛收入扣除运营费用后得到的归属于房地产的收益。

收益性房地产获取收益的方式，主要有出租和营业（包括商业经营、工业生产、农地）两种。据此，净收益的测算途径可分为两种：一是基于租赁收入测算净收益，例如存在大量租赁实例的普通住宅、公寓、写字楼、商铺、标准工业厂房、仓库等类房地产；二是基于营业收入测算净收益，例如旅馆、疗养院、影剧院、娱乐场所、加油站等类房地产。在英国,前一种情况下的收益法被称为投资法,后一种情况下的收益法被称为利润法。有些房地产既存在大量租赁实例又有营业收入,如商铺、餐馆、农地等,在实际估价中只要能够通过租赁收入测算净收益的,宜通过租赁收入测算净收益来估价。所以,基于租赁收入测算净收益的收益法是收益法的典型形式。

净收益的求取应根据收益性房地产的不同类型区别对待。

1. 出租型房地产的净收益

出租的房地产是收益法估价的典型对象,包括出租的住宅、写字楼、商铺、停车场、标准厂房、仓库和土地等,其净收益应该根据租赁资料来计算,通常为租赁收入扣除由出租人负担的费用后的余额。即:

年净收益 = 年租赁收入 − 年租赁费用

租赁收入包括:

(1) 已扣除空置费等因素的有效毛租金收入;

(2) 租赁保证金、押金等的利息收入。

租赁费用包括:

(1) 维修费:指为维护建筑物的正常使用功能而每年需支付的日常小修费用。可按建筑物价值的一定比例(如 1.5%~2%)计。

(2) 管理费:一般可按年房租额的一定比率(如 3%~5%)计。

(3) 保险费:以建筑物的正常市场价格为标准所定的保险费率来计算,一般按房屋价格的 0.15%~0.3% 计提。

(4) 税金:主要指房产税,根据有关规定,一般按房屋租金收入的 12% 计提。

维修费、管理费、保险费和税金应根据租赁契约规定的租金涵义决定取舍。要注意的是,若这些所需费用均由出租方承担的话,应将四项费用全部扣除;若维修、管理等费用全部或部分由承租方负担,应对四项费用中的部分项目作相应调整。

2. 商业经营型房地产的净收益

商业经营型房地产的净收益应根据经营资料来计算,即:

净收益 = 商品销售收入 − 商品成本 − 商业利润(非房地产产生的利润)

其中商品成本包括商品销售成本(如人工费、原材料费、固定资产折旧费)、经营费用、商品销售税金及附加、管理费用和财务费用。

3. 生产型房地产的净收益

生产型房地产的净收益应根据产品市场价格以及原材料、人工费用等资料来计算,即:净收益 = 产品销售收入 − 产品成本 − 利润(非房地产产生的利润)

其中产品成本包括生产成本、产品销售费用、产品销售税金及附加、管理费用和财务费用。

4. 农地净收益的测算

农地的净收益是由农地平均年产值(全年农产品的产量乘以单价)扣除种苗费、肥料费、人工费、畜工费、机工费、农药费、材料费、水利费、农舍费、农具费、税费、投资利息、农业利润等。

另外,对于尚未使用或自用的房地产,可以照有收益的类似房地产的有关资料按上述相应的方式计算净收益,或直接比较得出净收益。

需要再次强调的是,收益还原法中所采用的潜在毛收入、有效毛收入、运营费用或净收益,都应采用正常客观的数据。其正常客观的收益是指不动产处于最有效使用状况下应获得的收益,排除了一切个人的因素,或不确定因素对房地产经营所产生的影响,实际上也就是市场性收益,在正常状况下经营房地产能取得的收益。

但是,如果某些估价对象附带租约,当该估价对象的产权发生转移时,依照有关法规规定应保持这些租约继续有效。由于买者在购买该房地产后,不能将原租约约定的租金及时调整为市场租金,其净收益水平会受到原租约存续的影响,因此,估价人员在对该类房地产进行估价时,应充分考虑这些因素的影响。一般来说,当有租约限制时,租约期内的租金宜采用租约所确定的租金,租约期外的租金应采用正常客观的租金。

另外,在求取净收益时不仅要包括有形收益,还应考虑各种无形收益。值得注意的是,如果无形收益已通过有形收益得到体现,则不应再单独考虑,以免重复计算。如在当地能显示承租人形象、地位的写字楼,即承租人租用该写字楼办公即可显示其实力,该因素往往已包含在该写字楼的较高租金中,不再另行考虑。

三、选用适当的资本化率(还原利率)

(一)资本化率的实质

资本化率又可称为还原利率,是与利息率、折现率、报酬率、内部收益率的性质相同的名词。资本化率就是将净收益还原或转换为价格的利率,即用于将未来各年净收益折现到估价时点的折现率。

购置房地产可以视为一种投资,这种投资所需投入的成本就是房地产的价格,而这笔投资所能获得的收益,就是该房地产每年持续产生的净收益。因此,资本化率实质上是一种资本投资的收益率。投资既可以获取收益,也可能承担风险。所谓风险,是指由于不确定性的存在,导致投资收益的实际结果偏离预期结果造成损失的可能性。以最小的风险获取最大的收益,可以说是所有投资者的愿望。在一个完善的市场中,投资者之间竞争的结果是:要获取较高的收益,意味着要承担较大的风险;或者,有较大的风险,投资者必然要求有较高的收益,即只有较高收益的吸引,投资者才愿意进行有较大风险的投资。因此,从全社会的正常情况来看,收益率与投资风险成正比,即风险越大,投资收益率越高;风险越小则投资收益越低。如与土地相比较而言,建筑物的风险相对较大,因为建筑物会因地震、台风、水灾、火灾等情况而发生价值损失,而且建筑物本身也存在折旧,更有可能由于某种原因拆除而灭失;而土地很少发生类似现象,且从长时期来看,土地的稀缺性还使其具有保值增值的功能。所以对建筑物的投资风险要远远大于对土地投资的风险,建筑物的资本化率应当大于土地的资本化率。

由于房地产具有位置固定等特点,其风险因不同地区而异,而房地产的类型或用途、投资者进入房地产市场的时机等因素与其带来的风险又息息相关。因此,不同地区、不同用途、不同时期的房地产,其资本化率不同。严格意义上讲,每一个估价对象在每一年的资本化率都有可能不同。

(二)资本化率的种类

由于房地产存在单纯的土地、单纯的建筑物与房地合一的房地产三种形式,资本化率也相对应地分为土地资本化率、建筑物资本化率和综合资本化率。

1. 土地资本化率：当估价对象为土地时，其净收益仅仅是土地本身产生的，不包含地上建筑物的收益，这时应采用的资本化率为土地资本化率。

2. 建筑物资本化率：当估价对象为建筑时，其净收益仅仅是建筑物本身产生的，不包含土地的收益，这时应采用的资本化率为建筑物资本化率。

3. 综合资本化率：当估价对象是房地合一的房地产时，净收益是在房地合一的状态下产生的，其对应的资本化率应该是综合资本化率。

土地资本化率、建筑物资本化率与综合资本化率之间的关系有以下两种：

1. 已知土地和建筑物的价格的情况下：

$$R_0 = \frac{R_L V_L + R_B V_B}{V_L + V_B} \tag{5-8}$$

式中　R_0——综合资本化率；

　　　R_L——土地资本化率；

　　　R_B——建筑物资本化率；

　　　V_L——土地价格；

　　　V_B——建筑物价格。

当已知条件发生变化时，该公式可以随之发生转换。

在实际运作过程中，要确切地知道土地与建筑物的价格比较困难，因此这一公式的运用并不普遍。

2. 已知土地和建筑物价格占房地产总价格中的比例的情况下：

$$R_0 = L \times R_L + B \times R_B \tag{5-9}$$

式中　R_0、R_L 和 R_B 的含义与前面相同；

　　　L——土地价值占房地产总价值的比率；

　　　B——建筑物价值占房地产总价值的比率；$L + B = 100\%$。

由于估算土地或建筑物价格在房地产总价格中的比例较为容易，因此该公式在房地产估价中运用较为广泛。

【例题 5-8】　如某不动产，其土地部分价格占房地产总价格的 30%，土地资本化率为 9%，建筑物资本化率为 11%，则综合资本化率为：

$$9\% \times 30\% + 11\% \times (1 - 30\%) = 10.4\%$$

（三）资本化率的确定方法

1. 市场提取法

市场提取法运用了市场比较法的原理来求取资本化率，即搜集市场上三宗以上与估价对象相类似房地产的价格、净收益等资料，选用相应的收益法计算公式，反求出资本化率。这种方法在西方国家被广泛应用。

如在房地产价格 = 年净收益/资本化率的情况下，可通过资本化率 = 年净收益/房地产价格来求取资本化率，按照选取类似房地产的方法，搜集市场上与估价对象在所处地区、用途、类型、结构、交易时间等尽可能相同或类似的房地产的有关价格、净收益、收益年限等资料，利用公式求出各样本（三宗以上）的资本化率，然后将各样本的资本化率的简单算术平均数或加权算术平均数作为最终的资本化率。

【例题 5-9】 为求取某房地产的综合资本化率，按市场比较法选取可比实例的要求，选取了5宗无收益年限的可比实例，并搜集到价格与年收益等相关资料，具体推算资本化率的情况见表5-1，最后以其简单算术平均数作为估价对象的资本化率。

可比实例及其相关资料　　　　　　　表 5-1

可比实例	净收益（万元/年）	价格（万元）	资本化率（%）
1	12	107	11.2（12÷107）
2	20	162	12.3（20÷162）
3	18	146	12.3（18÷146）
4	30	258	11.6（30÷258）
5	43	375	11.5（43÷375）

资本化率 = (11.2% + 12.3% + 12.3% + 11.6% + 11.5%) ÷ 5 = 11.8%

为精确起见，也可根据可比实例与估价对象的相关程度采用加权平均的方法求取资本化率。

2. 安全利率加风险调整值法

这一方法顾名思义是以安全利率加上风险调整值作为资本化率。即：

$$资本化率 = 安全利率 + 风险调整值$$

(1) 安全利率：安全利率可选用同一时期的一年期国债年利率或中国人民银行公布的一年定期存款年利率；

(2) 风险调整值：风险调整值应根据估价对象所在地区的经济现状及未来预测、估价对象的用途及新旧程度等确定。

3. 复合投资收益率法

房地产价值巨大，房地产投资通常依赖于金融机构的支持，其投资资金往往由自有资金与银行贷款两部分组成。这时不但投资者期望一个回报率，银行也希望有一个收益率。复合投资收益率法是将购买房地产的抵押贷款收益率与自有资本收益率的加权平均数作为资本化率。其公式如下：

$$R = M \cdot Rm + (1 - M) Re \tag{5-10}$$

式中　R——综合资本化率；

　　　M——贷款价值比率，即抵押贷款额占房地产价值的比率；

　　　Rm——抵押贷款资本化率（通常为抵押贷款利率），指第一年还本付息额与抵押贷款额的比率；

　　　Re——自有资本所要求的正常收益率。

【例题 5-10】 某人需贷款购置一宗房地产，根据要求自有资金须占30%（即银行贷款70%），自有资金的期望收益率为15%，银行贷款利率为10%，则该房地产的综合资本化率为：

$$30\% \times 15\% + (1 - 30\%) \times 10\% = 11.5\%$$

4. 投资收益率排序插入法

投资收益率排序插入法即找出相关投资类型及其收益率、风险程度，按风险大小排序，将估价对象与这些投资的风险程度进行比较，判断、确定资本化率。

具体操作步骤如下:

(1) 调查、搜集估价对象所在地区的房地产投资、相关投资及其收益率和风险程度的资料,如各种类型的银行存款、贷款、政府债券、保险、企业债券、股票,以及有关领域的投资收益率等。

(2) 将所搜集的不同类型投资的收益率按从低到高的顺序排列,并制成图表(如图5-1)。

(3) 将估价对象与这些类型投资的风险程度进行分析比较,考虑投资的流动性、管理的难易以及作为资产的安全性等,判断出同等风险的投资,确定估价对象风险程度应在哪个范围内。

(4) 根据估价对象风险程度所处的位置范围,在图表上找出对应的收益率,从而确定出所要求取的资本化率。如图5-1所示:

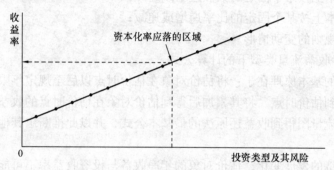

图5-1 投资收益率排序插入法示意图

四、选用适当的计算公式求取收益价格

(一)收益还原法计算公式中的注意事项

1. 确定收益年限

收益年限是估价对象自估价时点起至未来可获收益的年数。包括房地产自然使用年限、经济使用年限、法律规定年限(如土地使用权法定最高年限)、合同约定年限(如租赁合同约定的租赁期限)等。一般情况下,估价对象的收益年限为其剩余经济年限,其中,土地为剩余使用年限。具体来说,估价人员应考察估价对象的土地使用权年限、已使用年数和剩余使用年数;建筑物经济耐用年限;是否有城市规划改造、征用计划影响其使用年数等,从而确定房地产未来的剩余收益年限。

(1) 对于单独土地和单独建筑物的估价,应分别根据估价时点到土地使用权年限和建筑物耐用年限结束的时间来确定未来可获收益的年限。

(2) 对于土地与建筑物合一的估价对象,当建筑物耐用年限长于或等于土地使用权年限时,应根据土地使用权年限确定未来可获收益的年限。有关法规规定,土地使用权期满不再续期时,土地及地上建筑物将由国家无偿收回,所以房地产的收益年数等于估价时点到土地使用权年限结束时间之间的年数;并且,土地使用权期满时建筑物的剩余价值部分不能计入房地产的总价格中,因为从法律角度讲,这部分价值无法保证能被房地产所有者收回。

(3) 对于土地与建筑物合一的估价对象，当建筑物耐用年限短于土地使用权年限时，可分为两个时间段分别计算：先根据建筑物耐用年限确定未来可获收益的年限，选用对应的有效年的收益法计算公式求出房地合一状态下的收益价格；然后再加上土地使用权年限超出建筑物耐用年限的土地剩余使用年限价值的折现值。两部分相加得到估价对象在估价时点的收益价格。

2. 判断净收益流量类型

计算收益价格时应根据未来净收益流量的类型，选用对应的收益法计算公式。未来净收益流量，可根据净收益过去、现在、未来的变动情况及可获收益的年限来进行确定。未来净收益流量包括下列几种类型：

(1) 每年基本上固定不变；
(2) 每年基本上按某个固定的数额递增或递减；
(3) 每年基本上按某个固定的比率递增或递减；
(4) 其他有规则的变动情形。

(二) 不同净收益流量类型下的计算公式

收益还原法的基本原理在于：将估价对象在估价时点以后至规定年限之间各时点的年净收益一一折现到估价时点，将其累加后得到估价对象在估价时点的收益价格。由此可通过净收益的现金流量图得到收益还原法的最基本公式，并以此推断出其他净收益流量类型下的不同公式。

由于社会经济的发展变化，估价对象的年净收益与投资收益率不可能完全相同，因此可假设估价对象在估价时点后第一年的净收益为 a_1，资本化率为 r_1；第二年的净收益为 a_2，资本化率为 r_2；第三年的净收益为 a_3，资本化率为 r_3，以此类推，第 n 年的净收益为 a_n，资本化率为 r_n。设估价时点为顶点 0，用现金流量图可表示为：

则

$$\begin{array}{ccccccc} & a_1 & a_2 & a_3 & & & \\ \mid & \mid & \mid & \mid & & & \mid \\ 0 & r_1 \; 1 & r_2 \; 2 & r_3 \; 3 & & & n \end{array}$$

根据收益还原法原理，将 a_1 折现到估价时点 0，再将 a_2 折现到估价时点 0（因资本化率 r 每年不同，只能先用 r_2 将 a_2 折现至 a_1，再用 r_1 折现至估价时点 0），依此类推，直至分别将估价时点以后所有各点的净收益通过资本化率进行折现，即将未来的数值乘以折现系数 $\frac{1}{(1+i)^n}$ 并进行累加，其公式即可表示为：

$$V = \frac{a_1}{1+r_1} + \frac{a_2}{(1+r_1)(1+r_2)} + \frac{a_3}{(1+r_1)(1+r_2)(1+r_3)} + \cdots\cdots$$
$$+ \frac{a_n}{(1+r_1)(1+r_2)(1+r_3)\cdots\cdots(1+r_n)}$$

以上由基本原理推出的是收益还原法的最基本公式，可以看出，该公式求得的 V 应为 a_1 出现前一个时点的估价时点时的价格。

1. 未来净收益流量每年基本不变

(1) 设定估价对象未来净收益流量 a 每年相同，每年的资本化率 r 也相同，则上述公式可表现为：

$$V = \frac{a}{(1+r)} + \frac{a}{(1+r)^2} + \frac{a}{(1+r)^3} + \cdots\cdots + \frac{a}{(1+r)^n}$$

可发现，这是一个首项为 $\frac{a}{1+r}$，公比为 $\frac{1}{1+r}$ 的等比数列，则前 n 项等比数列之和为：

$$V = \frac{a}{r}\left[1 - \frac{1}{(1+r)^n}\right] \tag{5-11}$$

该公式成立的条件为：$a_1 = a_2 = a_3 = \cdots\cdots = a_n = a$（年净收益 a 每年不变）；

$r_1 = r_2 = r_3 = \cdots\cdots = r_n = r$（资本化率 r 每年不变，且 $r > 0$）；

净收益为有限年期 n。

可以发现，此公式与本章第一节所介绍的年金的复利值的现值公式意义相同。由该公式求得的 V 应为第一个 a 出现的前一个时点上的价格。同理，以后各公式求得的 V 均是第一个 a 出现的前一个时点上的价格。

(2) 当估价对象的未来净收益无年限，即年限趋向于无穷大时，其公式又可以表现为：

$$V = \lim_{n \to \infty} \frac{a}{r}\left[1 - \frac{1}{(1+r)^n}\right]$$

即

$$V = \frac{a}{r} \tag{5-12}$$

该公式成立的条件为：$a_1 = a_2 = a_3 = \cdots\cdots = a_n = a$（年净收益 a 每年不变）；

$r_1 = r_2 = r_3 = \cdots\cdots = r_n = r$（资本化率 r 每年不变，且 $r > 0$）；

净收益为无限年期。

2. 未来净收益每年按某个固定的数额递增或递减

(1) 设净收益第一年为 a，第二年为 $a \pm b$，第三年为 $a \pm 2b$，第 n 年为 $a \pm (n-1)b$，

则

$$V = \frac{a}{1+r} + \frac{a \pm b}{(1+r)^2} + \frac{a \pm 2b}{(1+r)^3} + \cdots\cdots + \frac{a \pm (n-1)b}{(1+r)^n}$$

即

$$V = \left(\frac{a}{r} \pm \frac{b}{r^2}\right)\left[1 - \frac{1}{(1+r)^n}\right] \mp \frac{nb}{r(1+r)^n} \tag{5-13}$$

该公式成立的条件是：净收益 a 每年按一定数额 b 递增或递减；

资本化率 r 每年不变，且 $r > 0$；

净收益为有限年期 n。

(2) 当未来净收益年限趋向于无穷大，即年限无期时：

$$V = \frac{a}{r} \pm \frac{b}{r^2} \tag{5-14}$$

该公式成立的条件是：净收益 a 每年按一定数额 b 递增或递减；

资本化率 r 每年不变，且 $r > 0$；

净收益为无限年期。

3. 未来净收益每年按一定比率递增或递减

(1) 设净收益第一年为 a，第二年为 $a(1 \pm s)$，第三年为 $a(1 \pm s)^2$，第 n 年为 $a(1 \pm s)^{n-1}$，

则 $$V = \frac{a}{1+r} + \frac{a(1\pm s)}{(1+r)^2} + \frac{a(1\pm s)^2}{(1+r)^3} + \cdots\cdots + \frac{a(1\pm s)^{n-1}}{(1+r)^n}$$

$$= \frac{a}{r \mp s}\left[1 - \left(\frac{1\pm s}{1+r}\right)^n\right] \qquad (5\text{-}15)$$

该公式成立的条件是：净收益 a 每年按一定比例 s（%）递增或递减；

资本化率 r 每年不变，且 $r>0$；

净收益为有限年期 n。

(2) 当未来净收益年限趋向于无穷大，即净收益无年限时，则：

$$V = \frac{a}{r \mp s} \qquad (5\text{-}16)$$

该公式成立的条件是：a 每年不变；

r 每年不变，而且 $r>0$；

净收益每年按一定比例 s（%）递增或递减；

净收益为无限年期。

除以上几种情况之外，还可能出现其他情况，如估价对象的净收益在前几年有变化，到 n 年后固定不变等等，在运用收益还原法评估房地产的价格时，应根据情况，选用有关具体的计算公式求得估价额。

五、例题分析

1. 有一房地产，通过预测得到未来 5 年年净收益分别为 20 万元、22 万元、25 万元、28 万元、30 万元，假设从第六年到未来无穷年每年净收益稳定在 35 万元左右，其资本化率 $r=10\%$，求该房地产的现值。

根据题意，可用现金流量图表示如下：

```
      20   22   25   28   30   35
   |___|___|___|___|___|___|
   0   1   2   3   4   5   6
```

首先将不同时点上的净收益数值——折现到估价时点 0，即：

第一年净收益 20 万折现 1 年到估价时点为 $20 \times \frac{1}{1+10\%}$；

第二年净收益 22 万折现 2 年到估价时点为 $22 \times \frac{1}{(1+10\%)^2}$；

第三年净收益 25 万折现 3 年到估价时点为 $25 \times \frac{1}{(1+10\%)^3}$；

第四年净收益 28 万折现 4 年到估价时点为 $28 \times \frac{1}{(1+10\%)^4}$；

第五年净收益 30 万折现 5 年到估价时点为 $30 \times \frac{1}{(1+10\%)^5}$；

第六年起每年的净收益 a 不变，且资本化率 r 也不变，年限无期，则说明第六年起可代入公式：$V = \frac{a}{r}$，即：$V = \frac{35}{10\%}$。但此时求得的 V 仅仅是公式中的 a 出现的前一个时点上的价格，即 35 万元出现在第 6 年，那么求得的 V 应为第 5 年上的价格，还不是估价时点 0 的价格，所以还应该再折旧 5 年才能求得估价时点的数值，即：

第六年起净收益 35 万折现 5 年到估价时点为 $\dfrac{35}{10\%} \times \dfrac{1}{(1+10\%)^5}$；

综合上述分析，该房地产通过折现后，估价时点上的价格就为：

$$V = \dfrac{20}{1+10\%} + \dfrac{22}{(1+10\%)^2} + \dfrac{25}{(1+10\%)^3} + \dfrac{28}{(1+10\%)^4} + \dfrac{30}{(1+10\%)^5}$$

$$+ \dfrac{35}{10\%} \cdot \dfrac{1}{(1+10\%)^5} = 310.2 \text{（万元）}$$

上题中若将土地年限改为 50 年，其他条件不变，则只需将第 6 年的无限年公式改为有限年公式，但要注意的是，50 年中前 5 年年净收益是有变化的，应予以扣除，即当土地年限改为 50 年时：

第 6 年后的房地产价格可折现为：$\dfrac{35}{10\%}\left[1 - \dfrac{1}{(1+10\%)^{45}}\right] \dfrac{1}{(1+10\%)^5}$

则土地年限为 50 年时，估价对象的收益价格为：

$$V = \dfrac{20}{1+10\%} + \dfrac{22}{(1+10\%)^2} + \dfrac{25}{(1+10\%)^3} + \dfrac{28}{(1+10\%)^4} + \dfrac{30}{(1+10\%)^5}$$

$$+ \dfrac{35}{10\%}\left[1 - \dfrac{1}{(1+10\%)^{45}}\right] \dfrac{1}{(1+10\%)^5} = 307.23 \text{（万元）}$$

2. 某房地产近期的年净收益为 200 元/m²，资本利率为 10%，现获知该地区将兴建一座现代化火车站，该站将在 6 年后建成投入使用，到时该地区将达到现有火车站地区繁荣程度。在该城市现有火车站地区，该类房地产价格为 5000 元/m²，试求获知兴建火车站后该宗房地产的价格。

根据题意：该房地产在火车站建成前的 6 年内年净收益不变，可代入年净收益不变、有限年公式（5-11），以求取近 6 年的收益价格；而 6 年后的价格已告知，不需再另行求取，只要进行折现后进行累加即可，则：

$$V = \dfrac{200}{10\%}\left[1 - \dfrac{1}{(1+10\%)^6}\right] + \dfrac{5000}{(1+10\%)^6} = 3693 \text{（元/m²）}$$

3. 某宗房地产的年净收益为 350 万元，该房地产保留 10 年之后出售，预计出售时价格将为 3000 万元，资本化率 $r = 10\%$，求该房地产的现值。

根据题意，估价对象 10 年内年净收益不变，可代入年净收益不变、有限年公式（5-11），10 年后的价格已告知，只需直接折现后进行累加，即：

$$V = \dfrac{350}{10\%}\left[1 - \dfrac{1}{(1+10\%)^{10}}\right] + \dfrac{3000}{(1+10\%)^{10}} = 3307 \text{（万元）}$$

4. 有一房产，未来第一年纯收益 16 万元，此后各年净收益会在上一年基础上增加 2 万元，资本化率 $r = 9\%$，求该房地产的现值。

根据题意，应代入年净收益按一定数额递增，用年限无期公式（5-14），即：

$$V = \dfrac{a}{r} + \dfrac{b}{r^2} = \dfrac{16}{9\%} + \dfrac{2}{(9\%)^2} = 472.7 \text{（万元）}$$

5. 有一房产未来第一年净收益为 16 万元,以后各年净收益在前一年基础上增长 2%,该类资本化率 $r = 9\%$;另外,该宗房地产是在政府有偿出让土地使用权的地块上建造的,当时获知土地使用权年限为 50 年,现已使用了 6 年,求该房地产的现值。

根据题意:应代入年净收益按一定比率递增,且年限有期公式(5-15),即

$$V = \frac{16}{9\% - 2\%}\left[1 - \left(\frac{1+2\%}{1+9\%}\right)^{50-6}\right] = 216.3(万元)$$

6. (1) 某房地产出租产生的年净收益为 25 万元,综合资本化率 $r = 12\%$,估计尚可使用 20 年,求该房地产价格。

根据题意,应选用年净收益不变、有限年公式(5-11),也可选用年金的复利值的现值公式(5-6)进行计算,即:

$$V = \frac{25}{12\%}\left[1 - \frac{1}{(1+12\%)^{20}}\right] = 25 \times \frac{(1+12\%)^{20} - 1}{12\% \times (1+12\%)^{20}} = 186.74(万元)$$

此题中采用的是综合资本化率,因此求得的收益价格为房与地的综合价格。

(2) 上例中,土地使用权年限尚有 30 年,建筑物的寿命期 20 年,建筑物净残值不计,在建筑物报废后土地尚能以 30 万元转让,土地资本化率 $r = 8\%$,则房地产价格为:

$$V = 186.74 + \frac{30}{(1+8\%)^{20}} = 193(万元)$$

当建筑物耐用年限与土地使用权年限不一致时,应采用较短的年限,即以 20 年进行计算,那么(1)中的计算结果不变。根据题意,建筑物报废后的土地价格已告知,且其 30 万元的价格时点在第 20 年上,只需直接折现 20 年后与已求得的综合房地产价格累加即可。要注意的是,土地的资本化率与建筑物的资本化率不同,在计算时应分别对应。

(3) 若在土地使用权年限为 30 年的情况下,建筑物拆除后,土地用于出租,每年可得纯收益 3 万元,则:

$$V = 186.74 + \frac{3}{8\%}\left[1 - \frac{1}{(1+8\%)^{10}}\right] \cdot \frac{1}{(1+8\%)^{20}} = 191(万元)$$

本题中前 20 年的计算思路不变,20 年后土地的年净收益不变,且土地还有 10 年剩余年限,应代入年净收益不变、有限年公式(5-11),得到相当于第 20 年的土地价格,在此基础上进行折现并与前 20 年的综合房地产价格累加,求得该估价对象的收益价格。

7. 某宾馆共有 300 张床位,平均每张床位每天向客人实收 50 元,年平均空置率为 30%,该宾馆营业平均每月花费 14 万元;当地同档次宾馆一般床价为每床 45 元,年平均空置率 20%;正常营业每月总费用平均占每月总收入的 30%;该类房地产资本化率为 10%,求该宾馆价格。

本例题的关键点在于判断估价所应采用的数据应该是客观收益还是实际收益。例题中出现两种数据,一组是估价对象的实际收益,一组是当地同档次同类型房地产的客观收益,根据收益还原法的原理,应采用当地同档次同类型房地产的客观收益数据,而已告知的估价对象实际收益可忽略不计。因此,在选用年净收益不变、无年限公式(5-12)的情况下,可得:

(1) 年总收益 = $300 \times 45 \times 365 \times (1 - 20\%) = 3942000(元)$

(2) 年总费用 = $3942000 \times 30\% = 1182600(元)$

(3) 年纯收益 = $3942000 - 1182600 = 2759400(元)$

该待估宾馆收益价格 = 2759400/10% = 27594000(元)

第三节 收益还原法案例分析

【案例一】

(一)估价对象概况:某房地产为一出租写字楼,土地总面积为12000m²,建筑总面积为52000m²,钢混结构,地上22层、地下2层,土地使用权年限为50年,从2001年5月15日起计。

(二)估价目的:评估该写字楼2006年5月15日购买价格。

(三)估价时点:2006年5月15日

(四)估价方法选用:因该估价对象为出租型写字楼,为收益性房地产,适用于收益还原法,并搜集有关资料如下:

(1) 租金按净面积计,可供出租的净面积占建筑总面积的60%,总计为31200m²;
(2) 租金平均每月35美元/m²;
(3) 空置率年平均为10%;
(4) 建筑物原值5500万美元;
(5) 家具设备原值500万美元;耐用年限为10年,残值率(残值率是指耐用年限结束后尚剩余的价值)4%;
(6) 经常费平均每月10万美元(工资、水电、清洁等);
(7) 房产税按建筑物原值减扣30%后的1.2%缴纳(每年);
(8) 每月其他税费约为月总收入的6%;
(9) 资本化率设定为10%。

(五)估价思路与过程

1. 年总收益 = 31200 × 35 × 12 × (1 - 10%) = 1179.36(万美元)

2. 年总费用:

(1)家具设备折旧费 = $\frac{500(1-4\%)}{10}$ = 48(万美元)

(2)经常费 = 10 × 12 = 120(万美元)

(3)税费 = 房产税 + 其他税费

= 5500(1 - 30%) × 1.2% + 1179.36 × 6%

= 46.2 + 70.76 = 116.96(万美元)

年总费用 = 折旧费 + 经常费 + 税费 = 284.96(万美元)

3. 年净收益 = 年总收益 - 年总费用 = 1179.36 - 284.96 = 894.4(万美元)

4. 因已知该估价对象有使用年限,故选用公式:$V = \frac{a}{r}\left[1 - \frac{1}{(1+r)^n}\right]$

因估价时点为2006年,而不是土地使用年限的起始年2001年,因此,公式中所用的n应为扣除已使用5年后的剩余年限,即50 - 5 = 45,则

$$V = \frac{894.4}{10\%} \times \left[1 - \frac{1}{(1+10\%)^{45}}\right] = 8821.3(万美元)$$

【案例二】

(一) 估价对象概况：某出租商住两用楼的有关资料如下：

(1) 该房地产建筑总面积5000m²，土地面积为1200m²，建筑物为钢混结构；

(2) 土地使用权年限为70年，从2003年10月起计，建筑物建于2005年10月，使用寿命为50年，净残值不计；

(3) 可供出租建筑物使用面积为3000m²，占总面积的60%，月租金标准为300元/m²，按使用面积计，出租率平均为90%；

(4) 建筑物原值为600万元，设备原值为80万元，使用寿命为10年，净残值为5%；

(5) 土地使用税每年每平方米为7.5元；

(6) 房产税为年租赁收入的12%；

(7) 建筑物保险费每年按原值的1‰缴纳，设备年保险费率为3‰；

(8) 耐用年限内，建筑物修缮费总额为100万元，设备修理费总额为10万元；

(9) 年管理费为年房租额的5%；

(10) 建筑物耐用期满拆除后，土地预计可按120万元进行转让；

(11) 该房地产的综合资本化率为12%，土地资本化率为10%。

(二) 估价目的：评估该出租商住两用楼的市场出售价格。

(三) 估价时点：2005年10月

(四) 估价思路与过程：

1. 年总收益 = 3000 × 300 × 12 × (1 − 10%) = 972(万元)

2. 年总费用

(1) 年设备折旧费 = $\dfrac{80(1-5\%)}{10}$ = 7.6(万元)

(2) 年保险费 = 600 × 1‰ + 80 × 3‰ = 0.84(万元)

(3) 年管理费 = 972 × 5% = 48.6(万元)

(4) 年修缮费 = $\dfrac{100}{50} + \dfrac{10}{10}$ = 3(万元)

(5) 年税费 = 年土地使用税 + 年房产税

= 5000 × 7.5 + 972 × 12%

= 3.75 + 116.64 = 120.39(万元)

年总费用 = 7.6 + 0.84 + 48.6 + 3 + 120.39 = 180.43(万元)

3. 年净收益 = 972 − 180.43 = 791.57(万元)

4. 该建筑物有年限，且建筑物使用期满前估价对象为房地合一的状态，建筑物使用期满（50年）后，仅存土地状态，其土地价值120万需进行折现，在折现过程中，应注意资本化率与折旧对象相对应。即：

$$V = \dfrac{791.65}{12\%}\left[1 - \dfrac{1}{(1+12\%)^{50}}\right] + \dfrac{120}{(1+10\%)^{50}}$$

= 6574.26 + 1.02 = 6575.28(万元)

【案例三】

(一) 估价对象概况

某市区有两层砖混结构住宅楼房一栋,房屋建筑面积110m²,已使用2年,耐用年限60年,月租金3000元,押金1万元,房地产税为年租金12%,管理费按年租金3%计,修缮费按房屋现值2%计,房屋重置价为750元/m²,保险费为房屋现值的3‰,出租情况正常。

(二)估价目的

要求评估该栋两层楼房的买卖价格。

(三)估价时点:现在

(四)估价方法

该房地产用于出租,具有收益,适用于收益还原法进行估价。

(五)估价过程

1.计算年总收益

租金年收益:3000元/月×12月=36000(元)

押金年收益:10000元×8%=800(元)(年利率8%计)

年总收益:36800元(36000+800)

2.计算年总费用

(1)房地产税:36000元×12%=4320(元)

(2)管理费:36000元×3%=1080(元)

(3)修缮费

先按房屋重置价计算现值:(现值为重置价-折旧总额,已知年折旧率为1.5%)

房屋两年折旧:(750元/m²×1.5%×2)×110m²=2475(元)

房屋现值:750元/m²×110m²-2475=80025(元)

故修缮费:80025元×2%=1600.5(元)

(4)保险费:80025元×3‰=240(元)

年总费用=4320元+1080元+1600.5元+240元=7240.5(元)

3.年纯收益

年纯收益=年总收入-年总费用=36800元-7240.5元=29559.5(元)

4.确定房地产综合资本化率

根据该市最近几年的一年存款利率、债券利率,考虑到投资于房地产的风险性,经综合分析比较,确定该房地产的综合资本化率为$r=10.5\%$。

5.确定该房地产估价额

$$V = \frac{29559.5}{10.5\%}\left[1 - \frac{1}{(1+10.5\%)^{60-2}}\right] = 280659.05(元)$$

根据计算结果,该栋房地产的评估价格为28.07万元,约合每平方米为2551.45元。

复习思考题

1.简述收益还原法的基本思路。

2.收益还原法的理论依据是什么?

3. 收益还原法运用过程中应注意哪些方面？

4. 有一宗土地的开发期为2年，总投资600万元，每年年初投入300万元，若年利率为10%，则2年后，含利息在内的投资额应为多少？

5. 简述收益还原法的基本步骤。

6. 如何估算估价对象的净收益？

7. 何谓潜在毛收入，潜在毛收入与有效毛收入之间有何区别？

8. 有效毛收入应具备哪些特点？

9. 收益还原法中的运营费用包括哪些具体内容？

10. 如何求取出租型房地产的净收益？

11. 资本化率的实质是什么？简述资本化率与风险的关系。

12. 资本化率有哪些类型？不同类型的资本化率之间的关系如何？

13. 当建筑物耐用年限短于土地使用权年限时应如何求取估价对象在估价时点的收益价格？

14. 公式 $V = \dfrac{a}{r}\left[1 - \dfrac{1}{(1+r)^n}\right]$ 的成立条件是什么？

第六章 成本估价法

第一节 成本估价法概述

一、成本估价法的概念

成本估价法又可称为成本法、承包商法、加法、合同法、原价法。成本估价法是一种求取估价对象在估价时点的重置价格或重建价格，扣除折旧，以此估算估价对象的客观合理价格或价值的方法。这里所指的重置价格或重建价格，应是重新取得或重新开发、重新建造全新状态的估价对象所需的各项必要成本费用和应纳税金、正常开发利润之和。也就是说，成本估价法也可以理解为是一种以房地产价格各组成部分的累加为基础来估算房地产价格的方法。在旧房地产情况下的成本估价法通常被称为重置成本法或重建成本法。运用成本估价法求取的估价结果称为积算价格。

二、成本估价法的理论依据

成本估价法的理论依据是生产费用价值论——商品的价格是依据其生产所必要的费用而决定。具体又可以从卖方的角度和买方的角度分别来看。

从卖方的角度来看，房地产的价格是基于其过去所投入的"生产费用"，可以理解为：卖方愿意接受的最低价格不能低于他为开发建设该房地产所花费的各项必要成本之和（包含合理利润和税金），如果低于该成本，他就要亏本。从买方的角度来看，成本法的理论依据相当于替代原理，具体一点讲，就是指买方愿意支付的最高价格，不能高于他所预计的重新开发建设该房地产所需花费的成本（包含合理利润和税金），如果高于该成本，他还不如自己开发建设或者委托他人另外开发建设。

由此可见，一个是不能低于开发建设已经花费的成本，一个是不能高于预计重新开发建设所需花费的成本，买卖双方可以接受的共同点必然是包含了相关费用、税金和合理利润的正常成本。因此，估价人员便可以根据开发建设估价对象所需的正常费用、税金和合理利润之和来测算估价对象的积算价格。

三、成本估价法的适用范围

一般来说，对于那些无法采用市场比较法、收益还原法的房地产，均可以运用成本估价法进行评估。具体可以表现为：

1. 成本法适用于估价市场不完善或狭小市场上无法运用市场法估价的房地产。如某些偏远地区的房地产市场不完善，该地区的房地产通常可采用成本估价法进行估价；
2. 成本法比较适用于估价那些既无收益又很少发生交易的房地产，如学校、图书馆、体育场馆、医院、政府办公楼、公园等公用、公益性房地产；

3．对于那些独一无二的房地产，如天安门、东方明珠电视塔等，难以在市场上找到合适的交易实例的，也可采用成本估价法；

4．对于具有独特设计或只针对个别用户的特殊需要而开发建设的房地产，如化工厂、钢铁厂、发电厂、油田、码头、机场等，可采用成本估价法；

5．房地产保险（包括投保和理赔）及其他损害赔偿中的单纯建筑物的估价通常也可采用成本法；

6．成本估价法还可以用来衡量投资效益，如可用成本估价法计算出重置成本，与建成后房屋价格进行比较，以便进行可行性分析，供投资者决策，同时为消费者提供经济实惠的市场目标选择。

值得注意的是，在现实生活中，房地产的开发建设成本高并不意味着房地产的价格一定高，开发建设成本低也不说明房地产的价格一定低。房地产的价格应该直接取决于其效用，而不是开发商所花费的成本，成本的增减一定要对效用有所作用时才能影响价格。如有一房地产开发商建造了一住宅小区，因采用了新技术，其开发成本较同类房地产建造成本低20%；同时，由于该小区设计新颖独特，受到市场追捧，使该小区的销售价格反而要比同地区、同类房地产销售价格偏高。可见，在运用成本估价法进行估价时，应注意两个方面：一是要区分实际成本和客观成本。实际成本是某个具体的开发商的实际花费，客观成本是假设开发建设时大多数开发商的正常花费。在估价中应采用客观成本做为计算依据，而不是实际成本。二是要结合市场供求分析来确定评估价值。当市场供过于求时，价值应向下调整，当供不应求时，价值应向上调整。

成本估价法还要求估价人员要对房地产建筑工程具有较为丰富的经验，特别是要具有良好的建筑、建筑材料、建筑设备和工程造价等方面的专业知识。

第二节　成本估价法的基本步骤

根据估价规范的要求，运用成本估价法一般可以按照下列4个步骤进行：①搜集有关房地产开发建设的成本、税费、利润等资料；②估算重置价格或重建价格；③估算折旧；④求取积算价格。

一、搜集有关房地产开发建设的成本、税费、利润等资料

成本估价法的基本思路在于将重新购建类似房地产的客观费用之和与相关税金、合理利润进行累加，那么，选用的费用标准、税金与利润等参数的是否客观合理是个关键。因此，作为成本估价法的第一个步骤，搜集相关资料就显得尤为重要。

对于不同的房地产，其所应搜集的相关资料是不同的，尤其涉及国家政府有关部门干预的、具有特殊约定的房地产，在估价时应掌握必要的相关政策，以便做出合理的估价决策。

必须注意的是，估价中所需搜集的资料主要应该是与估价对象房地产相类似的社会平均的、客观成本，搜集估价对象本身的成本等相关资料，是为了与客观成本等资料进行分析比较，完善估价结果。

几种需要注意的特殊价格构成资料：

（一）经济适用住房价格构成的有关规定

2002年11月17日，国家计委、建设部印发的《经济适用住房价格管理办法》（计价格〔2002〕2503号）规定：经济适用住房价格实行政府指导价。制定经济适用住房价格，应当与城镇中低收入家庭经济承受能力相适应，以保本微利为原则，与同一区域内的普通商品住房价格保持合理差价，切实体现政府给予的各项优惠政策。

经济适用住房基准价格由开发成本、税金和利润三部分构成。

1．开发成本。包括：

（1）按照法律、法规规定用于土地征用和房屋拆迁等所支付的征地和拆迁安置补偿费。

（2）开发项目前期工作所发生的工程勘察、规划及建筑设计、施工通水、通电、通气、通路及平整场地等勘察设计和前期工程费。

（3）列入施工图预（决）算项目的主体房屋建筑安装工程费，包括房屋主体部分的土建（含桩基）工程费、水暖电气安装工程费及附属工程费。

（4）在小区用地规划红线以内，与住房同步配套建设的住宅小区基础设施建设费，以及按政府批准的小区规划要求建设的不能有偿转让的非营业性公共配套设施建设费。

（5）管理费按照不超过以上（1）至（4）项费用之和的2%计算。

（6）贷款利息按照房地产开发经营企业为住房建设筹措资金所发生的银行贷款利息计算。

（7）行政事业性收费按照国家有关规定计收。

2．税金。依照国家规定的税目和税率计算。

3．利润。按照不超过开发成本中（1）至（4）项费用之和的3%计算。

下列费用不得计入经济适用住房价格：

1．住宅小区内经营性设施的建设费用；

2．开发经营企业留用的办公用房、经营用房的建筑安装费用及应分摊的各种费用；

3．各种与住房开发经营无关的集资、赞助、捐赠和其他费用；

4．各种赔偿金、违约金、滞纳金和罚款；

5．按规定已经减免及其他不应计入价格的费用。

（二）农地征用费用的有关规定

根据《中华人民共和国土地管理法》（1998年8月29日修订）等法律、行政法规的规定，在农地征用中发生的费用主要有：

1．征地补偿费用

（1）土地补偿费。征用耕地的土地补偿费，为该耕地被征用前3年平均年产值的6~10倍。征用其他土地的土地补偿费标准，由省、自治区、直辖市参照征用耕地的土地补偿费的标准规定。

（2）安置补助费。征用耕地的安置补助费，按照需要安置的农业人口数计算。需要安置的农业人口数，按照被征用的耕地数量除以征地前被征用单位平均每人占有耕地的数量计算。每一个需要安置的农业人口的安置补助费标准，为该耕地被征用前3年平均年产值的4~6倍。但是，每公顷被征用耕地的安置补助费，最高不得超过被征用前3年平均年产值的 15 倍。征用其他土地的安置补助费标准，由省、自治区、直辖市参照征用耕地的安置补助费的标准规定。经省、自治区、直辖市人民政府批准，可以增加安置补助费。但是，土地补偿费和安置补助费的总和不得超过土地被征用前 3 年平均年产值的 30 倍。

（3）地上附着物和青苗的补偿费。地上附着物和青苗的补偿费包括房屋、农田基础设施、树木、青苗等的补偿费，其标准由省、自治区、直辖市规定。

2. 新菜地开发建设基金（征用城市郊区菜地的）。

3. 耕地开垦费（占用耕地的）。

4. 耕地占用税（占用耕地的）。

5. 征地管理费。是由用地单位在征地费总额的基础上按一定比例支付的管理费用。

6. 政府规定的其他有关税费。

（三）城市房屋拆迁费用的有关规定

根据《城市房屋拆迁管理条例》(2001 年 6 月 13 日国务院令第 305 号)、《城市房屋拆迁估价指导意见》等的规定，在城市规划区内国有土地上实施房屋拆迁所发生的费用主要有：

1. 房屋拆迁补偿安置费用。该费用是由拆迁人对于被拆迁人给予拆迁补偿和拆迁安置所发生的全部费用构成，其大小相当于下列几项之和：

（1）被拆迁房屋的房地产市场价格。该价格不包含搬迁补助费、临时安置补助费和拆迁非住宅房屋造成停产、停业的补偿费，以及被拆迁房屋室内自行装修装饰的补偿金额。它由具有房地产价格评估资格的估价机构，根据被拆迁房屋的区位、用途、建筑面积等因素评估确定。

（2）被拆迁房屋室内自行装修装饰的补偿金额。它由拆迁人和被拆迁人协商确定；协商不成的，可以通过委托评估确定。

（3）各种补助费、补偿费。它们包括搬迁补助费、临时安置补助费（或周转房费）和拆迁非住宅房屋造成停产、停业的补偿费。这些补助费、补偿费的标准，由省、自治区、直辖市人民政府规定。

2. 房屋拆迁服务费。

3. 房屋拆迁管理费。该费用以城市拆迁规模大小，按照不超过房屋拆迁补偿安置费用的 0.3%～0.6% 收取。具体收费标准，由各省、自治区、直辖市物价、财政部门制定。

4. 政府规定的其他有关税费。

二、估算建筑物的重置价格或重建价格

（一）概念及其区别

重置价格或重建价格（统称为重新购建价格），应是重新取得或重新开发、重新建造全新状态的估价对象所需的各项必要成本费用和应纳税金、正常开发利润之和。重置价格或重建价格应该是指估价时点的评估价格。土地的重置价格是指在估价时点重新取得和开发土地所需的各项必要成本和费用；而对于房地合一的房地产来说，应该是指土地的重置价格与建筑物重置价格或重建价格之和。

具体来说，重置价格与重建价格是有区别的。建筑物重置价格是指采用估价时点的建筑材料和建筑技术，按估价时点的价格水平，重新建造与估价对象具有同等功能效用的全

新状态的建筑物的正常价格。有时也可称为重置成本（此时的成本与价格同义）。建筑物的重置价格，宜用于一般建筑物和因年代久远、已缺少与旧有建筑物相同的建筑材料，或因建筑技术变迁，使得旧有建筑物复原建造有困难的建筑物的估价。

建筑物重建价格则是指采用估价对象原有的建筑材料和建筑技术，按估价时点的价格水平，重新建造与估价对象相同的全新状态的建筑物的正常价格。建筑物的重建价格，宜用于有特殊保护价值的建筑物的估价。

可见，重置价格与重建价格的相同点在于：两者都是求取估价时点的全新状态的估价对象的重新购置或建造成本与费用；而两者的区别：第一在于重新购置或建造时采用何种建筑材料和技术，是原有的还是估价时点的。重置价格采用的是估价时点的建材与技术，而重建价格采用的是建筑物原有的建材与技术；第二个区别在于重新购置或建造的是必须完全相同的建筑物还是只需具有同等功能的建筑物。重置价格建造的是具有同等功能的建筑物，而重建价格建造的则是与估价对象完全相同的建筑物。从操作的可行性而言，重置价格的求取可能更具可行性和有效性，而且通常重置价格要比重建价格低。因此在实际估价工作中，一般采用重置价格进行估价。

（二）重置价格或重建价格的构成

建筑物的重置价格或重建价格，可以由下列内容构成：①土地取得费用；②开发成本；③管理费用；④投资利息；⑤销售税费；⑥开发利润。其中开发利润应以土地取得费用与开发成本之和为基础，根据开发、建造类似房地产相应的平均利润率水平来求取。具体内容已在第二章第一节中进行了阐述。在具体估价中估价对象的重置价格或重建价格构成内容，应根据估价对象的实际情况，在以上六项内容的基础上酌情增减，并应在估价报告中予以说明。

在实际运作中，应注意的是，无论是重置价格还是重建价格，都必须是必要的、适当的、客观的。

（三）重置价格或重建价格的求取

建筑物的重置价格或重建价格，均可采用成本法、市场比较法、收益还原法或基准地价法等方法进行评估，一般先求取土地的重新取得价格或重新开发成本，再求取建筑物的重新购置或建造的价格，并进行相加。

求取土地的重置成本，通常是假设土地上的建筑物不存在的情况下，采用成本法求取。在求取过程中，一方面土地重置价格的求取，应直接求取其在估价时点状况的重置价格，应注意估价对象在估价时点的状况，以便于准确确定其价格构成；另一方面应注意土地的剩余使用年限，并进行适当的年限修正。如以有偿出让方式取得的土地使用权，在以成本法得出重置价格后，还应扣除至估价时点已使用年限的价格，得出剩余年限的土地使用权重置价格。以成本法评估土地的重置价格，适用于农村地区、城乡结合部、新开发地区以及旧城改造地区。当不便采用成本法评估土地重置价格时，可以酌情选用市场比较法、基准地价修正法等方法求取土地的重置价格。

求取建筑物的重置价格或重建价格，是假设旧建筑物所在的土地已取得，且此土地为空地，在其他状况均维持不变的情况下，在此空地上重新建造与旧建筑物完全相同或具有同等效用的新建筑物所需的一切合理、必要的费用、税金和正常利润，即为建筑物的重置价格或重建价格；也可以假设建筑承包商根据开发商的要求完成新的建筑工程后，开发商应支付的全部费用，其中应包括建筑承包商的正常税费和合理利润，即为建筑物的重置价格或重建价格。如果建筑物为开发商自己建造，也应假设全部费用与支付给承包商的相同。

建筑物的重置价格或重建价格可采用成本法、比较法进行求取，或通过政府确定公布的房屋重置价格扣除土地价格后的比较修正来求取，也可按工程造价估算的方法进行计算。总的来说，建筑物的重置价格或重建价格可以通过直接法与间接法两种方法进行求取。

1. 直接法：根据旧建筑物的构成部分或全体，调查所使用材料的种类、品级、数量以及所需劳务的种类、时间等，以估价时点旧建筑物所在地区的各种单价为基础，计算直接工程费，加上间接工程费及适当的建筑承包商利润，求得标准建造费；再加上开发商负担的通常附带费用，求得建筑物重置价格或重建价格。

2. 间接法：如果旧建筑物所在地区或同一供求范围内的类似地区中，有类似建筑物实际建设的直接工程费、间接工程费、承包商利润及开发商直接负担的通常附带费用等所需的数据及明细，可以对此进行比较分析并适当修正，求得类似建筑物的造价，与估价对象建筑物比较，得到估价对象建筑物的重置价格或重建价格。

不管是用直接法还是间接法，具体估算建筑重置价格或重建价格的方法有3种：

1. 单位比较法

单位比较法又可称为平方法，是以建筑物为整体，选取与建筑物价格或成本密切相关的某种计量单位（如停车场可选用车位、宾馆可选用床位或房间）为比较单位，通过调查了解类似建筑物的这种单位价格或成本，并对其做适当的修正、调整来求取建筑物重置价格或重建价格的方法。主要有单位面积法和单位体积法两种。

单位面积法是根据当地近期建成的类似建筑物的单位面积造价，对其做适当的修正、调整（有关修正、调整的内容和方法类似于市场法），然后乘以估价对象建筑物的面积来测算建筑物的重置价格或重建价格。这是一种常用、简便迅速的方法，但比较粗略。

【例题 6-1】 某建筑物的建筑面积为 $500m^2$，该类用途和建筑结构的建筑物的单位建筑面积造价为 $1500 元/m^2$。试估算该建筑物的重置价格。

【解】 该建筑物的重置价格估算为：
$$500 \times 1500 = 75(万元)$$

单位体积法与单位面积法相似，是根据当地近期建成的类似建筑物的单位体积造价，对其做适当的修正、调整，然后乘以估价对象建筑物的体积来测算建筑物的重置价格或重建价格。这种方法适用于成本与体积关系较大的建筑物，如储油罐、地下油库等。

【例题 6-2】 某建筑物的体积为 $300m^3$，该类用途和建筑结构的建筑物的单位体积造价为 $800 元/m^3$。试估算该建筑物的重置价格。

【解】 该建筑物的重置价格估算为：
$$300 \times 800 = 24(万元)$$

可见，单位比较法运用了市场比较法的原理，在比较过程中还应注意以下几个方面：

（1）成本相近，面积相关不大，则小面积建筑物的单位成本可能会大于大面积建筑物的单位成本，因为面积的增加与单位成本增加不成正比。

（2）建筑面积相同，墙体形状不同（如一建筑物为正方形，一建筑物为长方形），因其墙体总体积不同,则会造成单位成本不同。

(3) 建筑面积相等,高度不同,因其建筑材料的耗用量不同,则单位成本也不同。

(4) 单位比较法必须以类似建筑物来计算其成本。

(5) 对特别项目应另案专估。

2. 分部分项法

分部分项法是以建筑物的各个独立构件或工程的单位价格或成本为基础来求取建筑物重置价格或重建价格的方法。即先测算各个独立构件或工程的数量,然后再乘以相应的单位价格或成本,并将它们相加。

3. 指数调整法

指数调整法是运用物价指数、建筑成本(造价)指数或变动率,将估价对象建筑物的原始价值调整到估价时点时的现行价值来求取建筑物重置价格或重建价格的方法。这种方法主要适用于检验其他方法的测算结果。

三、估算建筑物折旧

(一) 建筑物折旧的含义与分类

土地因其特殊性一般不存在折旧问题,估价中的折旧主要指建筑物的折旧。成本法估价中的建筑物折旧,是指由各种原因造成的建筑物价值的损失,其数额为类似新建建筑物在估价时点时的市场价值与其重置价格或重建价格之间的差额。建筑物折旧不仅包括由于使用和受物理或化学变化影响而引起的有形的价值损失,而且还包括由于技术进步、消费观念变更等原因而引起的无形的价值损失。在实际估价中,建筑物折旧主要包括物质上的、功能上的和经济上的折旧三种情况。

1. 物质上的折旧,又称物理性折旧、物质磨损、有形损耗等,是指在物质实体方面的磨损所造成的建筑物价值的损失。其产生原因包括:

(1) 自然老朽:未经任何使用的建筑物也会因风吹雨淋而损失其价值;

(2) 正常使用中所发生的磨损;

(3) 意外的破坏损毁,包括人为的损坏,如违章装修与搭建;

(4) 保养不当所发生的价值损失,如应该及时维修养护的延迟维修等;

(5) 灾害性损坏,如洪水、地震、火灾等事故对建筑物带来的价值损毁。

2. 功能上的折旧,又称精神磨损、无形损耗,是指建筑物成本效用等功能方面的相对落后所引起的价值损失。随着社会与经济的发展,人们对生活的要求也越来越高,新的建筑材料、新的建筑设备等新科技、新观念不断出现,原有建筑物因跟不上时代的步伐而产生贬值。包括由于消费观念变更、设计更新、技术进步等原因导致建筑物在功能方面的相对残缺、落后或不适用所造成的价值损失。即使是新建商品房,也可能因为其设计陈旧而只能以低于正常价格的价格出售,如房型设计上未满足消费者当前的生活需要等。其中低于正常价格的部分即可理解为建筑物功能上的折旧。

3. 经济上的折旧又称外部性折旧,是指建筑物以外的各种不利因素所造成的价值损失。经济上的折旧与建筑物自身的内在质量无关,而是由于外在的客观条件发生变化而产生的。包括供给过量、需求不足、自然环境恶化、环境污染、交通拥挤、城市规划改变、政府政策变化等。

以上三种折旧并不是完全独立的发生，而通常是相互作用、相互关联的。如发生物质上的折旧的同时，会产生功能上的折旧，同时也可能产生经济上的折旧。其中功能上的折旧主要是由建筑物本身的内部原因引起的，而经济上的折旧则是建筑物自身以外的因素引起的。为方便起见，在实际工作中，往往综合考虑。

【例题 6-3】 某旧有住宅，测算其重置价格为 40 万元，地面、门窗等破旧引起的物质折旧为 3 万元，因户型设计不好、没有独用厕所和共用电视天线等导致的功能折旧为 8 万元，由于位于城市偏远地区引起的经济折旧为 7 万元。试求取该旧有住宅的折旧总额和现值。

【解】 根据题意该旧有住宅的折旧总额和现值分别为：
该旧有住宅的折旧总额 = 3 + 8 + 7 = 18(万元)
该旧有住宅的现值 = 重置价格－折旧总额 = 40 － 18 = 22(万元)

建筑物的损耗还可分为可修复和不可修复两部分，修复所需的费用小于或等于修复后房地产价值的增加额的，为可修复部分；反之为不可修复部分。对于可修复部分，可直接估算其修复所需的费用作为折旧额。

(二) 房地产估价中的折旧与会计上折旧的区别

要注意的是，房地产估价中的折旧与生活中所理解的会计上的折旧存在一定的区别，具体表现在以下几方面：

1. 折旧目的不同。会计上的折旧只注重物质上的折旧，计算固定资产原始取得价值的摊销与回收，目的是为了准确计算成本和利润；而估价中除了计算物质上的折旧外，还要考虑功能上的和经济上的折旧，注重价值的减损，目的是能够真实准确地反映估价时点建筑物的价值。

2. 折旧基数不同。会计成本上的折旧基数是建筑物的固定资产账面原值，即以建筑物固定资产实际购入或建造时的价格为依据，不随时间的改变而发生变化；估价中的折旧基数是建筑物在估价时点的重置价格或重建价格，随估价时点不同而不同。

3. 折旧方法不同。会计上的折旧方法一经确定就不轻易更改；估价中折旧方法有很大的选择余地，必要时可同时采用几种方法相互验证，综合计算建筑物的折旧。

4. 耐用年限不同。会计上的折旧按建筑物的耐用年限计算；估价中采用建筑物的经济耐用年限和土地使用权年限二者综合考察确定的建筑物的可计算年数。

(三) 建筑物折旧的求取

求取建筑物折旧的方法很多，大致可归纳为 4 类：①年限法；②实际观察法；③成新折扣法；④混合法。

1. 年限法

年限法是把建筑物的折旧建立在建筑物的耐用年限、已使用年数或剩余年限之间关系的基础上。

(1) 建筑物的耐用年限

建筑物的耐用年限分为自然耐用年限和经济耐用年限两大类。建筑物的自然耐用年限是指建筑物从竣工验收合格之日起到不堪使用时的年数。建筑物的经济寿命是指建筑物从竣工验收合格之日起预期产生的收入大于运营费用的持续年数。估价采用的耐用年限应为经济耐用年限。经济耐用年限应根据建筑物的建筑结构、用途和维修保养情况，结合市场状况、周围环境、经营收益状况等综合判断。建筑物在其耐用年限期间如果经过了翻修、改造等，自然寿命和经济寿命都有可能得到延长。例如，一宗砖混结构的建筑物建于1932年，根据规定其自然耐用年限为50年，由于该建筑物建造质量保证，维护保养得当，其出租收益一直持续了70年，则该建筑物的经济耐用年限应为70年。

建筑物的耐用年限因其用途与结构类型的不同而不同。住宅的耐用年限已在第一章中有所表述，其他用途与结构类型建筑物的经济耐用年限的参考值可见表6-1。房屋的结构类型，是按主要承重部分所用的建筑材料对房屋进行分类的。1984年12月原城乡建设环境保护部《关于印发〈经租房屋清产估值原则〉的通告》及城乡建设环境保护部《城市房产会计制度》将房屋按结构分为四类七等，即钢筋混凝土结构、砖混结构（又分为一等、二等）、砖木结构（又分为一等、二等、三等）和简易结构。但实际上，一些大城市或特殊建筑还可采用钢结构，即可分为五类八等。

房屋结构、等级及其耐用年限表 表6-1

结构与等级	等级标准	生产用房	受腐蚀生产用房	非生产用房
钢结构	全部或承重部分为钢结构的房屋	70年	50年	80年
钢筋混凝土结构	全部或承重部分为钢筋混凝土，包括框架大板与框架轻板结构等房屋。	50年	35年	60年
砖混一等	部分钢筋混凝土，主要是砖墙承重的结构，外墙部分砖砌、水刷石、水泥抹面或涂料粉刷，并设有阳台，内部设备齐全的单元式住宅或其他房屋。	40年	30年	50年
砖混二等	部分钢筋混凝土，主要是砖墙承重的结构，外墙是清水墙，无阳台，内部设备不全的单元式住宅或其他房屋。	40年	30年	50年
砖木一等	材料上等、标准较高的砖木（石料）结构，这类房屋一般是外部有装修处理，内部设备完善的庭院式或花园洋房等高级房屋。	30年	20年	40年
砖木二等	结构正规，材料较好，一般外部没有装修处理，室内有专用上下水等设备的普通砖木结构房屋。	30年	20年	40年
砖木三等	结构简单，材料较差，室内没有专用上、下水等设备，较低级的砖木结构的房屋。	30年	20年	40年
简易结构	如简易楼、平房、木板房、砖坯、土草房、竹木捆绑房等	10年	10年	10年

在估价中确定建筑物的耐用年限时，应注意以下问题：

1）建筑物的建设期不计入耐用年限，即建筑物的耐用年限应从建筑物竣工验收合格之日起计；

2）建筑物耐用年限短于土地使用权年限时，应按建筑物耐用年限计算折旧；

3）建筑物耐用年限长于土地使用权年限时，应按土地使用权年限计算折旧；

4）建筑物出现于补办土地使用权出让手续之前，其耐用年限早于土地使用权年限而结束时，应按建筑物耐用年限计算折旧；

5）建筑物出现于补办土地使用权出让手续之前，其耐用年限晚于土地使用权年限而结束时，应按建筑物已使用年限加上地使用权剩余年限计算折旧。

(2) 建筑物的已使用年数

建筑物的已使用年数分为实际使用年数和有效使用年数。实际使用年数是建筑物从竣工验收合格之日起到估价时点时的日历年数。有效使用年数是建筑物在估价时点按其状况与效用所显示的年数。有效使用年数既可能短于也可能长于实际使用年数，具体可以表现为：

1) 建筑物的维修养护正常的，有效使用年数与实际使用年数相当；

2) 建筑物的维修养护比正常维修养护好或经过更新改造的，有效使用年数短于实际经过年数，剩余经济年限相应较长；

3) 建筑物的维修养护比正常维修养护差的，或根本未进行维修养护的，其有效使用年数长于实际使用年数，剩余经济年限相应较短。

在运用成本估价法求取折旧时，一般不采用实际使用年数，而是采用有效使用年数。

(3) 建筑物的剩余经济年限

估价中采用了建筑物的经济耐用年限与有效使用年数，那么其剩余年限也相应地定义为剩余经济年限。即：剩余经济年限 = 经济耐用年限 - 有效使用年数

如一老式花园洋房，其经济耐用年限为 80 年，现已实际使用了 70 年，但因保养得当，该建筑物的有效使用年数相当于 60 年，因此，该建筑物实际上还能继续发挥其效用至少 20 年。

在估价上一般采用有效使用年数或预计的剩余经济年限，因为采用有效使用年数或剩余经济年限求出的折旧更符合实际情况。例如，有两栋实际使用年数相同的同类建筑物，如果维修养护不同，其市场价值也会不同，但如果采用实际使用年数计算折旧，则它们的价值会相同。实际使用年数的作用是可以作为求取有效使用年数的参考，即有效使用年数可以在实际使用年数的基础上做适当的调整后得到。

如将建筑物的经济耐用年限设为 N，有效使用年限设为 t，剩余经济年限设为 n，则理论上有 $N = t + n$。

(4) 年限法的具体计算

年限法包括直线法、余额递减法、年数合计法、偿债基金法、综合折旧法等方法。直线法是假设建筑物的折旧额与折旧率每年相等；余额递减法的年折旧额逐年递减，属加速折旧的方法；年数合计法的折旧率每年减少，以达到前期多提、后期少提的目的；偿债基金法在考虑利息的情况下，使建筑物每年的折旧额相等，实际上折旧率逐年提高，从而放慢了折旧；综合折旧法在前面几种方法基础上考虑了物价上涨等因素影响，符合价值转移规律，但具体操作上较为困难。实际上，经综合比较，在日常的房地产估价求取折旧的具体操作中，主要采用的是直线法。下面主要介绍直线法的基本原理与计算公式。

1) 直线法的基本原理

直线法是最简单的和迄今应用得最普遍的一种折旧方法，是在假定建筑物的经济耐用年限期间每年的折旧额相等的基础上进行的。就是将建筑物的重置价格或重建价格扣除残值后，平均分摊到耐用年限中，即可求得每一年的折旧额。但是由于实际生活中建筑物的折旧额并不可能做到每年相等，因此该方法实际上并不符合价值转移规律。通过直线法可求取估价对象的年折旧额、折旧率、折旧总额与经折旧后的房地产现值。

2）年折旧额的计算公式为：

$$D = \frac{P - L}{N} \tag{6-1}$$

式中　D——建筑物的年折旧额；
　　　P——建筑物的重置价格或重建价格；
　　　L——建筑物的预计净残值；
　　　N——建筑物的经济耐用年限。

其中，建筑物的预计净残值 L 表示建筑物在耐用年限结束、房屋拆除并扣除拆除费、搬运费等清理费后所剩余的价值（如旧房拆除后部分木料、钢筋等旧料还具有一定价值）。净残值一般是通过建筑物的残值率求取的，建筑物的残值率为残值与重置价格或重建价格的比率，即 L/P。与耐用年限一样，建筑物的结构类型不同，其残值率也不同，具体残值率见表6-2。

房屋残值率表　　　　　　　　　　　　　　　表6-2

结构类型	钢结构	钢筋混凝土	砖混一等	砖混二等	砖木一等	砖木二等	砖木三等	简易结构
残值率	0	0	2%	2%	6%	4%	3%	0

3）折旧率的求取

年折旧额与重置价格或重建价格的比率可称为年折旧率，如果用 R 来表示年折旧率，其他字母含义与（6-1）公式同，即：

$$R = \frac{D}{P} = \frac{P - L}{N \times P} = \frac{1 - \frac{L}{P}}{N} \tag{6-2}$$

4）折旧总额的求取

有效使用年数为 t 年的建筑物折旧总额的计算公式为：

$$E_t = D \times t = \frac{P - L}{N} \times t = P \times R \times t = \frac{P \cdot \left(1 - \frac{L}{P}\right)}{N} \cdot t \tag{6-3}$$

式中　E_t——建筑物 t 年后的折旧总额。
其他字母含义均与前面公式中的相同。

5）求取建筑物现值

采用直线折旧法的建筑物现值的计算公式为：

$$V = P - D \times t = P - \frac{P - L}{N} \times t$$

$$= P - P \times R \times t = P - \frac{P \cdot \left(1 - \frac{L}{P}\right)}{N} \cdot t \tag{6-4}$$

式中　V——建筑物的现值。
其他字母含义均与前面公式中的相同。

【例题6-4】　某建筑物建筑面积 $320m^2$，重置价为 2500 元$/m^2$，耐用年限 40 年，已使用 7 年，残值率为 4%，求其现值。

【解】

年折旧额 $D_n = \dfrac{2500 \times 320 \times (1 - 4\%)}{40} = 19200(元)$

建筑物现值 $V = 2500 \times 320 - 19200 \times 7 = 800000 - 134400 = 665600(元)$

【例题 6-5】 某建筑物的建筑面积为 $100m^2$，有效使用年数 10 年，单位建筑面积的重置价格 500 元/m^2，经济耐用年限 30 年，残值率 5%。试用直线法计算该建筑物的年折旧额、折旧总额，并计算其现值。

已知：$P = 500 \times 100 = 50000$ 元；$L/P = 5\%$；$N = 30$ 年；$t = 10$ 年。

则：

年折旧额 $D = \dfrac{P - \left(1 - \dfrac{L}{P}\right)}{N} = \dfrac{50000 \times (1 - 5\%)}{30} = 1583(元)$

折旧总额 $E_t = D \times t = 1583 \times 10 = 15833(元)$

建筑物现值 $V = P - E_t = 50000 - 15833 = 34167(元)$

2．成新折扣法

成新折旧法是根据建筑物建成年代，确定成新折旧，直接求取建筑物的现值。该方法比较粗略，一般只能用于对其他方法的验证。

成新折扣法下的建筑物现值计算公式可表现为：

建筑物现值 = 建筑物重置价格或重建价格 × 建筑物成新度（%）

房屋的成新度可根据房屋完损等级评定标准来判断。

房屋完损等级是指对现有房屋的完好或损坏程度划分等级，即房屋的质量等级。评定房屋完损等级要按照原城乡建设环境保护部 1985 年颁布的《房屋完损等级评定标准》（简称《完标》）规定的统一标准、项目和评定方法，通过目观、检测和定量、定性的分析，对整幢房屋进行综合性的评价。

（1）评定房屋完损等级按下列 3 部分及其项目进行

结构部分——基础、承重构件、非承重墙、屋面、楼地面等项目；

装修部分——门窗、外抹灰、内抹灰、顶棚、细木装修等项目；

设备部分——水卫、电器照明、特殊设备（如消防栓、避雷针装置、电梯）等项目。

（2）房屋完损等级评定方法

房屋完损等级根据房屋各个组成部分的完损程度综合评定。

其中，钢筋混凝土结构、砖混结构、砖木结构房屋完损等级评定方法有 4 种：

1）房屋的结构、装修、设备等组成部分各项完损程度符合同一个完损标准，则该房屋的完损等级就是分项所评定的完损程度。

2）房屋的结构部分各项完损程度符合同一个完损标准，在装修设备部分中有 1、2 项完损程度下降一个等级，其余各项仍和结构部分符合同一完损标准，则该房屋的完损等级按结构部分的完损程度来确定。

3）房屋结构部分中非承重墙或楼地面分项完损程度下降 1 个等级完损标准，在装修或设备部分中有 1 项完损程度下降 1 个等级完损标准，其余 3 个组成部分的各项都符合上一个等级以上的完损标准，则该房屋的完损等级可按上一个等级的完损程度来确定。

4) 房屋结构部分中地基基础、承重构件、屋面等项的完损程度符合同一个完损标准，其余各分项完损程度可有高出一个等级的完损标准，则该房屋完损等级可按地基基础、承重结构、屋面等项的完损程度来确定。

其他结构房屋在评定完损等级时按以下 2 种方法来确定：

1) 房屋的结构、装修、设备等部分各项完损程度符合同一个完损标准，则该房屋的完损等级就是分项的完损程度。

2) 房屋的结构、装修、设备部分等绝大多数项目完损程度符合 1 个完损标准，有少量分项完损程度高出一个等级完损标准，则该房屋的完损等级按绝大多数分项的完损程度来确定。

3) 房屋完损等级的分类及标准

根据各类房屋的结构、装修、设备等组成部分的完好及损坏程度，房屋的完损等级分为以下 5 类：

1) 完好房

房屋的结构构件完好，安全可靠，屋面或板缝不漏水，装修和设备完好、齐全完整，管道畅通，现状良好，使用正常或虽个别分项有轻微损坏，但不影响居住安全和正常使用，一般经过小修就能修复好的房屋。

2) 基本完好房

房屋结构基本完好，少量构部件有轻微损坏，装修基本完好，油漆缺乏保养，设备、管道现状基本良好，能正常使用，经过一般性的维修即可恢复使用功能的房屋。

3) 一般损坏房

房屋结构一般性损坏，部分构部件有损坏或变形，屋面局部漏雨，装修局部有破损，油漆老化，设备管道不通畅，水卫、电照管线、器具和零件有部分老化、损坏或残缺，需要进行中修或局部大修更换部件的房屋。

4) 严重损坏房

房屋年久失修，结构有明显变形或损坏，个别构件已处于危险状态，屋面严重渗漏，装修严重变形、破损，油漆老化见底，设备陈旧不齐全，管道严重堵塞，水卫、电照的管线、器具和零件残缺及严重损坏，需要进行大修或翻修、改建的房屋。

5) 危险房

房屋承重构件已属危险构件，结构丧失稳定和承载能力，随时有倒塌可能，不能确保住用安全的房屋。

有关专业机构既可以对房屋完损等级进行定期评定，也可以不定期地对房屋完损等级进行评定，如根据气候特征、雨季、台风、山洪、暴风雪等，主要对危险房屋、严重损坏房屋和一般损坏房屋等进行检查，评定完损等级；房屋经过中修、大修、翻修和综合维修竣工验收以后，一般需重新进行评定完损等级；部分单位接管新建房屋后，也会要求专业机构评定完损等级。对于有地震设防的城市，在划分房屋完损等级时，应结合抗震能力进行鉴定，房屋经过维修后，应调整其完损等级。

(3) 房屋新旧程度的判定标准

房屋新旧程度应与房屋完损等级相对应，一般表现为：

完好房——十成、九成、八成新；

基本完好房——七成、六成新；
一般损坏房——五成、四成新；
严重损坏房与危险房——三成新以下。

3. 实际观察法

实际观察法一般被用来对其他方法进行辅助，以观察建筑物的实际损耗程度为主要手段，即不以年数计算，而是注重房屋的实际使用程度。无论采用上述哪种折旧方法求取建筑物现值，估价人员都应亲临估价对象现场，观察、鉴定建筑物的实际新旧程度，根据建筑物的建成时间，维护、保养、使用情况，以及地基的稳定性等，最后确定应扣除的折旧额或成新度。

4. 混合法

估价人员有时可同时采用以上几种方法确定房地产的折旧额，但各方法所得到的结果可能不同，为此可以采用简单算术平均法或加权算术平均法将不同的结果综合为一个统筹兼顾的结果，即混合法。

四、运用基本公式求取积算价格

根据成本估价法的基本思路，积算价格可以表现为房地产的重置价格或重建价格扣除建筑物折旧，也可以表现为土地的重置价格加上建筑的现值，必要时还应扣除由于旧有建筑物的存在而导致的土地价值损失。即成本估价法的公式根据估价对象的情况有所不同，其最基本的公式为：

房地产的积算价格 = 房地产重置价格或重建价格 – 折旧

在实际操作中，成本估价法可以应用于新开发土地、新建房地产及旧有房地产三种形式，但运用成本法对新开发土地和新建房地产进行估价时，一般不需扣除折旧，但应考虑其工程质量和周围环境等因素给予适当修正。

（一）适用于新开发土地的基本公式

新开发土地包括填海造地、开山造地、征用农地后进行基础设施建设与开发的土地，在旧城区中拆除旧建筑物后进行基础设施建设等开发的土地。在这些情况下，成本法的基本公式为：

新开发土地价格 = 取得待开发土地的成本 + 土地开发成本 + 管理费用 + 投资利息
+ 销售费用 + 销售税费 + 开发利润 (6-5)

1. 取得待开发土地的成本。包括购买土地的价款和在购置时应由买方缴纳的税费。如所取得的土地是熟地，在支付土地使用权出让金的同时，还需支付相关的拆迁安置补偿费。

2. 土地开发成本。开发成本是指取得开发用地后进行土地开发所需的直接费用和税金。包括基础设施建设费（"三通一平"、"五通一平"或"七通一平"的建设费用）、公共配套设施建设费（非营业性公共配套设施的建设费用）及开发过程中的税费。

3. 管理费用。管理费用包括开发商的员工工资、办公费、差旅费等，通常可按土地取得成本与开发成本之和的一定比率进行估算。

4. 投资利息。土地从取得到开发完成必然需要一定的周期，当开发商取得与开发土地的费用来自银行贷款时，开发商在开发期内所需承担的贷款利息，也希望通过土地销售价格得以收回。即使开发商的自有资金也应视同贷款计算利息,因为该自有资金如不进行土地投资而存入银行是有利息收入的,进行土地投资后该利息收入损失也应在土地销售价格中得以补偿。

在房地产估价中,投资利息一般按复利计算,应包括土地取得费用的利息与土地开发费用的利息两部分。其中土地取得费用一般在取得土地时一次付清,计息期从费用支付日期起至开发完成时间止,在代入复利值本利和公式(5-3)后再减去本金即可求得土地取得费用利息,具体公式为:

$$I = A(1+i)^n - A = A[(1+i)^n - 1] \tag{6-6}$$

式中 I——投资利息;
A——土地取得费用或开发费用;
i——利息率;
n——计息期。

而土地开发费用通常是在开发期内均匀投入或分期投入,其计息期一般可按四种情况处理:

(1) 开发费用在开发期内均匀投入:为计算方便可将开发费用视为在整个开发期内均匀投入,计息期按开发期的一半计算,即土地开发期为1年的话,计息期则为0.5年。

(2) 开发费用在开发期内分期投入,且每期投入均在期初;

(3) 开发费用在开发期内分期投入,且每期投入均在期末;

(4) 开发费用在开发期内分期投入,且在每期内均匀投入。

【例题 6-6】 某一地块的取得费用为1200万元,总开发费用500万元,开发期为2年,第一年年初投入总开发费用的60%,第二年年初投入总开发费用的40%,在银行贷款利率为5%的条件下,该土地投资所涉及的利息是多少?

【解】 根据题意,在开发期的第一年年初应有两笔费用投入,一是土地取得费用1200万元,二是500万元的60%,其计息期应为2年;而第二年年初投入500万元的40%,计息期为1年,现金流量图表现为:

```
1200 + 500 × 60%        500 × 40%
├────────────────────┼────────────────────┤
0                    1                    2
```

$I = (1200 + 500 \times 60\%) \times [(1+5\%)^2 - 1] + 500 \times 40\% \times [(1+5\%)^1 - 1]$
$= 163.75(万元)$

如将例题中总开发费用分期投入时间改为每年年末,则:

$I = (1200 + 500 \times 60\%) \times [(1+5\%)^1 - 1] + 500 \times 40\% \times [(1+5\%)^0 - 1]$
$= 75(万元)$

如将例题中总开发费用分期投入时间改为分别在二期中均匀投入,则:

$I = (1200 + 500 \times 60\%) \times [(1+5\%)^{1.5} - 1] + 500 \times 40\% \times [(1+5\%)^{0.5} - 1]$
$= 118.83(万元)$

5. 销售费用。主要指开发土地销售活动中引起的各种费用,包括广告费、展销费、销售代理费等。

6. 销售税费。营业税:转让土地使用权的单位和个人按营业额的5%缴纳。城市维护建设税：纳税人所在地在市区的，税率为营业税税额的7%，纳税人在县城、镇的，税率为营业税税额的5%，纳税人在其他地区的税率为营业税税额的1%。教育费附加：为营业税税额的3%。其他应由卖方负担的销售税费，如土地增值税、交易手续费等。

7. 开发利润：在采用成本法对新开发土地进行估价时，开发利润的计算基数应为土地取得费用和开发费用之和。即

$$开发利润 = （土地取得费用 + 土地开发费用） \times 利润率$$

其中，利润率应为类似新开发土地客观的、合理的平均利润率。

新开发土地经常会涉及新建开发区分宗土地的价格评估，这类开发区通常存在整体开发分块出售的情况，如：一个开发区在整体开发完成后将土地分块出让或出售。而开发中所兴建的必要的基础设施及服务设施，如配电、污水处理、道路及停车场、广场、绿地与物业管理用房等用地则不能列入销售范围，所以可出售土地的面积中是开发区总面积的一部分，其平均售价应当是将整个开发区的开发成本分摊到可出售土地面积上。同时，出售的各块土地在开发区内所处的具体区位与用途又存在差异，即具体地块的售价应在平均售价的基础上进行用途和区位因素修正。实际测算时通常可参照市场比较法原理，按三个步骤进行：

1. 计算开发区全部土地的总价。
2. 计算开发区可转让土地的平均价格。用第一步计算出的土地总价除以可转让土地面积即可，其中可转让土地面积为：开发区土地总面积乘以开发完成后可转让土地面积比率。

$$\frac{开发完成后可转让}{土地面积的比率} = \frac{可转让土地面积的总面积}{开发区用地总面积} \times 100\%$$

3. 计算开发区某宗土地的价格。将第二步计算出的平均价格，根据宗地的规划用途、具体位置、使用年限、容积率等做适当的增减调整，即可求得该宗土地的价格。

由于新建开发区在建设初期，房地产市场一般还未形成，土地收益也较难获取。因此用成本法对新开发区的分宗土地进行估价是一种有效的方法。

（二）适用于新建房地产的基本公式

在新建房地产的情况下，成本法的基本公式为：

新建房地产价格 = 土地取得成本 + 土地开发成本 + 建筑物建造成本 + 管理费用

+ 投资利息 + 销售费用 + 销售税费 + 开发利润 　　　　(6-7)

在新建建筑物的情况下，上述公式中不含土地取得成本、土地开发成本及应归属于土地的管理费用、投资利息、销售费用、销售税费和开发利润，即：

新建建筑物价格 = 建筑物建造成本 + 管理费用 + 投资利息

+ 销售费用 + 销售税费 + 开发利润 　　　　(6-8)

在实际估价中应根据估价对象和当地的实际情况，对上述公式进行具体化。

（三）适用于旧房地产的基本公式

在旧房地产的情况下，成本法的基本公式为：

旧房地产价格 = 旧房地产重置价格（重建价格） − 建筑物折旧

= 土地的重新取得价格或重新开发成本 + 建筑物现值

= 土地的重新取得价格或重新开发成本 + 建筑物的重

置价格（重建价格）－建筑物折旧 (6-9)

在上式中，必要时还应扣除由于旧建筑物的存在而导致的土地价值减损。

在单纯旧建筑物的情况下，成本法的基本公式为：

旧建筑物价格（建筑物现值）＝建筑物的重置价格（重建价格）－建筑物的折旧 (6-10)

第三节 成本估价法案例分析

【案例一】

有一宗房地产，其中土地面积 $1000m^2$，是 10 年前通过征用农地取得，当时每亩花费 18 万元，现时重新取得该类土地需 $620元/m^2$；地上建筑物总面积 $2000m^2$，是 8 年前建成交付使用，当时造价为 $600元/m^2$，现时建造同类建筑物需 $1200元/m^2$，估计该建筑物有八成新，求该房地现时总价和单价。

【解】 根据题意：该估价对象为旧房地产，且应采用成新折扣法求取折扣。其难点在于题目告知了两套数据，第一套为旧房地产以前的费用数据，第二套为现在重新取得及重新建造的费用数据，按照成本估价法基本原理，应选用第二套重新取得与重新建造费用，即：

旧房地产价格 ＝ 土地重新取得费用 ＋ 建筑物现值
$$= 1000 \times 620 + 2000 \times 1200 \times 80\%$$
$$= 620000 + 1920000$$
$$= 2540000(元)$$

现时单价 $= 2540000/2000 = 1270(元/m^2)$

【案例二】

待估房地产为某企业房地产，交通便利，土地平整，基础设施条件较好。土地面积 $4000m^2$，等级为三级。建筑物面积共 $18600m^2$，其中厂房 $15690m^2$，仓库 $940m^2$，行政楼 $1970m^2$。厂房为钢混结构，2000 年 9 月竣工使用；仓库为砖木结构，与厂房同时投入使用；行政楼为混合结构，于 2001 年 9 月竣工使用。试用成本估价法求取该房地产 2005 年 9 月的市场交易价格。已知：

(1) 在估价时点时，各类建筑物重置价为：

厂房 $870元/m^2$，仓库 $550元/m^2$，行政楼 $1300元/m^2$。

(2) 厂房耐用年限 50 年，残值率为 0；仓库耐用年限 30 年，残值率 3%；行政楼耐用年限 50 年，残值率为 2%。

(3) 该地区三级土地标准价格为 $350元/m^2$。

【解】 根据题意：该估价对象为旧的房地产，可分别求出土地与建筑物的重置价格并进行累加。即：

$$厂房价格 = 15690 \times 870 - \frac{15690 \times 870}{50} \times 5$$
$$= 13650300 - 1365030 = 12285270(元)$$

$$仓库价格 = 940 \times 550 - \frac{940 \times 550 \times (1-3\%)}{30} \times 5$$
$$= 517000 - 83582 = 433418(元)$$

$$\text{行政楼价格} = 1970 \times 1300 - \frac{1970 \times 1300 \times (1-2\%)}{50} \times 4$$
$$= 2561000 - 200782 = 2360218(\text{元})$$
$$\text{建筑物价格} = 12285270 + 433418 + 2360218 = 15078906(\text{元})$$
$$\text{房地产价格} = \text{土地价格} + \text{建筑物价格}$$
$$= 4000 \times 350 + 15078906 = 16478906 \text{元} \approx 1647.89(\text{万元})$$

【案例三】

一宗物业位于市中心,建筑面积 $33036m^2$,楼面价 7500 元$/m^2$,按重置成本计,该建筑物总成本为 2.342 亿元,经观察比较,其成新度为 6.5 成新,试用成本法估算该物业价格。

【解】 根据题意:估价对象为旧的房地产,可根据楼面地价 = 土地总价/建筑面积公式求取土地重新取得费用,并采用成新折扣法求取建筑物的现值。即:

$$33036 \times 7500 + 234200000 \times 0.6 \approx 4(\text{亿元})$$

【案例四】

某物业位于市中心,土地面积 $1000m^2$,建筑面积 $5000m^2$,建造日期 2001 年 4 月,耐用年限 80 年,残值率 10%,楼面地价 6000 元$/m^2$,重建该房屋的价格为 2500 元$/m^2$,求 2005 年 4 月的市场价格。

【解】
$$6000 \times 5000 + 2500 \times 5000 - 2500 \times 5000 \times \frac{(1-10\%) \times 4}{80}$$
$$= 3000 \text{万} + 1250 \text{万} - 56.25 \text{万} = 4193.75(\text{万元})$$

【案例五】

估价对象为政府用办公楼,土地总面积为 $250m^2$,建筑总面积 $850m^2$,建筑物建于 1985 年 7 月,结构为钢混结构。土地处于第 3 级土地上。求该办公楼 2005 年 7 月交易的市场价格。已知:

(1) 在估价时点(现在)征用郊区农村土地平均每亩需支付 5 万元的征地补偿等费用,约合 75 元$/m^2$,将土地开发需投资(含开发商合理利润)30 元$/m^2$,以上两项合计 105 元$/m^2$,可视为城市边缘熟地(即最差级土地)价格。该城市土地价格级差如表 6-3 所示。

该城市土地价格级差表　　　　　　表 6-3

土地级别	1	2	3	4	5	6	7	8	9	10
地价是次级土地的倍数	1.30	1.30	1.30	1.30	1.30	1.30	1.30	1.30	1.30	
地价是最差级土地倍数	10.6	8.16	6.27	4.83	3.71	2.86	2.20	1.69	1.30	1

(2) 现时与估价对象建筑物类似的不包括土地价格在内的建筑物造价为 1000 元$/m^2$(含合理利润、税费等)。

【解】 房地产现时价格 = 土地重新取得价格 + 建筑物重置价 - 折旧
$$= 105 \times 6.27 \times 250 + 1000 \times 850 - 1000 \times 850 \times \frac{20}{60}$$
$$= 16.45 + 85 - 28.3 = 73.15(\text{万元})$$

复习思考题

1. 何谓成本估价法?
2. 成本估价法的理论依据是什么?
3. 简述成本估价法的适用范围。
4. 成本估价法的一般步骤是什么?
5. 征地补偿费用包括哪些内容?
6. 房屋拆迁补偿安置费包括哪些内容?
7. 简述重置价格与重建价格的概念,它们之间有何区别?
8. 简述建筑物折旧的含义、种类及其区别。
9. 估价上的折旧与会计上的折旧有何区别?
10. 求取建筑物折旧有哪些方法?
11. 建筑物的自然耐用年限与经济耐用年限有何区别?
12. 采用年限法求折旧有哪几种类型?
13. 房屋新旧程度与房屋完损等级的关系如何?
14. 求取积算价格的基本公式主要有哪几种?

第七章 房地产估价其他方法

第一节 假设开发法

一、假设开发法概述

1. 假设开发法的概念

假设开发法又称剩余法、余值法或倒算法。它是在求取待估房地产的价格时,假设将其开发后所能实现的房地合一的预期售楼价格,减去除土地价格之外的正常开发费用、销售费用、税金及正常的开发商利润,用所得的余额确定待估房地产土地价格的一种评估方法。

2. 假设开发法的理论依据和基本公式

应用假设开发法评估房地产价格的基本原理是价格构成原理、预期原理和地租原理。实际上可以将假设开发法理解为新建房地产成本估价法的倒算。

根据价格构成原理,任何商品的销售价格均由成本、税金和利润构成,房地产这一特殊的商品其销售价格的构成也不例外,只不过其成本构成要比一般商品复杂而已。

即:房地产的预期销售价格(楼价)= 房地产开发建设成本 + 税金 + 利润 = 土地价格(含开发费用)+ 房屋建筑费用 + 专业费用 + 销售费用 + 合理税费 + 投资利息 + 正常利润

因此,地价可以用下面的计算公式求得:

土地价格 = 预期售楼价格 – 建筑费 – 专业费用 – 销售费用 – 税费 – 利息 – 正常利润

式中　楼价 = 单位售价 × 建筑面积

建筑费 = 单位造价 × 建筑面积

专业费用 = 建筑费的 6% ~ 8%(包括勘察设计费、管理费用等)

销售费用 = 总楼价的 2% ~ 3%

总税金 = 楼价的 4% ~ 6%(按当地当时政策)

总利润 =(地价 + 建筑费 + 专业费用)× 利润率

总利息 =(地价 + 建筑费 + 专业费用)× 利息率 × 计息期

利息的计算可分为静态与动态两种,其中,静态法计算利息须把握计息基础、利息率、计息期和计息方法等。而动态法则是把估价中所涉及的每一笔费用都贴现为估价时点的值,因此不再需要单独计算利息。由于动态法中时间结点清楚,且将所有费用与价格统一到了估价时点,比较符合估价的要求,因此,在实际估价中,一般提倡采用动态法对估价对象进行假设开发法评估。

在实际估价中,以上所有费用数据都是预期的,即需要对未来的房地产销售价格、对建筑物的建设周期、建造成本等具有科学合理且准确的判断,这要比成本估价法难得多,成本法是在已发生的数据的基础上求取估价对象的价格,而假设开发法的基础在于"假设",这对专业估价人员提出了较高的要求。

3. 假设开发法的适用范围

假设开发法适用于具有投资开发或再开发潜力的房地产的估价。运用此方法应把握待开发房地产在投资开发前后的状态,以及投资开发后的房地产的经营方式。待开发房地产投资开发前的状态,包括生地、毛地、熟地、旧房和在建工程等;投资开发后的状态,包括熟地和房屋(含土地)等;投资开发后的房地产的经营方式,包括出售(含预售)、出租(含预租)和自营等。

假设开发法的适用对象具体可包括以下一些方面:

(1) 开发土地的价格评估;

(2) 拆迁改造再开发土地的价格评估;

(3) 有装修潜力的旧有房地产的价格评估;

(4) 现有新旧房地产中单独评估土地价格;

(5) 房地产投资决策中的评估。

二、假设开发法的操作步骤

假设开发法多用于待建筑土地价格的评估。要作好此类评估工作,首先必须解决以下两个关键问题:一是选择土地的最佳开发利用方式;二是正确预测未来的售楼价格。但影响这两个关键问题的可变因素比较多,不确定性也比较大。因此,评估专业人员可参照以下操作程序进行评估:

(一) 弄清待建筑土地的基本情况

1. 弄清土地的位置

包括如下 3 个层次:

(1) 所依托的城市在国内或国际所处的经济环境和社会环境状况;

(2) 所依托的地区之性质、地位及政府的政策和规划建设设想;

(3) 具体的坐落状况及周围环境和交通便利程度。

2. 弄清土地面积大小、形状,地质状态,平整程度及基础设施等情况。

3. 弄清政府的城市规划限制

包括规定的用途、容积率、覆盖率、建筑高度等情况。

4. 弄清土地的权利状况

包括土地的使用年限、续期的规定及转让、抵押土地的有关规定等情况。

(二) 选择最佳的开发利用方式

选择最佳的开发利用方式,要在合法的基础上,根据最有效使用和最合理开发的原则,在政府规划限制的许可范围内,规划出待估土地的最佳开发模式和方案。这包括对建筑物的用途、建筑容积率、建筑覆盖率、建筑式样等的确定。即政府许可范围内的最佳选择。所谓的最佳是指能适应市场发展需求,可获取最大盈利的开发模式。这将直接关系到市场销售、建设成本和关系到开发项目的盈利等。

(三) 估计开发建设的周期

估计建设期的主要目的是为了把握建筑物的完成时间,为了推测建筑物完成后的价格:如建筑费用的投入、利息及各项收入支出的贴现计算等服务。常采用比较法来估计开发建设的周期。

（四）推测未来的售楼价格

推测未来的楼价通常采用市场比较法和长期趋势法相结合的方法。即根据各类用途和性质的建筑物过去和现在的价格以及其未来可能的发展变化趋势来预测待估房地产建成后的楼价。比较的项目通常是采用单价而非总价。

（五）估算土地开发和房地产建造及销售的总成本与正常利税

建筑费的估算可用比较法按同类建筑物当前的造价来推算。有时还要结合未来建材价格的变化情况和开发期间的通货膨胀情况来估算。

专业费用可根据建筑费的一定比例估算。

销售费用和税金可根据未来楼价的一定比例估算。税金也可依据当地政府现时的税费政策估算。

利息和利润可以未知的地价与建筑费、专业费用三项之和为计算基数，选用银行贷款利率和投资利润率来估算。其中利润率可取同一市场上类似房地产开发项目相应的、正常的平均利润率。

（六）运用基本公式求取待开发房地产的地价

有了以上数据和情况，便可运用假设开发法的基本公式进行具体计算。其中不可预见费可归并入建筑费内；对于发生在各个不同时期的费用与收入，都要化为相应的时间价值；计算利润、利息的基础虽含有地价这个未知量，但只要把它代入基本公式进行同类项合并，便可求出地价。再结合其他评估方法和评估人员的经验判断，对评估结果进行综合修正，据此确定其最终的评估价格。

由以上步骤可以发现，假设开发法的要点在于：①必须在合法的条件下选择土地的未来最佳开发形式；②必须准确判断建设周期与可能发生的相关费用；③必须对开发完成后的未来房地产的售价有正确的判断；④必须注意各项费用与价格的时间价值。在实际操作中宜采用折现的方法，难以采用折现的方法时，可采用计算利息的方法。

只有准确把握以上要点，才能确保假设开发法的估价结果具有准确性与可靠性。

三、假设开发法的具体运用

【例题 7-1】

（一）估价对象概况

本估价对象房地产为一块已完成"七通一平"的待建筑空地；土地总面积为 $1920m^2$，形状规则。用途为商业与居住综合楼，允许容积率为 5；建筑覆盖率为 $\leqslant 50\%$。

土地使用权年限为 50 年，出售时间为 2002 年 12 月。

（二）估价要求

需要评估出该块土地在 2002 年 12 月出售时的购买价格。

（三）估价过程

1. 选择估价方法

该块土地为待建筑土地，适宜于采用假设开发法进行地价的评估。

2. 选择最佳的开发利用方式

该块土地最佳的开发利用方式是：用途为商住综合楼；建筑容积率为5；建筑总面积为9600m²（1920×5）；各层建筑面积均为960m²（1920×50%）；建筑物层数为10层。其中地上1至2层为商场，即商场面积为1920m²（每层960m²×2层）；地上3至10层为住宅，即住宅面积为7680m²（每层960m²×8层）。

3. 估计建设期

预计需3年时间才能完全建成并投入使用。即完成于2005年12月。

4. 预测售楼价格

估计建造完成后，其中的商场部分即可全部售出。住宅楼的30%在建成后可售出，住宅楼的50%半年后才能售出，其余的20%一年后才能售出。估计商场出售时的平均售价为8000元/m²，住宅出售时的平均价为6000元/m²。

5. 估计开发费以及开发商的正常利润

估计建筑费为3300元/m²；专业费用为建筑费的8%；年利率为6%；销售费用为楼价的2%；税金为楼价的5.6%（即建成出售时所需由卖方承担的那部分营业税、印花税、交易手续费等，其他类型的税费已考虑在建筑费之中）；投资利润率为11%。

在未来3年的建设期内，开发费用的投入分三期进行，每期投入均在年中，具体情况如下：

第一年需投入40%的建筑费及相应的专业费用；第二年需投入50%的建筑费及相应的专业费用；第三年投入余下10%的建筑费用及相应的专业费用。

拟采用静态法和动态法两种方式求取土地的价格。

【解】 求取方法一，采用静态法求取地价

1. 求取地价的公式

地价 = 楼价 – 建筑费 – 专业费用 – 利息 – 销售费用 – 税金 – 开发商利润

2. 各项费用计算

（1）总楼价 = 8000×1920 + 6000×7680 = 6144（万元）

（2）总建筑费 = 3300×9600 = 3168（万元）

（3）总专业费用 = 3168×8% = 253.4（万元）

（4）总利息 =（总地价 + 总建筑费 + 总专业费用）× 利息率 × 计息期

  = 地价×6%×3 +（3168×6% + 253.4×6%）×（40%×2.5 + 50%×1.5 + 10%×0.5）

  = 0.18 地价 + 369.5(万元)

（其中地价利息应从投入之日起至开发期完成止，即为3年，其他建筑费与专业费用应分别从投入之日起至开发期完成止，因均为年中支付，则分别为2.5年、1.5年和0.5年）

（5）总销售费用 = 总楼价×2% = 6144×2% = 122.9（万元）

（6）总税费 = 总楼价×5.6% = 6144×5.6% = 344.1（万元）

（7）总利润 =（总地价 + 总建筑费 + 总专业费用）× 利润率

  = 地价×11% + 3168×(1 + 8%)×11%

  = 0.11 地价 + 376.4(万元)

3. 将上述各项代入公式求取地价，得方程式：

地价 = 6144 − 3168 − 253.4 − (0.18 地价 + 369.5) − 122.9 − 344.1 − (0.11 地价 + 376.4)

解方程得：

地价 = (6144 − 3168 − 253.4 − 369.5 − 122.9 − 344.1 − 376.4) ÷ (1 + 0.18 + 0.11)
= 1170.3（万元）

求取方法二，采用动态法求取地价

根据动态法的原则，必须将所有涉及的费用与价格统一折算到估价时点上，再进行计算。估价时点为土地的出售时间，即2002年12月，年贴现率选取为6%。

1．地价的求取公式

地价 = 楼价 − 建筑费 − 专业费用 − 销售费用 − 税金 − 开发商利润

2．各项费用计算

(1) 总楼价 $\frac{8000 \times 960 \times 2}{(1+6\%)^3} + \frac{6000 \times 960 \times 8 \times 30\%}{(1+6\%)^3} + \frac{6000 \times 960 \times 8 \times 50\%}{(1+6\%)^{3.5}}$

$+ \frac{6000 \times 960 \times 8 \times 20\%}{(1+6\%)^4}$

= 5059.3（万元）

(2) 总建筑费 $\frac{3300 \times 9600 \times 40\%}{(1+6\%)^{0.5}} + \frac{3300 \times 9600 \times 50\%}{(1+6\%)^{1.5}} + \frac{3300 \times 9600 \times 10\%}{(1+6\%)^{2.5}}$

= 2956.1（万元）

(3) 总专业费用 2956.1 × 8% = 236.5（万元）

(4) 总销售费用 5059.3 × 2% = 101.2（万元）

(5) 总税费 5059.3 × 5.6% = 283.3（万元）

(6) 总利润 （地价 + 2956.1 + 236.5）× 11% = 0.11 地价 + 351.2（万元）

3．将上述各项代入公式求取地价，得到下列方程式：

地价 = 5059.3 − 2956.1 − 236.5 − 101.2 − 283.3 − (0.11 地价 + 351.2)

解方程得：

地价 = $\frac{5059.3 − 2956.1 − 236.5 − 101.2 − 283.3 − 351.2}{1 + 0.11}$

= 1018.9（万元）

由于动态法更精确些，故评估结果以动态方法计算的结果为主，兼顾静态法的结果，并参考估价经验，将土地价格定为1000万元。这样，该块土地2002年12月出售时的购买价格最终评估结果如下：

土地总价为：1000（万元）

单位地价为：1000 ÷ 1920 = 5208（元/m²）

楼面地价为：1000 ÷ 9600 = 1042（元/m²）

【例题 7-2】

某土地允许建造一幢商住综合楼，商业用房 5000m²，住宅 15000m²，估计工程竣工时楼价可望达到：商业用房 3000 元/m²，住宅 1500 元/m²，该项目开发总成本为 2024 万元，开发利润率为 10%，请评估该土地价格。

【解】 根据题意，该估价对象未告知建设周期，故不需考虑利息或折现，代入假设开发法基本公式，即：

地价 = 楼价 − 开发成本 − 开发利润

其中：楼价 = 5000 × 3000 + 15000 × 1500 = 3750（万元）

开发成本 = 2024（万元）

开发利润 = 开发成本 × 开发利润率 =（地价 + 2024）× 10% = 0.1 地价 + 202.4

则由基本公式可列出方程式：地价 = 3750 − 2024 −（0.1 地价 + 202.4）

解方程可得　地价 =（3750 − 2024 − 202.4）÷（1 + 0.1）= 1385(万元)

【例题 7-3】

现有一宗七通一平的待建筑地块，其总面积为 1000m²，建筑容积率为 4，适宜建造某种类型的商品住宅，预计取得该土地后，建造该类型商品住宅的建设期为 2 年，该商品房建成后，即销售出 60%，售价为 3000 元/m²，余下的 40% 在半年后全部出租，可出租面积系数为 0.85，年净租金为 400 元/m²，若房地产投资收益率为 12%，银行贷款利息率为 15%，试根据上述资料预测取得该土地时，该商品房的价格。

【解】 根据题意，该题实际上是假设开发法中，用动态法求取未来楼价的现在价值。其中 40% 的售价需要通过收益还原法求取，因收益年限未知，可代入年净收益每年相等，无年限公式（5-12）计算，即余下的 40% 住宅的单价为：400 ÷ 12%

根据建设周期将未来房价分别折现到估价时点即可。即该商品房的价格：

$$V = \frac{1000 \times 4 \times 60\% \times 3000}{(1+15\%)^2} + \frac{1000 \times 4 \times 40\% \times 0.85 \times 400 \div 12\%}{(1+15\%)^{2.5}}$$

$$= 864.08（万元）$$

第二节　长期趋势法

一、长期趋势法的基本原理

（一）长期趋势法的概念

长期趋势法是运用预测科学的有关理论与方法，对未来价格作出推测与判断的方法。房地产价格在短期内通常会出现上下波动的现象，但从长时间序列来看，房地产价格影响因素促使房地产价格沿着一定的方向变动，这种房地产价格的变动会显现出一定的规律，并且具有不断上升的趋势，这就是房地产价格变化的长期趋势。

长期趋势法利用了长期趋势可以消除房地产价格的短期上下波动和意外变动等不规则变动这一特点，而对于导致这种趋势的内在规律本身，并不是长期趋势法所要研究的问题。即长期趋势法是以研究类似房地产在较长时期（最好在 10 年以上）的历史价格资料，按时间的先后顺序编排成时间序列，从中发现其价格随时间变动的长期变化趋势，然后将这种趋势向后推延，对该类房地产的未来价格变化进行比较肯定的推测和科学的判断，即评估出该宗房地产在估价时点的价格。

长期趋势法适用于估价对象或类似房地产有较长期的历史价格资料可供分析利用的情形，而且所拥有的历史价格资料要真实可靠。

（二）长期趋势法的功用

长期趋势法的功用主要表现在以下几个方面：

1. 可用来预测房地产的未来价格及其走向；

2．可以填补某些房地产价格历史资料的缺乏；

3．可用于两宗或两宗以上房地产价格发展趋势的比较；

4．可用于房地产估价的市场比较法中的可比案例价格进行交易日期的修正等。

(三) 长期趋势法的操作步骤

长期趋势法的操作步骤如下：

1．搜集估价对象房地产或类似房地产的较长时期价格变化的历史资料；

2．整理这些价格的历史资料，并按时间顺序排列成时间数列；

3．分析这个时间数列，选择适当的长期趋势法，找出估价对象房地产或类似房地产价格随时间变化的规律；

4．以此变化规律或数学模型去推测、判断估价对象房地产在估价时点的价格。

(四) 方法介绍

长期趋势法具体方法根据时间序列的特征，主要有线性趋势法、平均增减量趋势法、平均发展速度法、移动平均趋势法及指数修匀趋势法等。

平均增减量法与平均发展速度法，要求房地产价格的变动过程一贯是上升的或者是下降的，并且逐期上升或者下降的额度或者比例大体接近。

移动平均法又可分为简单移动平均法和加权移动平均法，是对原有价格按照时间序列进行修匀，即采用逐项递移方法分别计算一系列移动的时序价格平均数，形成一个新的派生平均价格的时间序列，消除价格短期波动的影响，呈现出价格长期的基本发展趋势。运用移动平均法时，应当按照房地产价格变化的周期长度移动平均。

下面仅对常用的线性趋势法作一介绍。

二、线性趋势法

线性趋势法又称趋势延伸法、最小二乘法等。是指根据房地产价格的时间数列逐年增减量的变化情况，确定价格与时间之间的函数关系，运用最小二乘法求得变动趋势线，并使其延伸来评估判断房地产价格的一种趋势法。常用的线性趋势法又分直线趋势法、曲线趋势法和对数趋势法等。下面我们仅讨论最为常用的直线趋势法的计算。

(一) 直线趋势法的基本公式

运用直线趋势法估价，估价对象历史价格的时间序列散点图应当表现出明显的直线趋势，数据点偏离拟合直线估计值的离差平方的算术平均数的平方根，即估计值的标准误差，不得大于允许的误差值。

直线趋势法属于一元线性回归法，如图 7-1 所示。其基本公式如下：

$$y = a + bx \tag{7-1}$$

式中　y——为房地产的价格；

　　　a——为直线在 y 轴上的截距；

　　　b——为直线的斜率；

　　　x——为时间，是直线的自变量。

(二) 公式中 a、b 值的确定

确定 a、b 值的原则是使各期的实际值尽可能接

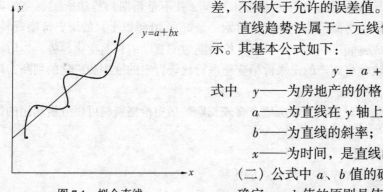

图 7-1　拟合直线

近预测值，并使其分别处于预测值的两侧。

a、b 值的公式如下：

$$a = \frac{\Sigma y - b\Sigma x}{n} \tag{7-2}$$

$$b = \frac{n\Sigma(xy) - \Sigma x \cdot \Sigma y}{n\Sigma x^2 - (\Sigma x)^2} \tag{7-3}$$

(以上公式不作推导，式中的 n 为已知历史房地产价格的项)

（三）确定 x 值

实际计算时为减少计算的工作量，常令 $\Sigma x = 0$。其方法是：

当时间数列的项数 n 为奇数时：设其中间项的 $x = 0$，之前的项依次为 -1，-2，-3，……。之后的项依次为 $+1$，$+2$，$+3$，……。即 $n = 1, 3, 5, 7, \cdots$ 时：取 $x = \pm\frac{n-1}{2}$。

当时间数列的项数 n 为偶数时：以其中间为界相对称，前者设为 -1，-3，-5，……。后者设为 $+1$，$+3$，$+5$，……。即 $n = 2, 4, 6, 8, \cdots$ 时：取 $x = \pm(n-1)$。

这样，上面的 a、b 值就分别可简化为：

$$a = \frac{\Sigma Y}{n}; \tag{7-4}$$

$$b = \frac{\Sigma(xy)}{\Sigma X^2} \tag{7-5}$$

由此可见，计算大为简化。

【例题 7-4】 已知某住宅区商品房 1995 年至 2004 年的价格水平如表 7-1 所示。试运用直线趋势法评估该类商品房 2005 年和 2006 年的价格。

某商品房的历史价格　　　　　　　　　　　　　　表 7-1

年 份	1995	1996	1997	1998	1999	2000	2001	2002	2003	2004
价格（元/m²）	3600	4200	5000	5700	6500	7200	8000	8800	9600	10500

因其年数 10 年为偶数，其求取过程如下表 7-2 所示：

某类商品房 1995 年至 2004 年的价格及相关参数　　　　表 7-2

年 份	价格 y（元/m²）	x	$x \cdot y$	x^2
1995	3600	-9	-32400	81
1996	4200	-7	-29400	49
1997	5000	-5	-25000	25
1998	5700	-3	-17100	9
1999	6500	-1	-6500	1
2000	7200	+1	+7200	1
2001	8000	+3	+24000	9
2002	8800	+5	+44000	25
2003	9600	+7	+67200	49
2004	10500	+9	+94500	81
$\Sigma=$	69100	0	+126500	330

由公式 (7-4)、公式 (7-5) 得：$a = \dfrac{\Sigma y}{n} = \dfrac{69100}{10} = 6910$

$$b = \dfrac{\Sigma(x \cdot y)}{\Sigma x^2} = \dfrac{126500}{330} = 383.33$$

因此，描述该类商品房价格变动长期趋势的具体方程为：

$$y = a + bx = 6910 + 383.33x$$

根据时间数列排序推断，2005年的 x 值应为11，则2005年该类商品房的价格为：

$$y = 6910 + 383.33 \times 11 = 11126.63 \,(元/m^2)$$

以此类推，可得2006年的 x 值为13，则2006年该类商品房的价格为：

$$y = 6910 + 383.33 \times 13 = 11893.29 \,(元/m^2)$$

第三节 路线价法

一、路线价法的基本原理

(一) 路线价法的概念

路线价法是对临接特定街道，且可及性相当的城市土地，设定标准深度，求取在该深度上若干宗地的平均单价（即路线价），再配合深度百分率表，求取临接同一街道其他各宗土地价格的一种估价方法。

(二) 路线价法的实质与适用范围

路线价法实质上就是市场比较法，其理论依据即替代原理。深度百分率就相当于市场比较法中的修正率，而路线价就是某一街道的某一特定路段上标准宗地的平均单价，代表了这一路段临街地的地价平均水平，相当于可比案例价格。但路线价法中不进行交易情况与交易日期的修正，这是因为特定路段上路线价本身已代表正常价格，且该路线价所对应的日期与估价时点是一致的。因此，路线价法是以路线价为基准，考虑临街深度、土地形状、临街状况、临街宽度等因素，进行适当修正后求取临接同一道路的土地价格。

路线价法主要适用于城市中同时对大量土地进行估价的情况，如土地课税、征地拆迁等。路线价法在欧美国家较为风行，在英国、美国等地运用较早，被认为是一种快速、省时、省力且公平合理的估价方法，在日本与我国的台湾地区也被看作是一种较为重要的地价评估方法。但路线价法只适用于街道系统完整，临街宗地排列整齐的城市使用。其关键在于要有完善合理的深度价格修正率表和其他价格修正率。

(三) 路线价法的操作步骤

路线价法的操作步骤包括：

1. 划分路线价区段

一个路线价区段，是指具有同一路线价的地段，即便捷性相当的地段。通常一条街道上两个十字路口之间的部分可视为便捷性相当，一般划为一个路线价区段。也有将多个十字路口之间的路段合并为一个路线价区段。另外，在同一道路上，如果某一侧的繁华程度与对侧有显著差异时，应以道路中心为分界线，将该道路的两侧各视为一个路线价区段，附设两种不同的路线价。

2. 设定标准深度

标准深度通常是路线价区段内临街各宗土地深度的众数。如某个路线价区段内临街土地的深度大多是 20m，则标准深度应为 20m；如该路线价区段内临街土地的深度大多为 25m，那么标准深度应为 25m。标准深度线实质上是临街土地的分界线（台湾称之为里地线，为 18m）。

美国以 100 英尺（合 30.48m）为标准深度。日本以 16.36m 为标准深度。

3. 确定路线价

路线价是指在路线价区段上的标准地块的平均单位地价。在确定标准宗地的基础上，可采用前述的估价方法如市场比较法、收益还原法及成本法等方法分别求其单位地价，并加以平均以测算出路线价。一般来说，标准宗地的单位面积因地而异。如在美国是以宽 1 英尺、深 100 英尺的细长条形地作为单位面积来计算路线价；台湾以每 m^2 为单位面积来计算路线价；日本则以宽 3.63m、深 16.36m 的长方形土地作为标准宗地。标准宗地的选取应在土地用途、容积率、土地使用权年限、土地生熟程度等方面具有该路线价区段的代表性。

4. 制作深度百分率表

深度百分率又称深度指数，是同一地块各部分地价随临街深度变化的程度，是一个相对数。制作深度百分率表应遵循这样的原则：地块的各部分价值随远离街道的程度而有递减的趋势。即深度愈深，可及性就愈差，价值就愈低。国外在估价实践中已总结出了一些可供参考的深度百分率表。如欧美的四三二一法则、苏马斯法则、霍夫曼法则、哈柏法则等。

5. 计算各地块的价格

路线价法的基本计算公式有：

$$待估宗地价格 = 路线价 \times 深度百分率 \times 宗地面积 \qquad (7-6)$$

也可具体表现为：

$$待估宗地价格 = 路线价 \times 深度百分率 \times 宗地面积 \pm 修正额 \qquad (7-7)$$

$$待估宗地价格 = 路线价 \times 深度百分率 \times 宗地面积 \times 其他修正率 \qquad (7-8)$$

根据具体的情况不同，可选用以上公式来进行具体的地价计算。

二、路线价法的深度百分率表

深度百分率表又称深度指数表，是指反映深度变化对土地价值影响程度的表格。深度百分率表可分为单独深度百分率表、累计深度百分率表和平均深度百分率表三类。下面介绍几种欧美及我国台湾的深度百分率表。

（一）四三二一法则

所谓四三二一法则是将 100ft.（英尺，1ft = 0.3048m，合 30.48m）的标准深度临街地划分为四等分（即每等分为 25ft.），各等分的土地由于与街道的距离不同，价值也有所不同，临街的第一个 25ft.（7.62m）的土地其价值占总价值的 40%，第二个 25ft. 的土地，其价值占总价值的 30%，第三个 25ft. 的土地，其价值占总价值的 20%，第四个 25ft. 的土地，其价值占总价值的 10%。如深度为 49ft.（14.94m）的临街地，因其深度处在第二个 25ft. 范围内，其价值应为 40% + 30% = 70%

如果超过100ft.，则可以用九八七六法则来补充，即超过100ft.的第一个25ft.的土地价值为总价值的9%，第二个25ft.价值为总价值的8%，第三个25ft.的价值为总价值的7%，第四个25ft.价值为总价值的6%。

【例题7-5】 A、B、C、D、E五块宗地的深度与宽度如图7-2所示，路线价为2000元，试求取各宗土地的价格。

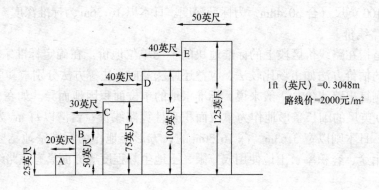

图7-2 各宗土地深度与宽度示意

【解】 各宗地价格求取过程如下：

$$V_A = 2000 \times 40\% \times 20 = 1600(元)$$
$$V_B = 2000 \times (40\% + 30\%) \times 30 = 42000(元)$$
$$V_C = 2000 \times (40\% + 30\% + 20\%) \times 40 = 72000(元)$$
$$V_D = 2000 \times (40\% + 30\% + 20\% + 10\%) \times 40 = 80000(元)$$
$$V_E = 2000 \times (100\% + 9\%) \times 50 = 109000(元)$$

要注意的是，在四三二一法则中，最终的土地总价应等于路线价×深度价格修正率×宽度，而不是乘以面积。

(二) 霍夫曼法则、苏马斯法则和哈柏法则

1. 霍夫曼法则认为：标准深度为100ft.（英尺）的土地，最初50ft.的土地价值应占土地总价值的2/3，并分析计算出了最初的25ft.占土地总价值的37.5%，50ft.时占土地总价值的66.7%，75ft.时占土地总价值的87.7%，100ft.时则占土地总价值的100%。

即根据霍夫曼法则，在路线价为2000元的条件下，深度为49ft.的地块，其单价应为：$2000 \times 66.7\% = 1334$元

2. 苏马斯法则认为：标准深度为100ft.（英尺）的土地，前50ft.占土地总价值的72.5%，后50ft.占土地总价值的27.5%，若再深50ft.占土地价值的15%。

即根据苏马斯法则，在路线价为2000元的条件下，深度为49ft.的地块，其单价应为：$2000 \times 72.5\% = 1450$元

3. 哈柏法则认为：一宗土地的价值与其深度的平方根成正比。深度百分率是地块深度的平方根与标准深度的平方根的百分比。其公式如下：

$$深度百分率 = \frac{\sqrt{所给深度}}{\sqrt{标准深度}} \times 100\% \tag{7-9}$$

【例题7-6】 标准深度为150ft.（英尺）的土地，路线价为5000元，则一宗宽度为

20ft.，深度为 85ft. 的临街土地的价值为多少?

【解】 求取过程如下：

$$\text{深度百分率} = \frac{\sqrt{85}}{\sqrt{150}} \times 100\% = 75.28\%$$

该宗土地的价值 $V = 5000 \times 75.28\% \times 20 = 75280$（元）

三、路线价法的具体运用

路线价法的实际应用较为复杂，除了深度修正外，还有宗地的临街状态等情况均应进行适当的修正。下面仅以我国台湾省的路线价法的操作计算作一介绍。

台湾地区是以距离临街线 18m（为标准深度）的里地线将土地划分为临街地、袋地和里地等。如图 7-3 所示。

（一）临街地地价的计算

凡临街地深度未达里地线者，其每平方米的土地价格依其深度，按表 7-3 的深度百分率修正。

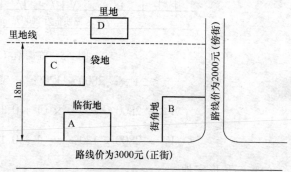

图 7-3 各宗地名称示意

台湾省的临街地深度百分率表 表 7-3

临街深度（m）	$h<4$	$4 \leq h<8$	$8 \leq h<12$	$12 \leq h<16$	$16 \leq h \leq 18$	$h>18$
深度百分率（%）	130	125	120	110	100	40

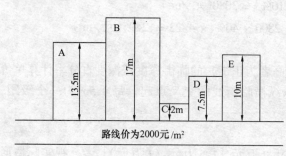

图 7-4 临街地（一）

【例题 7-7】 有五宗临街地，其有关的临街深度见图 7-4 中的标准，路线价为 2000 元/m²，试分别求取各宗土地的单价。

【解】 求取过程如下：

$V_A = 2000 \times 110\% = 2200(\text{元}/m^2)$

$V_B = 2000 \times 100\% = 2000(\text{元}/m^2)$

$V_C = 2000 \times 130\% = 2600(\text{元}/m^2)$

$V_D = 2000 \times 125\% = 2500(\text{元}/m^2)$

$V_E = 2000 \times 120\% = 2400(\text{元}/m^2)$

【例题 7-8】 有七宗临街地，其临街深度见图 7-5 中的标注，试分别求取各宗土地的单价。

【解】 求取过程如下：

（1）梯形宗地

1）平行边与临街线垂直：以两边中点的连线为其临街深度，并按表 7-3 所列深度百分率修正。

2) 平行边与临街线一致：因临街边较长，利用价值较高，以一成加价修正。

3) 平行边与临街线一致：临街边较短，利用价值较低，计算后以一成减价修正。

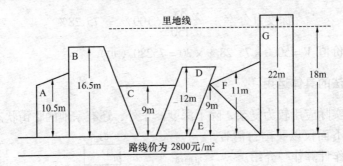

图 7-5　临街地（二）

$$V_A = 2800 \times 120\% = 3360(元/m^2)$$

$$V_B = 2800 \times 100\% \times (1 + 0.1) = 3080(元/m^2)$$

$$V_C = 2800 \times 120\% \times (1 - 0.1) = 3024(元/m^2)$$

(2) 三角形宗地

正三角形取其高的一半为临街深度。逆三角形比照袋地计算单价，起点深度以其临街线上的顶点至其底边中点垂直距离的一半，终点深度为底边中点到临街线上的距离。

$$V_E = 2800 \times 125\% = 3500(元/m^2)$$

$$V_F = 2800 \times 74\% = 2072(元/m^2)$$

(3) 矩形及平行四边形宗地

$$V_D = 2800 \times 110\% = 3080(元/m^2)$$

$$V_G = 2800 \times 100\% \times 18/22 + 2800 \times 40\% \times 4/22 = 2495(元/m^2)$$

（二）街角地地价的计算

街角地的地价除了依正街（一般以价高者为正街）的临街深度按深度百分率计算单价外，应酌情加计旁街地价。加计的方法以纵横临街线的交叉点起，每 4.5m 为一个级距，依序按下列成数予以加成：

在省辖市［县辖市（乡镇）］地区：

(1) 正旁街路线价每平方米未达新台币 2 万元［1.5 万元（1 万元）］者，视实际情形酌加旁街路线价，但以不超过一成为原则。

(2) 正旁街路线价每平方米为 2 万元［1.5 万元（1 万元）］以上而有一或两者未达 4 万元［3 万元（2 万元）］者，应依顺序加计旁街路线价的二成、一成。

(3) 正旁街路线价每平方米均为 4 万元［3 万元（2 万元）］以上者，应依顺序加计旁街路线价的三成、二成、一成。

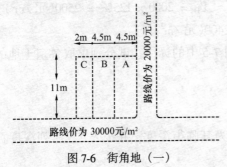

图 7-6　街角地（一）

【例题 7-9】　有一省辖市地区的正方形街

角地，其路线价见图 7-6 所示。试求取该街角地中各部分的单价。

【解】 求取过程如下：

因其路线价未达 4 万元/m²，故依顺序加计旁街路线价的二成、一成。

$$V_A = 30000 \times 120\% + 20000 \times 20\% = 40000(元/m^2)$$

$$V_B = 30000 \times 120\% + 20000 \times 10\% = 38000(元/m^2)$$

$$V_C = 30000 \times 120\% = 36000(元/m^2)$$

$$V = V_A \times \frac{4.5}{11} + V_B \times \frac{4.5}{11} + V_C \times \frac{2}{11} = 38455(元/m^2)$$

【例题 7-10】 有一省辖市地区的正方形街角地，其路线价如图 7-7 所示。试求取该街角地中各部分的单价。

【解】 求取过程如下：

因正旁街的路线价均达 4 万元以上，故依顺序加计旁街路线价的三成、二成和一成。

$$V_A = 50000 \times 110\% + 45000 \times 30\% = 68500(元/m^2)$$

$$V_B = 50000 \times 110\% + 45000 \times 20\% = 64000(元/m^2)$$

$$V_C = 50000 \times 110\% + 45000 \times 10\% = 59500(元/m^2)$$

$$V = V_A \times 4.5/12 + V_B \times 4.5/12 + V_C \times 3/12 = 64562(元/m^2)$$

（三）两面临街地的深度在 36m 以下者，应以其中间线分前后两部分，分别按其深度计算其临街单价或按两面路线价的高低确定各自的影响深度，再分别按其深度计算其临街地的单价。

【例题 7-11】 如图 7-8 所示的两面临街宗地，试求取该宗土地的单价。

【解】 求取过程如下：

$$V = 2400 \times 110\% \times \frac{1}{2} + 1800 \times 110\% \times \frac{1}{2} = 2310(元/m^2)$$

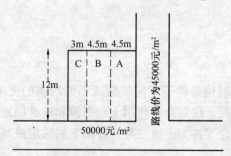

图 7-7 街角地（二）

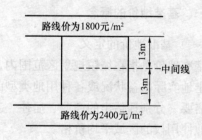

图 7-8 两面临街地

（四）袋地的计算

袋地地价的计算分以下三种情况：

（1）袋地的单价根据其深度起迄，按袋地临街深度百分率（见表 7-4）中的数据计算。

台湾地区的袋地深度百分率表　　　　　表 7-4

深度百分率（%）　迄点深度（m）　起点深度（m）	$h < 4m$	$4 \leqslant h < 8$	$8 \leqslant h < 12$	$12 \leqslant h < 16$	$16 \leqslant h \leqslant 18$
$h < 4m$	78	77	75	73	70
$4 \leqslant h < 8$	—	75	74	71	68
$8 \leqslant h < 12$	—	—	72	69	66
$12 \leqslant h < 16$	—	—	—	66	63
$16 \leqslant h < 18$	—	—	—	—	60

(2) 袋地形状为平行四边形、梯形、三角形，其起迄深度参照临街地的方法计算。

(3) 宗地位置跨越里地线者，单价应以袋地单价与里地单价按面积比例平均计算。

【例题 7-12】 有五宗袋地，如图 7-9 所示。试分别求取各宗土地的单价。

【解】 求取过程如下：

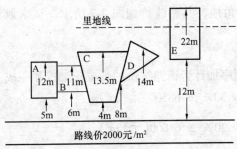

图 7-9 袋地

$V_A = 2000 \times 71\% = 1420(元/m^2)$

$V_B = 2000 \times 74\% \times (1 + 0.1) = 1628(元/m^2)$

$V_C = 2000 \times 71\% \times (1 - 0.1) = 1278(元/m^2)$

$V_D = 2000 \times 69\% = 1380(元/m^2)$

$V_E = 2000 \times 63\% \times \dfrac{6}{10} + 2000 \times 40\% \times \dfrac{4}{10}$

$ = 1076(元/m^2)$

逆三角形袋地 D 是以顶点与底边中点垂直距离之和的一半及底边中点深度为起迄深度。即 $(8 + 14)/2$ 至 14m。

第四节　基准地价测算

一、基准地价的概念

（一）基准地价的定义

基准地价是指在城镇规划区范围内，对现状利用条件下不同级别或不同均质的土地，根据土地实际收益状况或各种用地类型的交易情况，按照合理利用土地资源和现有用地结构的需要，分别评估出的商业、居住、工业、综合等各类土地在某一日期上的法定最高年限土地使用权的区域平均价格。

（二）基准地价的特点

基准地价具有全域性、平均性、差异性、有限性、时效性和权威性等特点。

1. 全域性：城市内的任何一个区域的土地，应有至少一种用途类型的基准地价。

2. 平均性：基准地价反映的是一定时间一定区域（内部特性相对均一的区域）内土地收益或土地租金、价格的平均水平。

3. 差异性：同一区域内的不同利用类型的土地有不同的基准地价标准。
4. 有限性：基准地价是有限年期的土地使用权价格。
5. 时效性：基准地价只反映一定时间的价格标准。
6. 权威性：基准地价一般由政府部门组织有关专家组成的专门评估机构进行评定，并由政府审定、认可和定期公布，因而具有权威性。

（三）基准地价的作用

基准地价的主要作用是为国有土地出让、租赁管理和各大城市推行土地出让招标拍卖、土地收购储备、实行基准地价公示制度奠定基础；同时也为土地市场宏观调控、税收管理和土地使用者参考等提供帮助。具体作用有以下几个方面：

1. 作为审核确定出让金标准的依据

土地出让评估必须考虑所在区域的基准地价，同时，政府出让土地时，也必须以基准地价为依据，核算土地出让金标准。

2. 对征收地租进行调控

基准地价将有助于政府审定土地租赁有偿使用的年租金水平，并合理地对已出租地块的地租标准进行适时调整。

3. 为政府征税提供客观依据

基准地价级别范围的划分、地价标准的确定将有助于契税、房地产税等税费征收标准的确定。

4. 推动拆迁评估、土地招标拍卖、收购储备等政策的实施

基准地价的颁布使得地价透明度增高，可配合房屋拆迁补偿价实行市场评估制度工作的开发，基准地价还将为土地招标拍卖、收购储备确定底价、收购价提供重要依据。

5. 为房地产价格评估提供参考依据

基准地价客观反映了城市现时地价水平，基准地价的公布将对城市房地产价格评估采用基准地价法提供直接依据。

6. 引导市场，为投资者提供市场信息

基准地价反映了各区域地价总体水平，公布基准地价将为投资者提供土地市场价格信息，引导投资者投资决策。

（四）基准地价的评估原则

1. 相似原则

划分地价区段时要坚持用途相似、地段相连、地价相近的原则，根据城市条件和市场状况，调查评估出各地价区段在某一评估时点的平均水平价格。

2. 时点原则

评估出来的基准地价是以评估时点实际存在的土地利用现状为主，根据这一时点反映土地收益高低和支付地租、地价的能力，评估出潜在的基准地价。

3. 现状和规划相结合的原则

土地级别和各级别基准地价的确定主要以现状条件为主，同时适当考虑近期可实施的城市规划条件。

4. 主导因素原则

重点分析对土地收益起控制和主导作用的因素，突出主导因素对土地级别和地价水平

的影响。如繁华程度、交通条件、基础设施状况、环境条件、城市规划等因素。并结合土地的实际经济收益水平的测算，剔除其他因素对地价的非正常影响，较好地评定出基准地价。

5．综合影响原则

影响城市土地级别和地价水平的因素很多，如经济因素、社会因素、自然因素等。因此应全面分析影响土地级别和地价水平的各种因素，采用多因素综合分析划分土地级别，并以此为基础测算各级别基准地价。

6．市场分析原则

目前土地市场发育比较完善，有大量的国有土地使用权出让、转让和商品房买卖、出租等市场交易案例，这些资料能够直接地反映土地质量和收益的差异，因此在土地定级估价中充分利用上述市场交易案例，分析确定土地级别和基准地价水平。

7．定性与定量相结合的原则

土地级别和基准地价的确定，尽量选用定量指标，并运用计算机处理技术进行数据处理和分析，以减少人为性，提高工作精度，同时在影响因素选择、权重确定、土地级别校核、基准地价水平校验等方面，又要充分利用各方面的专家经验，采用定量和定性相结合的方法综合确定土地级别和基准地价水平。

二、基准地价评估的基本思路

目前我国城镇基准地价评估的基本思路是根据中华人民共和国《城镇土地分等定级规程》和《城镇土地估价规程》的要求，按照同一市场供需圈内，土地使用价值相同、等级一致的土地，具有同样的市场价格的原理，遵循"以土地分等定级和均质地域划分为基础，以土地收益和价格为依据"的原则，将城市土地按照影响土地使用价值优劣的土地条件和区位优劣，划分为土地条件均一或土地使用价值相等的区域或级别，在同一土地级别或类型区域中，从土地使用者利用土地的收益、土地市场中的地租和市场交易价格入手，测算出不同行业用地在不同土地级别或土地条件均质区域上形成的土地收益或地价，进而评估出基准地价，并建立相应的因素修正体系。

基准地价所对应的使用年限一般是各用途土地使用权的最高出让年限，而估价对象宗地的使用年限可能与之有所不同，故需进行年期修正。

三、基准地价评估的基本步骤

城市基准地价的评估可以分为以下6个步骤：

1．确定实行基准地价评估的区域范围

首先要明确确定实行基准地价的区域范围大小可以是整个城市行政区域，也可以是城市规划区或市区、近郊区、建成区等，区域范围需要先行确定。

2．合理划分地价区段

将用途相似、地段相连、地价相近的区域划为一个地价区段。通常将土地划分为3~5类地价区段，如商业路线区段、住宅片区段和工业片区段等，而商业路线区段视其繁华程度的不同，又可进一步划分为繁荣商业路线区段和一般商业路线区段。

3．抽样调查评估地价区段内若干宗地的地价在划分的地价区段内选择数宗具有代表性的土地，由评估人员调查收集这些宗地的有关经营收益资料、市场交易资料或开发费用资料，运用适当的估价方法：如收益还原法、市场比较法、假设开发法或成本估价法等，评估出这些宗地在合理市场下可能形成的正常市场价值，求得这些宗地的单价。

4. 计算区段地价

区段地价是某特定地价区段的单价，它代表该地价区段内土地价格的正常水平以及总水平。求取区段地价就是将该地价区段中所调查评估的各宗土地价格求其平均值（或中位数、或众数）。

5. 确定基准地价

在求得区段地价的基础上，再结合各方面情况作一些适当和必要的调整，便可确定地价区段的基准地价。

6. 提出基准地价的应用建议及注意事项

提出地价区段中基准地价的应用建议与注意事项，便于在实际运用时能正确操作。

基准地价一般一至两年更新一次，在土地市场发生变化或影响土地价格的种种因素发生变化后，必须进行基准地价更新，对原基准地价进行全面或局部调整。

四、基准地价修正系数法

（一）基准地价修正系数法的概念

基准地价修正系数法，是利用城镇基准地价和基准地价修正系数表等评估成果，按照替代原则，将被估宗地的区域条件和个别条件等与其所处区域的平均条件相比较，并对照修正系数表选取相应的修正系数对基准地价进行修正，从而求取待估宗地在评估时点价格的方法。

（二）基准地价修正系数法的基本思路

基准地价修正系数法的实质是比较法，在基准地价评估基础上编制的各因素修正系数表和因素条件说明表，是比较的标准。在宗地发生出让、转让、出租、抵押时，评估者对土地使用年期、地产市场供求状况、土地收益、用途、区域影响因素、个别因素进行调查和具体分析，对照因素修正系数表对基准地价进行系数修正，从而快速方便地得到宗地价格。

（三）基准地价修正系数法的基本步骤

基准地价修正法作为我国土地估价的方法之一，其估价过程是：利用政府已经确定公布的基准地价，依据替代原理，通过交易日期、区域因素和个别因素（包括土地使用权年限）的比较修正，由基准地价调整得出估价对象宗地价格。采用基准地价修正系数法评估宗地价格的具体步骤如下：

1. 确定宗地的位置及用途：以确定进行修正的基准地价和影响因素项目。

2. 调查影响宗地价格因素的指标：按照宗地所在区域和用途对应的修正系数表内容，充分利用已收集的资料和土地登记资料，并进行实地调查，整理宗地地价因素指标数据。

3. 确定宗地价格因素修正系数：按照宗地用途和所处区域，以及与修正系数表内容相对应的各项因素指标数据，确定各因素对应的修正系数，计算宗地价格影响因素的总修正值。基准地价修正法中的区域因素和个别因素的比较修正的内容和方法，与市场比较法中的区域因素与个别因素修正相同。

4. 进行年期修正：对出让或使用年期不一致的宗地，要进行年期修正。

5. 进行时点修正：对宗地估价时点与基准地价估价时点之间地价水平有变动的，还应进行时点修正。

6. 进行评估目的修正：对评估目的不同，如税收、股份制改组、清产核资、抵押和拍卖等还应进行评估目的修正。

7. 进行容积率修正：对于影响地价的容积率等因素，如果在系数修正时未被考虑，也应进行修正。

8. 确定宗地地价：

基准地价修正系数法的计算公式为：

$$宗地价格\ V = Vlb \times (1 \pm \Sigma ki) \times kj$$

式中　Vlb——某一用途土地在某一土地级上的基准地价（查基准地价表即可得到）；

　　　Σki——宗地价格修正系数（根据待估宗地的区域条件和个别条件的分析，按照替代原则，与其所处区域的平均条件相比较，对照基准地价的修正系数表确定适当的修正系数）；

　　　kj——估价时点、容积率、土地使用年期等其他修正系数。

由于房地产市场具有区域性的特点，加上城市规模大小不一，各地的基准地价水平之间可比性差，在运用基准地价修正法评估宗地价格时，应以当地政府公布的基准地价水平和基准地价修正系数为准进行估价。

（四）基准地价修正系数法的应用

对于已经确定了基准地价的区段，宗地价格可通过基准地价的适当修正来评估。但需要注意基准地价的具体内涵可能有所不同，如要区别基准地价是熟地价还是生地价，尤其在城市建成区内有否包括市政配套费和拆迁安置补偿费，要区别是土地级别基准地价还是区段基准地价或是路线价基准地价，要区别是用土地单价表示的还是用楼面地价表示的，还要注意土地使用权年限是无限期的还是相应用途规定的最高年限或统一为某一个固定年限等等，由于基准地价的内涵不同，则修正的内容与方法也会有所不同。

某城市的基准地价修正系数法的计算参考如下：

1. 宗地价格的类型及计算公式

根据基准地价测算的宗地价格可分为宗地楼面熟地价、宗地地面熟地价、宗地楼面毛地价、宗地地面毛地价等四种类型。

(1) 商业、综合、居住用地

1) 宗地楼面熟地价、宗地地面熟地价计算公式

宗地楼面熟地价 = 适用的基准地价(楼面熟地价) × 时点修正系数 × 年期修正系数
　　　　　　　　× 容积率修正系数 × 因素修正系数

宗地地面熟地价 = 适用的基准地价(楼面熟地价) × 时点修正系数 × 年期修正系数
　　　　　　　　× 容积率修正系数 × 因素修正系数 × 宗地容积率

2) 宗地楼面毛地价、宗地地面毛地价计算公式

①当宗地容积率大于等于级别平均容积率时：

宗地楼面毛地价 = 适用的楼面毛地价 × 时点修正系数 × 年期修正系数

×因素修正系数

宗地地面毛地价 = 适用的楼面毛地价 × 时点修正系数 × 年期修正系数
×因素修正系数 × 宗地容积率

②当宗地容积率小于级别平均容积率时：

宗地楼面毛地价 = 适用的楼面毛地价 × 时点修正系数 × 年期修正系数 × 因素修正系数
×级别平均容积率/宗地容积率

宗地地面毛地价 = 适用的楼面毛地价 × 时点修正系数 × 年期修正系数
×因素修正系数 × 级别平均容积率

(2) 工业用地

1) 宗地楼面熟地价、宗地地面熟地价计算公式

①当宗地容积率大于等于1时：

宗地楼面熟地价 = 适用的基准地价(楼面熟地价) × 时点修正系数 × 年期修正系数
×因素修正系数

宗地地面熟地价 = 适用的基准地价(楼面熟地价) × 时点修正系数 × 年期修正系数
×因素修正系数 × 宗地容积率

②当宗地容积率小于1时：

宗地楼面熟地价 = 适用的基准地价(楼面熟地价) × 时点修正系数 × 年期修正系数
×因素修正系数/宗地容积率

宗地地面熟地价 = 适用的基准地价(楼面熟地价) × 时点修正系数 × 年期修正系数
×因素修正系数

2) 宗地楼面毛地价、宗地地面毛地价计算公式

①当宗地容积率大于等于1时：

宗地楼面毛地价 = 适用的楼面毛地价 × 时点修正系数 × 年期修正系数 × 因素修正系数

宗地地面毛地价 = 适用的楼面毛地价 × 时点修正系数 × 年期修正系数 × 因素修正系数
×宗地容积率

②当宗地容积率小于1时：

宗地楼面毛地价 = 适用的楼面毛地价 × 时点修正系数 × 年期修正系数
×因素修正系数/宗地容积率

宗地地面毛地价 = 适用的楼面毛地价 × 时点修正系数 × 年期修正系数
×因素修正系数

2. 宗地价格测算中有关参数的选取

(1) 宗地用途类别的确定

原则上根据城市规划管理部门批准的主要用途，对照《城市基准地价用途分类表》合理确定宗地用途类别。根据该分类表不能确定用途类别的特殊宗地，可参照其他有关规定合理确定。

(2) 宗地地价区级别的确定

根据宗地用途类别和位置，参照《城市基准地价级别范围文字说明》的规定，确定宗地地价区级别。位于土地级别边界两侧的宗地，按较高土地级别来确定地价区级别。

(3) 宗地基准地价水平的确定

基准地价（楼面熟地价）参照《城市基准地价表》，取相应地价区级别高低限的算术平均值。

基准楼面毛地价根据宗地用途类别、地价区级别和具体情况，参照《城市基准地价表》适当选取。高档用途、宗地位置靠近较高地价区级别的，应靠近级别地价高限取值；低档用途、宗地位置靠近较低地价区级别的，应靠近级别地价低限取值。

(4) 时点修正系数的确定

时点修正系数 = 宗地评估时点的地价指数/基准地价时点的地价指数

(5) 年期修正系数的确定

$$年期修正系数 = \frac{1 - \frac{1}{(1+r)^n}}{1 - \frac{1}{(1+r)^m}}$$

其中　r——土地还原利率；

n——宗地剩余使用年限；

m——法定最高出让年限。

(6) 容积率修正系数的确定

按照城市规划管理部门给定的宗地容积率（R），查相应的《容积率修正系数表》确定容积率修正系数。对楼面毛地价不进行容积率修正。

当 $R_1 < R < R_2$（R_1、R_2 为上述修正系数表所列的容积率）时，可用下列插入公式计算容积率修正系数 X：

$$X = X_1 + (X_2 - X_1) \times (R - R_1)/(R_2 - R_1)$$

X_1 是 R_1 对应的容积率修正系数；X_2 是 R_2 对应的容积率修正系数。

(7) 因素修正系数的确定

因素修正系数是指除容积率、时点、年期、用途之外的其他地价影响因素的综合修正系数。参照《城市基准地价因素修正系数说明表》，根据宗地各种因素情况确定每种因素的修正系数，使用下面公式测算宗地因素修正系数：

$$因素修正系数 = 1 + \sum k_i$$

其中 k_i：第 i 种因素的修正系数。

(8) 其他情况修正

对于特殊宗地价格的测算，还需根据具体情况进行修正。例如土地开发程度与该级别土地开发程度有不一致之处，还需进行开发程度修正。

某城市基准地价容积率修正系数表　　　　　　　附表 7-1

（以下各表仅供教学参考）

容积率	修正系数			容积率	修正系数			容积率	修正系数			容积率	修正系数			容积率	修正系数		
	商业	综合	居住		商业	综合	居住		商业	综合	居住		商业	综合	居住		商业	综合	居住
0.1	1.500	1.437	1.418	2.1	0.980	0.986	0.988	4.1	0.739	0.893	0.928	6.1	0.664	0.837	0.884	8.1	0.590	0.782	0.841
0.2	1.467	1.406	1.387	2.2	0.962	0.973	0.976	4.2	0.735	0.890	0.926	6.2	0.661	0.835	0.882	8.2	0.586	0.779	0.838
0.3	1.435	1.375	1.358	2.3	0.944	0.961	0.966	4.3	0.732	0.887	0.924	6.3	0.657	0.832	0.880	8.3	0.582	0.776	0.836

续表

容积率	修正系数			容积率	修正系数			容积率	修正系数			容积率	修正系数			容积率	修正系数			容积率	修正系数		
	商业	综合	居住		商业	综合	居住		商业	综合	居住		商业	综合	居住		商业	综合	居住		商业	综合	居住
0.4	1.404	1.346	1.329	2.4	0.926	0.950	0.956	4.4	0.728	0.885	0.922	6.4	0.653	0.829	0.878	8.4	0.579	0.773	0.834				
0.5	1.374	1.318	1.301	2.5	0.910	0.940	0.947	4.5	0.724	0.882	0.919	6.5	0.650	0.826	0.876	8.5	0.575	0.771	0.832				
0.6	1.344	1.290	1.275	2.6	0.894	0.931	0.940	4.6	0.720	0.879	0.917	6.6	0.646	0.824	0.873	8.6	0.571	0.768	0.830				
0.7	1.315	1.263	1.249	2.7	0.879	0.922	0.933	4.7	0.717	0.876	0.915	6.7	0.642	0.821	0.871	8.7	0.567	0.765	0.827				
0.8	1.287	1.238	1.224	2.8	0.864	0.915	0.927	4.8	0.713	0.874	0.913	6.8	0.638	0.818	0.869	8.8	0.564	0.762	0.825				
0.9	1.259	1.213	1.200	2.9	0.850	0.908	0.922	4.9	0.709	0.871	0.911	6.9	0.635	0.815	0.867	8.9	0.560	0.760	0.823				
1	1.232	1.189	1.177	3	0.837	0.903	0.918	5	0.706	0.868	0.909	7	0.631	0.812	0.865	9	0.556	0.757	0.821				
1.1	1.205	1.166	1.155	3.1	0.825	0.898	0.915	5.1	0.702	0.865	0.906	7.1	0.627	0.810	0.863	9.1	0.553	0.754	0.819				
1.2	1.180	1.144	1.134	3.2	0.813	0.894	0.913	5.2	0.698	0.862	0.904	7.2	0.623	0.807	0.860	9.2	0.549	0.751	0.817				
1.3	1.155	1.123	1.114	3.3	0.802	0.891	0.912	5.3	0.694	0.860	0.902	7.3	0.620	0.804	0.858	9.3	0.545	0.748	0.814				
1.4	1.131	1.103	1.095	3.4	0.791	0.889	0.912	5.4	0.691	0.857	0.900	7.4	0.616	0.801	0.856	9.4	0.541	0.746	0.812				
1.5	1.107	1.083	1.077	3.5	0.782	0.889	0.912	5.5	0.687	0.854	0.898	7.5	0.612	0.799	0.854	9.5	0.538	0.743	0.810				
1.6	1.084	1.065	1.060	3.6	0.773	0.888	0.914	5.6	0.683	0.851	0.895	7.6	0.609	0.796	0.852	9.6	0.534	0.740	0.808				
1.7	1.062	1.047	1.043	3.7	0.764	0.889	0.917	5.7	0.679	0.849	0.893	7.7	0.605	0.793	0.849	9.7	0.530	0.737	0.806				
1.8	1.041	1.031	1.028	3.8	0.757	0.890	0.920	5.8	0.676	0.846	0.891	7.8	0.601	0.790	0.847	9.8	0.526	0.735	0.803				
1.9	1.020	1.015	1.014	3.9	0.750	0.893	0.925	5.9	0.672	0.843	0.889	7.9	0.597	0.787	0.845	9.9	0.523	0.732	0.801				
2	1.000	1.000	1.000	4	0.743	0.896	0.931	6	0.668	0.840	0.887	8	0.594	0.785	0.843	10	0.519	0.729	0.799				

注：1. 宗地容积率 $R > 10$ 时，商业用途容积率修正系数 X_1、综合用途容积率修正系数 X_2、居住用途容积率修正系数 X_3 按以下公式计算：

$$X_1 = -0.0373 \times R + 0.892; \quad X_2 = -0.0278 \times R + 1.007; \quad X_3 = -0.0219 \times R + 1.018$$

2. 远郊区县的商业用途容积率修正系数 X_4、综合用途容积率修正系数 X_5、居住用途容积率修正系数 X_6 按以下公式计算：

$$X_4 = R/1.232; \quad X_5 = R/1.189; \quad X_6 = R/1.177, \text{其中 } R \text{ 为通过上表查询的容积率修正系数。}$$

某城市基准地价因素修正系数说明表

附表 7-2

（商业）

单位：%

影响因素	土地级别									
	一级	二级	三级	四级	五级	六级	七级	八级	九级	十级
商业繁华度	−4.5~4.5	−4.5~4.5	−4.5~4.5	−4.5~4.5	−6.0~6.0	−6.0~5.4	−7.5~7.5	−11.4~11.1	−11.4~10.5	−9.0~9.0
交通便捷度	−2.25~2.25	−2.25~2.25	−2.25~2.25	−2.25~2.25	−3.0~3.0	−3.0~2.7	−3.75~3.75	−5.7~5.55	−5.7~5.25	−4.5~4.5
区域土地利用方向	−1.5~1.5	−1.5~1.5	−1.5~1.5	−1.5~1.5	−2.0~2.0	−2.0~1.8	−2.5~2.5	−3.8~3.7	−3.8~3.5	−3.0~3.0
临街宽度和深度	−3.0~3.0	−3.0~3.0	−3.0~3.0	−3.0~3.0	−4.0~4.0	−4.0~3.6	−5.0~5.0	−7.6~7.4	−7.6~7.0	−6.0~6.0
临街道路状况	−1.5~1.5	−1.5~1.5	−1.5~1.5	−1.5~1.5	−2.0~2.0	−2.0~1.8	−2.5~2.5	−3.8~3.7	−3.8~3.5	−3.0~3.0

续表

影响因素	土地级别									
	一级	二级	三级	四级	五级	六级	七级	八级	九级	十级
宗地形状及可利用程度	-1.2~1.2	-1.2~1.2	-1.2~1.2	-1.2~1.2	-1.6~1.6	-1.6~1.44	-2.0~2.0	-3.04~2.96	-3.04~2.8	-2.4~2.4
基础设施状况	-1.05~1.05	-1.05~1.05	-1.05~1.05	-1.05~1.05	-1.4~1.4	-1.4~1.26	-1.75~1.75	-2.66~2.59	-2.66~2.45	-2.1~2.1

注：1. 商业繁华度指距商业中心的距离、商业设施的种类规模与集聚程度、经营类别、客流的数量与质量。
2. 交通便捷度指公交条件、距火车站等交通疏散中心距离、区域道路密集程度。
3. 区域土地利用方向指周边土地利用方向的一致性。
4. 临街宽度和深度指临街宽度和深度对商业经营的影响。
5. 临街道路状况指临街道路类型、级别、人行道宽度和交通管制。
6. 宗地形状及可利用程度指宗地形状对土地利用的影响程度。
7. 基础设施状况指水、电、热、通讯等各种基础设施的配套完善程度。

某城市基准地价因素修正系数说明表（综合）

附表 7-3

单位：%

影响因素	土地级别									
	一级	二级	三级	四级	五级	六级	七级	八级	九级	十级
办公集聚程度	-4.0~4.0	-3.0~3.0	-3.0~3.0	-4.0~4.0	-3.6~3.4	-4.8~4.6	-4.0~4.0	-7.2~6.8	-8.0~7.2	-6.0~6.0
交通便捷度	-5.0~5.0	-3.75~3.75	-3.75~3.75	-5.0~5.0	-4.5~4.25	-6.0~5.75	-5.0~5.0	-9.0~8.5	-10.0~9.0	-7.5~7.5
区域土地利用方向	-2.0~2.0	-1.5~1.5	-1.5~1.5	-2.0~2.0	-1.8~1.7	-2.4~2.3	-2.0~2.0	-3.6~3.4	-4.0~3.6	-3.0~3.0
临街宽度和深度	-2.0~2.0	-1.5~1.5	-1.5~1.5	-2.0~2.0	-1.8~1.7	-2.4~2.3	-2.0~2.0	-3.6~3.4	-4.0~3.6	-3.0~3.0
临街道路状况	-3.0~3.0	-2.25~2.25	-2.25~2.25	-3.0~3.0	-2.7~2.55	-3.6~3.45	-3.0~3.0	-5.4~5.1	-6.0~5.4	-4.5~4.5
宗地形状及可利用程度	-1.6~1.6	-1.2~1.2	-1.2~1.2	-1.6~1.6	-1.44~1.36	-1.92~1.84	-1.6~1.6	-2.88~2.72	-3.2~2.88	-2.4~2.4
公共服务设施和基础设施状况	-2.4~2.4	-1.8~1.8	-1.8~1.8	-2.4~2.4	-2.16~2.04	-2.88~2.76	-2.4~2.4	-4.32~4.08	-4.8~4.32	-3.6~3.6

注：1. 办公集聚程度指办公设施的种类规模与集聚程度、距政府管理职能部门的距离。
2. 交通便捷度指公交条件、距火车站等交通疏散中心距离、区域道路密集程度。
3. 区域土地利用方向指周边土地利用方向的一致性。
4. 临街宽度和深度指临街宽度和深度对商业经营的影响。
5. 临街道路状况指临街道路类型、级别、人行道宽度和交通管制。
6. 宗地形状及可利用程度指宗地形状对土地利用的影响程度。
7. 公共服务设施和基础设施状况指各种公共服务设施和基础设施的配套完善程度。

某城市基准地价因素修正系数说明表（居住）单位：% 附表7-4

影响因素	一级	二级	三级	四级	五级	六级	七级	八级	九级	十级
					土 地 级 别					
居住社区成熟度	-2.0~2.0	-2.1~2.1	-1.5~2.5	-1.7~2.6	-3.0~3.0	-2.6~2.6	-2.7~2.6	-3.3~3.3	-3.6~3.2	-3.0~3.0
交通便捷度	-4.0~4.0	-4.2~4.2	-3.0~5.0	-3.4~5.2	-6.0~6.0	-5.2~5.2	-5.4~5.2	-6.6~6.6	-7.2~6.4	-6.0~6.0
区域土地利用方向	-2.0~2.0	-2.1~2.1	-1.5~2.5	-1.7~2.6	-3.0~3.0	-2.6~2.6	-2.7~2.6	-3.3~3.3	-3.6~3.2	-3.0~3.0
临路状况	-2.0~2.0	-2.1~2.1	-1.5~2.5	-1.7~2.6	-3.0~3.0	-2.6~2.6	-2.7~2.6	-3.3~3.3	-3.6~3.2	-3.0~3.0
宗地形状及可利用程度	-1.6~1.6	-1.68~1.68	-1.2~2.0	-1.36~2.08	-2.4~2.4	-2.08~2.08	-2.16~2.08	-2.64~2.64	-2.88~2.56	-2.4~2.4
公共服务设施和基础设施状况	-2.4~2.4	-2.52~2.52	-1.8~3.0	-2.04~3.12	-3.6~3.6	-3.12~3.12	-3.24~3.12	-3.96~3.96	-4.32~3.84	-3.6~3.6
自然和人文环境状况	-4.0~4.0	-4.2~4.2	-3.0~5.0	-3.4~5.2	-6.0~6.0	-5.2~5.2	-5.4~5.2	-6.6~6.6	-7.2~6.4	-6.0~6.0
与商业中心的接近程度	-2.0~2.0	-2.1~2.1	-1.5~2.5	-1.7~2.6	-3.0~3.0	-2.6~2.6	-2.7~2.6	-3.3~3.3	-3.6~3.2	-3.0~3.0

注：1. 居住社区成熟度指区域居住用地比例、居住小区规模和社区发展完善程度。
2. 交通便捷度指公交条件、距火车站等交通疏散中心距离、区域道路密集程度。
3. 区域土地利用方向指周边土地利用方向的一致性。
4. 临路状况指临街道路类型、级别和交通管制。
5. 宗地形状及可利用程度指宗地形状对土地利用的影响程度。
6. 公共服务设施和基础设施状况指各种公共服务设施和基础设施的配套完善程度。
7. 自然和人文环境状况指学校数目和类型；文体休闲设施状况；居民素质；景观；噪音、空气和水体污染及危险设施或污染源的临近程度。
8. 与商业中心的接近程度指与各种规模商业中心的距离和相互通达状况。

某城市基准地价因素修正系数说明表（工业）单位：% 附表7-5

影响因素	一级	二级	三级	四级	五级	六级	七级	八级
				土 地 级 别				
产业集聚程度	-2.0~2.0	-2.0~2.0	-4.0~4.0	-4.8~4.8	-5.0~4.8	-4.0~4.0	-4.6~4.6	-5.2~5.2
交通便捷度	-3.2~3.2	-3.2~3.2	-6.4~6.4	-7.68~7.68	-8.0~7.68	-6.4~6.4	-7.36~7.36	-8.32~8.32
区域土地利用方向	-1.0~1.0	-1.0~1.0	-2.0~2.0	-2.4~2.4	-2.5~2.4	-2.0~2.0	-2.3~2.3	-2.6~2.6
临路状况	-0.8~0.8	-0.8~0.8	-1.6~1.6	-1.92~1.92	-2.0~1.92	-1.6~1.6	-1.84~1.84	-2.08~2.08

续表

影响因素	土地级别							
	一级	二级	三级	四级	五级	六级	七级	八级
宗地形状及可利用程度	-1.2~1.2	-1.2~1.2	-2.4~2.4	-2.88~2.88	-3.0~2.88	-2.4~2.4	-2.76~2.76	-3.12~3.12
基础设施状况	-1.0~1.0	-1.0~1.0	-2.0~2.0	-2.4~2.4	-2.5~2.4	-2.0~2.0	-2.3~2.3	-2.6~2.6
环境状况	-0.8~0.8	-0.8~0.8	-1.6~1.6	-1.92~1.92	-2.0~1.92	-1.6~1.6	-1.84~1.84	-2.08~2.08

注：1. 产业集聚程度指相关产业的配套及集聚状况、工业区的发展趋势。
  2. 交通便捷度指对外交通便捷程度、交通管制、距货物集散地（车站、码头、机场）距离及货物集散地的规模档次、道路等级、道路体系等。
  3. 区域土地利用方向指周边土地利用方向的一致性。
  4. 临路状况指临路类型、级别和交通管制。
  5. 宗地形状及可利用程度指宗地形状对土地利用的影响程度。
  6. 基础设施状况指水、电、热、通讯等各种基础设施的配套完善程度。
  7. 环境状况指污染物排放及治理状况、与危险设施或污染源的临近程度。

复习思考题

1. 何谓假设开发法？假设开发法的理论依据是什么？
2. 假设开发法中动态求取与静态求取有何区别？
3. 假设开发法的难点与要点是什么？
4. 如何选择待估土地的最佳开发利用方式？
5. 何谓长期趋势法？长期趋势法具有哪些功用？
6. 简述长期趋势法的操作步骤。
7. 何谓路线价法？路线价法的操作步骤是什么？
8. 何谓路线价法中的标准深度？制作深度百分率表的原则的什么？
9. 根据霍夫曼法则，在路线价为 2500 元/m² 的条件下，深度为 74ft（英尺），合 22.56m 的地块，其土地单价应为多少？
10. 根据哈柏法则，标准深度为 120ft（英尺），合 36.58m 的土地，路线价为 4200 元/m²，则一宗宽度为 40ft（12.19m）英尺，深度为 80ft（24.38m）的临街土地价值为多少？
11. 何谓基准地价？基准地价有哪些特点？
12. 对基准地价进行评估应依据哪些原则？

第八章 不同估价目的的评估

根据国家标准房地产估价规范,估价目的是指估价结果的期望用途。即为了满足某种涉及房地产的经济活动或何种政府行为、民事行为的需要。各种涉及房地产的经济活动或政府、民事行为的需要主要包括:土地使用权出让、房地产转让(包括买卖、赠与、抵债)、租赁、抵押、典当、保险、课税、征用拆迁补偿、分割析产、拍卖底价、司法诉讼、纠纷仲裁、公证、资产价值证明或记账、企业合资、合作、联营、合并、兼并、分立、出售、改制、上市、破产清算、住房制度改革、商品房预售和估价结论复核等。

第一节 主要估价目的种类

一、土地使用权出让价格评估

根据《中华人民共和国城市房地产管理法》规定,土地使用权出让,是指国家将国有土地使用权在一定年限内出让给土地使用者,由土地使用者向国家支付土地使用权出让金的行为。土地使用权出让有拍卖、招标和双方协议三种。商业、旅游、娱乐和豪华住宅用地,有条件的,必须采取拍卖、招标方式;没有条件,不能采取拍卖、招标方式的,可以采取双方协议的方式。

其中,土地使用权拍卖是出让人发布拍卖公告,由竞买人在指定时间、地点进行公开竞价,根据出价结果确定土地使用者的行为。土地使用权招标是指市、县人民政府土地行政主管部门(即出让人)发布招标公告,邀请特定或者不特定的公民、法人和其他组织参加国有土地使用权投标,根据投标结果确定土地使用者的行为。

土地使用权出让价格是指在政府土地使用权出让市场上形成的价格。

土地使用权出让价格评估,应依据《中华人民共和国城市房地产管理法》、《中华人民共和国土地管理法》、《中华人民共和国城镇国有土地使用权出让和转让暂行条例》以及当地制定的实施办法和其他有关规定进行。如根据《中华人民共和国城市房地产管理法》第十二条规定,采取双方协议方式出让土地使用权的出让金不得低于按国家规定所确定的最低价。那么,土地使用权出让的估价结果当然也不得低于按照国家规定所确定的最低价,通常不低于按照土地的基础设施完备程度、平整程度等所对应的正常成本价格。

进行土地使用权出让价格评估时,应分清土地使用权拍卖、招标、协议的出让方式。协议出让的价格评估,应采用公开市场价值标准,招标和拍卖出让的价格评估,应为招标和拍卖底价评估,参照房地产拍卖底价评估进行。其中公开市场价值,是指评估出的客观合理价格或者价值应当与估价对象在公开市场上最可能形成或者成立的价格一致。而所谓公开市场,是指一个竞争性的市场,在该市场上交易各方进行交易的目的在于最大限度地追求经济利益,并且交易各方都掌握了必要的市场信息,有比较充裕的时间进行交易,对交易对象具有必要的专业知识。此外，市场交易条件公开并不具有排它性，即所有市场主体都可以平等自由地参与交易。

土地使用权出让价格评估，可采用市场比较法、假设开发法、成本法、基准地价修正法。

二、房地产转让价格评估

房地产转让，是指房地产权利人通过买卖、赠与或者其他合法方式将其房地产转移给他人的行为。其中所指的其他合法方式，根据《城市房地产转让管理规定》规定，主要包括下列行为：

（1）以房地产作价入股，与他人成立企业法人，房地产权属发生变更的；

（2）一方提供土地使用权，另一方或者多方提供资金，合资、合作开发经营房地产，而使房地产权属发生变更的；

（3）企业被收购、兼并或者合并，房地产权属随之转移的；

（4）以房地产抵债的；

（5）法律、法规规定的其他情形。如房地产交换行为也会使房地产的权属发生变化。

目前，根据相关法规，我国实行房地产成交价格申报制度，要求房地产权利人转让房地产时，应当如实申报成交价格，不得瞒报或者做不实的申报。即房地产转让当事人向房地产所在地的房地产管理部门提出申请，并申报成交价格，由房地产管理部门核实申报的成交价格。

房地产转让应当以申报的房地产成交价格作为缴纳税费的依据。成交价格明显低于正常市场价格的，应根据需要对转让的房地产进行现场查勘和评估，并以评估价格作为缴纳税费的依据。

房地产转让价格评估，应依据《中华人民共和国城市房地产管理法》、《中华人民共和国土地管理法》、《城市房地产转让管理规定》以及当地制定的实施细则和其他有关规定进行。

房地产转让价格评估与土地使用权出让价格评估一样，应采用公开市场价值标准。其中，大宗房地产转让价格应是整宗出售、一次性付款时的价格，该价格应适当低于零散出售时的价格。

必须注意的是，以划拨方式取得土地使用权的，转让房地产时将涉及到国有土地收益的分配，因此，国家法律、法规对此类房地产转让有相当严格的规定。这里所指的土地使用权划拨，是指县级以上人民政府依法批准，在土地使用者缴纳补偿、安置等费用后将该幅土地交付其使用，或者将土地使用权无偿交付给土地使用者使用的行为。以划拨方式取得土地使用权的，转让房地产时，按照国务院的规定，报有批准权的人民政府审批。有批准权的人民政府准予转让的，应当办理土地使用权出让手续，并依照国家有关规定缴纳土地使用权出让金。特殊情况经批准，可以不办理土地使用权出让手续的，也应当将转让房地产所获收益中的土地收益上缴国家或者作其他处理。土地收益的缴纳和处理的办法按照国务院规定办理。

为此，划拨土地使用权的转让价格评估应另外估算转让价格中所含的土地收益价值，并应注意国家对土地收益的处理规定，同时在估价报告中予以说明。

房地产转让价格评估，宜采用市场比较法和收益法，可采用成本法，其中待开发房地产的转让价格评估应采用假设开发法。

三、房地产租赁价格评估

房屋租赁，是指房屋所有权人作为出租人将其房屋出租给承租人使用，由承租人向出租人支付租金的行为。

房地产租赁价格评估，应依据《中华人民共和国城市房地产管理法》、《中华人民共和国土地管理法》《城市房屋租赁管理办法》以及当地制定的实施细则和其他有关规定进行。如根据《城市房屋租赁管理办法》规定，以营利为目的，房屋所有权人将以划拨方式取得使用权的国有土地上建成的房屋出租的，应当将租金中所含土地收益上缴国家。因此，该类租赁价格评估应另外给出租金中所含的土地收益值，并应注意国家对土地收益的处理规定，同时在估价报告中予以说明。

从事生产、经营活动的房地产租赁价格评估，应采用公开市场价值标准。住宅的租赁价格评估，应执行国家和该类住宅所在地城市人民政府规定的租赁政策。

房地产租赁价格评估，可采用市场比较法、收益法和成本法。其中运用成本估价法评估房地产租赁价格时，应采用房地产的市场租金构成，即包括折旧费、维修费、管理费、利息、税金、保险费、地租、利润等8项构成。

四、房地产抵押价值、典当价值评估

房地产抵押是指抵押人以其合法的房地产以不转移占有的方式向抵押权人提供债务履行担保的行为。债务人不履行债务时，抵押权人有权依法以抵押的房地产拍卖所得的价款优先受偿。

房地产典当是出典人将自己的房地产让与他人使用、收益，以获得相当于卖价的资金（典价），但保留该房地产的所有权，待日后有能力时可以返还典价回赎该房地产；而典权人则以支付低于买价的资金（典价），取得房地产的占有、使用和收益的权利。在典权期限届满后的一定期限内，如出典人未返还典价进行回赎，则典权人可以取得房地产的所有权。

房地产典当价值的估价可以参照抵押价值求取方法。

房地产抵押价值评估，应依据《中华人民共和国担保法》、《中华人民共和国城市房地产管理法》、《城市房地产抵押管理办法》以及当地和其他有关规定进行。

房地产抵押价值评估，应采用公开市场价值标准，其评估价格应是在整体出售并且一次性付款时的价格，可参照设定抵押权时的类似房地产的正常市场价格进行，但应在估价报告中说明未来市场变化风险和短期强制处分等因素对抵押价值的影响。同时，也由于房地产抵押价格评估中要考虑房地产的变现能力及担保债权期间房地产价格变动等风险因素，因此评估价格一般趋于保守。

房地产抵押价值应是以抵押方式将房地产作为债权担保时的价值。依法不得抵押的房地产，没有抵押价值。房地产可以进行多重抵押，首次抵押的房地产，该房地产的价值为抵押价值，即该房地产未受抵押权约束条件下的价值。当房地产再次抵押时，由于受首次抵押后产生的他项权利的影响，该房地产的担保价值会受到制约，即再次抵押房地产的价

值必须扣除已担保债权价值，扣除后的余额部分才能作为再次抵押价值。

以划拨方式取得的土地使用权连同地上建筑物抵押的，评估其抵押价值时应扣除预计处分所得价款中相当于应缴纳的土地使用权出让金的款额，这样，通过预先考虑处置抵押物时因涉及划拨土地使用权而须补交土地使用权出让金，从而保障抵押权人利益。具体可采用下列方式之一处理：

(1) 首先求取设想为出让土地使用权下的房地产的价值，然后预计由划拨土地使用权转变为出让土地使用权应缴纳的土地使用权出让金等款额，两者相减为抵押价值。即：抵押价值=设想为以出让方式取得的土地使用权连同地上建筑物的价值－预计应缴纳的土地使用权出让金数额。此时土地使用权年限设定为相应用途的法定最高年限，从估价时点起计。

(2) 用成本法估价，价格构成中不应包括土地使用权出让金等由划拨土地使用权转变为出让土地使用权应缴纳的款额。

以具有土地使用年限的房地产抵押的，评估其抵押价值时应考虑设定抵押权以及抵押期限届满时土地使用权的剩余年限对抵押价的影响。

以享受国家优惠政策购买的房地产抵押的，其抵押价值为房地产权利人可处分和收益的份额部分的价值。

以按份额共有的房地产抵押的，其抵押值为抵押人所享有的份额部分的价值。

以共同共有的房地产抵押的，其抵押价值为该房地产的价值。

五、房地产保险价值评估

房地产保险对房地产估价的需要，一是在投保时需要评估保险价值，为确定保险金额提供参考依据；二是在保险事故发生后需要评估所遭受的损失或重置价格、重建价格，为确定赔偿金额提供参考依据。因此，房地产保险估价，分为房地产投保时的保险价值评估和保险事故发生后的损失价值或损失程度评估。

保险价值应是投保人与保险人订立保险合同时作为确定保险金额基础的保险标的价值。保险金额应是保险人承担赔偿或给付保险金责任的最高限额，也应是投保人对保险标的实际投保金额。根据《中华人民共和国保险法》第三十九条规定："保险金额不得超过保险价值；超过保险价值的，超过的部分无效。"

房地产保险价值评估，应依据《中华人民共和国保险法》、《中华人民共和国城市房地产管理法》和其他有关规定进行。

房地产投保时的保险价值评估，应评估有可能因自然灾害或意外事故而遭受损失的建筑物的价值，估价方法宜采用成本法、市场比较法。

房地产投保时的保险价值，根据采用的保险形式，可按该房地产投保时的实际价值确定，也可按保险事故发生时该房地产的实际价值确定。

保险事故发生后的损失价值或损失程度评估，应把握保险标的房地产在保险事故发生前后的状态。对于其中可修复部分，宜估算其修复所需的费用作为损失价值或损失程度。

六、房地产课税价值评估

房地产课税价值评估，由于量大面广，在国外是房地产估价中的重要组成部分。根据国外的经验，课税估价由于要遵循相关税收法规与条例，涉及社会公众广泛的利益与权益，因此可由政府公务员中的房地产估价人员进行，也可由政府委托信誉良好的社会房地产估价机构进行。

有关房地产的税收种类很多，如营业税、契税、土地增值税，土地与房屋合征的房地产税，房地产与其他财产合征的财产税、遗产税、赠与税等。这些税收一般以房地产的价值为课税依据，并按相应税种进行核算，为核定其计税依据提供服务。

（一）为课征营业税而进行的估价

为课征营业税而进行的估价，应以《中华人民共和国营业税暂行条例》、《中华人民共和国营业税暂行条例实施细则》为依据。营业税是对有偿提供应税劳务、转让无形资产和销售不动产的单位和个人，就其营业收入额征收的一种税。1993年12月13日国务院发布《中华人民共和国营业税暂行条例》，1993年12月27日财政部颁布《中华人民共和国营业税暂行条例实施细则》，并从1994年1月1日起实行。

营业税的计税依据为营业额。核定营业额实际上就是核定纳税人的房地产销售收入，而该房地产销售收入应与对该房地产客观合理价格或价值的估计比较接近。因此，为课征营业税而进行的房地产估价，与为转让房地产而进行的房地产估价类似。

根据有关规定，纳税人转让土地使用权或销售房地产的价格明显偏低又无正当理由的，主管机关可按纳税人当月销售的同类不动产的平均价格，或纳税人近期销售的同类不动产的平均价格，或成本加一定利润，核定其营业额。

（二）为课征城镇土地使用税进行的估价

为课征城镇土地使用税而进行的估价，应以《中华人民共和国城镇土地使用税暂行条例》和当地制定的实施细则为依据。城镇土地使用税是以征收范围内的土地为征税对象，以实际占用的土地面积为计税依据，按规定税额对拥有土地使用权的单位和个人征收的一种税。国务院在1988年9月27日发布了《中华人民共和国城镇土地使用税暂行条例》，并于当年11月1日起实施。

各级政府均对城镇土地使用税的征收标准和计算方法制定了相关的条例或实施细则，估价人员只须明确估价对象所处的土地等级，从实施细则中查出每平方米土地面积的年征收数额，即可计算出应缴纳的城镇土地使用税数量。因此，在此类估价中，主要是合理地划分土地等级，而对于尚未划分土地等级的城市，则主要是对土地进行合理定级。

（三）为课征土地增值税进行的估价

为课征土地增值税进行的估价，应以《中华人民共和国土地增值税暂行条例》、《中华人民共和国土地增值税暂行条例实施细则》为依据。

土地增值税是对有偿转让国有土地使用权及地上建筑物和其他附着物产权、取得增值性收入的单位和个人征收的一种税。国务院于1993年12月13日发布了《中华人民共和国土地增值税暂行条例》，财政部于1995年1月27日颁布了《中华人民共和国土地增值税暂行条例实施细则》，决定自1994年1月1日起在全国开征土地增值税。

土地增值税的计税依据为土地增值额。

$$土地增值额 = 转让房地产所取得的收入 - 扣除项目金额。$$

土地增值税估价的关键是土地增值税扣除项目金额的估算。增值额的扣除项目应该包括：

(1) 取得土地使用权所支付的金额；
(2) 开发土地的成本、费用；
(3) 新建房及配套设施的成本、费用，或者旧房及建筑物的评估价格；
(4) 与转让房地产有关的税金；
(5) 财政部规定的其他扣除项目。

纳税人有下列情形之一的，按照房地产评估价格计算征收：
(1) 隐瞒、虚报房地产成交价格的；
(2) 提供扣除项目金额不实的；
(3) 转让房地产后申报的成交价格明显低于房地产评估价格，又无正当理由的。

(四) 为课征房产税而进行的估价。

为课征房产税而进行的估价，应以《中华人民共和国房产税暂行条例》和当地制定的实施细则为依据。房产税是以房屋为征税对象，按房屋的计税余值或租金收入为计税依据，向产权所有人征收的一种财产税。现行的房产税是第二步利改税以后开征的，1986年9月15日，国务院正式发布了《中华人民共和国房产税暂行条例》，从当年10月1日开始实施。

根据《中华人民共和国房产税暂行条例》规定，房产税的计税依据为房产余值或租金收入。即：

$$依照房产余值计算缴纳的应纳税额 = 房产计税余值 \times 1.2\%$$
$$依照房产租金收入计算缴纳的应纳税额 = 租金收入 \times 12\%$$

其中房产余值是房产原值一次扣除一定比例（一般为30%）后的余额，按房产余值征收的税率为1.2%，适用于企业出租或自用房产的房产税征收；租金指实际获得的毛租金收入，按租金收入征收的税率为12%，适用于事业单位出租房产的房产税征收。

(五) 为课征契税而进行的估价

为课征契税进行的估价，应以《中华人民共和国契税暂行条例》和实施细则为依据。契税是以所有权发生转移变动的不动产为征税对象，向产权承受人征收的一种财产税。现行契税是1997年7月7日重新颁布的《中华人民共和国契税暂行条例》，于1997年10月1日起实施。

契税的征收范围包括：
(1) 国有土地使用权出让；
(2) 土地使用权转让，包括出售、赠与和交换，不包括农村集体土地承包经营权的转移；
(3) 房屋买卖；
(4) 房屋赠与；
(5) 房屋交换。

在国有土地使用权出让、土地使用权出售、房屋买卖的情况下，契税的计税依据为其成交价格；在土地使用权赠与、房屋赠与的情况下，其契税的计税依据由征收机关参照土地使用权出售、房屋买卖的市场价格核定；在土地使用权交换、房屋交换的情况下，其契税的计税依据为所交换的土地使用权、房屋的价格的差额。

为课征契税而进行的估价，一般发生在房地产的权属发生转移或变更时，当申报纳税的成交价格与房地产实际价值有较明显差异时，应按房地产转让的估价方法，评估其客观合理价格或价值，并以此作为征收契税的依据。对于房地产赠与和交换时课征契税的估价，也应采用公开市场价值标准对该房地产的市场价格或交换差价进行评估。

七、征地和房屋拆迁补偿估价

国家为公共利益的需要，可以依法对集体所有的土地实行征用。国家在征用、拆迁房地产时，要给予原房地产所有者或使用者合理的补偿。确定这些补偿额，就需要房地产估价。

征地和房屋拆迁补偿估价，分为征用农村集体所有的土地的补偿估价（简称征地估价）和拆迁城市国有土地上的房屋及其附属物的补偿估价（简称拆迁估价）。

征地估价与拆迁估价，应分别依据《中华人民共和国土地管理法》、《城市房屋拆迁管理条例》以及当地制定的相关实施办法和其他有关规定进行。如依照规定，拆除违章建筑、超过批准期限的临时建筑不予补偿；依法以有偿出让、转让方式取得的土地使用权，根据社会公共利益需要拆迁其地上房屋时，对该土地使用权如果视为提前收回处理，则应在拆迁补偿估价中包括土地使用权的补偿估价。此种土地使用权补偿估价，应根据该土地使用权的剩余年限所对应的正常市场价格进行。

征地和房屋拆迁补偿估价，是政策性很强的一项估价工作。除国家以法律、规章的形式制定补偿标准外，各个城市均制定了实施细则，详细规定了补偿的范围、补偿标准、支付方式等。估价人员在从事此类估价时，首先要掌握国家相关法律、法规和政策以及当地政府的有关规定，准确界定拆迁房屋及其所占土地的权益性质，才能做出易于被委托方及其他相关利益主体所接受的估价结果。为了有效促进房地产市场的稳定、持续发展，保障受征地或房屋拆迁影响的当事人的合法利益，我国城市房屋拆迁补偿方式正在发生变化，即由安置、差价补偿与产权调换相结合，逐渐向市场化货币拆迁的方式转化。估价人员应及时学习掌握新的征地和房屋拆迁补偿法规。在新的法规出台之前，应按现行相关法规执行。

八、房地产分割、合并估价

房地产分割、合并估价，除需遵循一般房地产估价的原则与方法外，还应注意分割、合并对房地产价值的影响。分割、合并前后的房地产整体价值不能简单等于各部分房地产价值之和。即合并估价应对合并后的整体进行估价。而分割估价则应对分割后的各部分分别估价。

例如，位于城市商业区的两块面积分别为 $400m^2$ 和 $1600m^2$ 的相邻土地，合并后不仅能使基地现状规整，而且还可使开发商能够面向中型客户开发建设每层建筑面积为1200至 $1500m^2$ 的写字楼，大大提高两块土地的开发价值。如果不考虑合并后的影响而单独对两块地分别进行估价，则两块地的价值之和很可能大大低于合并后的土地价值。对于合并或分割前后导致的房地产增值或价值损失，需要在分割后或合并前的两个个体之间合理分配，分配的比例不仅要看每一部分所占的面积比例，还要看每一部分对房地产增值或减值的影响程度。

九、房地产纠纷估价

随着房地产市场的发展以及人们对房地产重要性认识的提高,涉及房地产纠纷的估价呈逐渐上升趋势。例如,房地产开发商与建筑承包商之间对在建工程已投入成本的纠纷;城市被拆迁居民与开发商或政府之间就拆迁补偿金额的纠纷;金融机构与贷款人就作为抵押担保品的房地产之处置价格的纠纷;房地产购买者之间在购买价格方面的纠纷;以及关于房地产的遗产纠纷等。这些纠纷的解决,经常需要估价专业人员为纠纷仲裁方、纠纷的一方或双方、抑或人民法院提供估价服务,需要对纠纷案件中涉及的争议房地产的价值、交易价格、造价、成本、租金、补偿金额、赔偿金额、估价结果等进行科学的鉴定,提出客观、公正、合理的意见,为协议、调解、仲裁、诉讼等方式解决纠纷提供参考依据。

房地产纠纷估价,除需遵循一般房地产估价的原则和方法外,还要充分了解纠纷各方的立场和意见,注意纠纷的性质和协议、调解、仲裁、诉讼等解决纠纷的不同方式,按相应类型的房地产估价进行,并将其作为估价依据,协调当事人各方的利益。

十、房地产拍卖底价评估

房地产拍卖底价评估为确定拍卖保留价提供服务,应依据《中华人民共和国拍卖法》、《中华人民共和国城市房地产管理法》和其他有关规定进行。

《房地产估价规范》规定:房地产拍卖底价评估,首先应以公开市场价值标准为原则确定其客观合理价格,之后再考虑短期强制处分(快速变现)等因素的影响确定拍卖底价。

十一、企业各种经济活动中涉及的房地产估价

随着社会主义市场经济体制的确立和发展,企业行为主体的性质在逐渐变化,以适应经济体制改革、建设市场经济的需要。在新旧体制的转换过程中,许多企业涉及资产及其产权关系的明晰和调整,房地产作为占企业总资产比重极大的资产,在产权关系调整过程中迫切需要估价专业人员提供房地产估价服务。

企业经济活动中涉及的房地产估价首先应了解房地产权属是否发生转移,若发生转移,则应按相应的房地产转让行为进行估价;其次应了解是否改变原用途以及这种改变是否合法,并应根据原用途是否合法改变,按"保持现状前提"或"转换用途前提"进行估价。

事实上,企业各种经济活动中涉及的房地产估价,大多涉及到房地产权益的转移,包括企业合资、合作、联营、股份制改组、上市、合并、兼并、分立、出售、破产清算、抵债中的房地产估价。例如某企业将其厂房设备及相应的土地使用权作价,作为该企业与其他企业或投资者合资、合作的条件,则该企业的房地产权益实际上是转让给了新的合资或合作公司。企业各种经济活动中所涉及的资产处置,其面临的市场环境依经济活动的性质不同而存在着很大的差异。如合资、合作、出售和股份制改组中,资产价值实现的市场化程度较高;合并、兼并和分立时,资产价值实现的市场化程度就低一些;而企业破产清算或偿债时涉及到房地产的处置时,出于迅速变现的需要,其可能实现的市场价值常比理论价值低很多,尤其是当企业所拥有的厂房设备用途单一、适应性很差,且不能改变用

途时。

企业合资、合作、股份制改组、合并、兼并、分立、出售、破产清算等发生房地产权属转移的，应按房地产转让行为进行估价。但应注意资产清算与抵押物处置类似，属于强制处分、要求在短时间内变现的特殊情况；对于购买企业房地产的购买者来说，在一定程度上与企业兼并类似，若不允许改变用途，则购买者的范围受到一定限制，其估价宜低于市场价值。

企业联营一般不涉及房地产权属的转移，例如，某国有轻工企业拟利用其闲置的部分厂房和场地使用权，与另一愿提供生产技术、设备和流动资金的企业组成联营公司，共同生产市场急需的某一轻工产品，则该国有轻工企业的房地产权属未予改变。因此企业联营中的房地产估价，主要是为确定以房地产作为出资的出资方的分配比例而服务。

涉及企业各种经济活动的房地产估价宜根据具体情况采用收益法、市场比较法、成本法等房地产估价的基本方法，也可根据所评估的房的物质实体及权益的特点，选用假设开发法等。

十二、其他目的的房地产估价

其他目的的房地产估价，包括房地产损害赔偿估价等。如施工挖基础不慎造成邻近房屋倾斜，对房地产权利行使的不当限制（如错误查封）造成权利人损害的，也需要房地产估价。

房地产损害赔偿估价，应把握被损害房地产在损害发生前后的状态，对于其中可修复部分，宜估算其修复所需的费用作为损害赔偿价值。

第二节　几种需要注意的估价目的评估

一、房地产转让价格评估

房地产转让价格评估为房地产转让提供依据，由于房地产具有用途多样性，不同性质的房地产，其房地产本身以及交易的特征、需考虑的因素都可能不同，因此，进行房地产转让价格评估时，应该根据具体情况选择相应的方法，并综合考虑其影响因素后，决定最终的估价额。

（一）居住房地产

居住房地产主要包括普通住宅、公寓、别墅等。居住房地产不同于一般商品，甚至也不同于其他房地产，它不但具有等价交换、按质论价、供求决定价格等商品的共性，还带有鲜明的社会保障性，房地产专业估价人员必须充分掌握居住房地产的这一特点。

1. 居住房地产的分类

住宅可按多种方式分类，依据估价需要。一般可按档次和市场化程度划分。

（1）按档次划分

1）普通住宅。它是为普通居民提供的，符合国家住宅标准的住宅。普通住宅符合国家一定时期的社会经济发展水平，符合国家人口、资金和土地资源等基本国情。它代表一个国家或地区城市居民实际达到或能够达到一定经济条件下的居住水平。我国城市中量大面广的是普通住宅，此类住宅采用地方或国产建筑材料，进行一般水平的装饰装修，选用国产中档厨卫洁具和设备。现阶段国家对普通住宅往往既制定下限标准，也制定上限标准，以利于宏观调控。普通住宅的工程造价和房屋售价均较适中。目前，可按 1996 年颁布的《城市住宅建设标准》作为普通住宅评估的比较尺度。

随着社会经济的发展。普通住宅的标准也会逐渐呈阶段性提高。现阶段，我国建国以来修建的标准住宅仍属普通住宅范畴，但在进行估价时，应视其与新居住标准的差距和改造的难易程度，给予适当的折扣。

2）高级住宅。它是为满足市场中高收入阶层的特殊需求而建造的高标准豪华型住宅，包括高级公寓、花园住宅和别墅等。这类住宅的户型和功能空间多样化；每套建筑面积较大，从一百多平方米到几百平方米不等；装修、设施和设备高档化，较多地采用进口和出口高级装饰材料和洁具设备；户外环境要求高；服务标准高，管理系统完善，往往采取封闭式安全保卫措施和高质量的物业管理。高级住宅税费额度大，其工程造价和市场售价均较高。

3）简易住宅。主要指建筑年代较早、功能短缺、设备不全、设施陈旧、结构单薄的住房。简易住宅中的公房一般不出售，有待拆除重建；私房售价（扣除地价）一般较低。

(2) 按市场化程度划分

1）社会保障性住宅。体现政府、单位、个人三者共同负担投资和税费的原则，为保障居民必要的居住水平，以优惠的税费和价格向居民提供的住宅，如为中、低收入者提供的住宅。其价格是不完全的成本价格，不包括土地增值的价值，有的甚至只包括部分成本费用。这类房地产的估价较为复杂，往往因交易对象不同，交易目的不同而出现不同的价格。

2）市场化商品住宅。市场化住宅包括向高收入职工家庭出售的实行市场价的公有住房，单位和个人在市场上购买的住宅商品房，以及其他以市场价格交易的各类住宅。

2. 住宅评估的标的物

以住宅作为估价对象可以分为：户（居住单元）、住宅单元、住宅楼、居住小区等。

(1) 居住户。居住户可以是独立的，独院独栋的，也可以是异产毗连的房地产，即与邻居有共墙、共用空间和用地的平房或楼房居住户。

(2) 住宅单元。为适应住宅建筑大规模发展的需要，常将一幢住宅分为几个标准段，并把这种标准段称为单元。单元的划分可大可小，多层住宅一般以数户围绕一个楼梯划分为单元。

(3) 住宅楼。住宅楼由多户或多个居住单元构成，并包括住宅建筑基底占地及其四周合理间距的红线内用地。

(4) 居住小区。居住小区是由多栋住宅（包括低层、多层、中高层和高层）为主体构成，并包括道路、水电、燃气、供热、通讯、绿化等用地及公共服务设施等。

不同的评估标的物，应当有明确的建筑与用地界定和明晰的产权。

3. 居住房地产的估价方法

新建居住房地产、旧有居住房地产和拆迁房屋的补偿价格，三者在估价作业上有较明显的差异。

(1) 新建居住房地产一般采用成本法与市场比较法进行综合评估

估价刚刚建成或在建的居住房地产，首先可收集其他同类地区、较近时期发生交易的、类似该新建居住房地产的市场价格的资料，并进行整体性比较评估；另外，由于各项成本资料容易收集确定，同时还可采用成本估价法进行整体估价。最后对成本估价法与市场比较法的估价结果进行比较分析、综合得出最终估价结果。

（2）评估旧有居住房地产，一种方式是对土地和房屋分别估价，合并计算。其中，地价主要采用市场比较法和基准地价修正法进行评估，房价采用重置成本法进行评估。另一种方式是直接运用市场比较法进行整体评估。通过评估，再对两种方式的评估结果进行分析，综合得出最终估价结果。

（3）拆迁居住房屋的补偿价格。在城市建设和旧城改造过程中，估价人员经常会遇到拟拆除房屋的作价补偿问题。应根据《城市房屋拆迁管理条例》的规定，"作价补偿的金额按照所拆房屋的建筑面积的重置价格结合成新结算。"

（二）商业房地产

商业房地产包括商店（商场、购物中心、商铺和超市等）、旅游用房（旅馆、酒店等）、写字楼、餐饮用房（餐馆、茶餐厅、快餐店等）和游艺场馆（娱乐城、歌舞厅、夜总会、高尔夫球场等）。

1．商业房地产的特点

（1）收益性。商业房地产的收益方式是多种多样的。有的是业主自己经营，有的是出租给他人经营，有的是以联营形式经营。

（2）经营内容多。在同一宗商业房地产中，往往会有不同的经营内容，如商品零售、餐饮、娱乐等。不同的经营内容（或者说不同的用途）一般会有不同的收益率，如果用收益法估价，则应对各部分采用不同的资本化率（或称还原利率）。

（3）转租经营多。商业房地产的业主常常将其房地产出租给别人经营，有的承租人从业主手上整体承租后，又分割转租给第三者。因此，在进行商业房地产估价时要调查清楚产权状况。

（4）装修高档而复杂。商业房地产通常会有非常高档的装修，而且形式各异，要准确估算其价值必须单独计算。另外，商业用房装修折旧快，在有些地方，买下或承租别人经营的商业用房后，一定要重新装修，因此在估价时应充分注意。

2．影响商业房地产价格的主要区域因素

影响房地产价格的区域因素在第二章中已有具体阐述，但对于商业房地产应着重强调其中的二点：

（1）商业繁华程度。影响商业房地产价格的首要因素是所处地段的商业繁华程度，包括商业网点的聚集度、吸引目标消费者的密集度等，通常由房地产所处的是哪一级商业中心区来确定。

（2）交通条件。商业房地产估价时，要从消费者与经营者两方面考虑交通条件：首先是从消费者的角度来考虑，从现阶段一般情况来看，又可以包括两方面，一是公共交通的通达度，可用附近公交线路的条数、公交车辆经过的频率及公交线路联结的居民区人数等指标来衡量；二是公共交通的类型及其到达商业区所需的交通时间。另外还要考虑机动车和非机动车停车场地。交通与停车已越来越成为制约商业房地产价值的重要因素。而从经营者的角度来看，必须考虑其进货交通和卸货的便利程度等。

3. 影响商业房地产价格的主要个别因素

影响商业房地产价格的个别因素已在第二章中进行了阐述,但对于商业房地产而言,其个别因素还有其特殊性,主要表现在以下几方面:

(1) 临街状况。一般来说,临街面越宽越好。如果几面临街,则更有利于商业房地产价值的提高。

(2) 内部格局。商业用房的内部格局应有利于柜台和货架的布置和顾客的停留。一些大型商业用房往往要分割出租,因此,要求内部空间能够灵活地间隔。

(3) 楼层。一般来说,位于底层的商业用房较优,但如果有自动扶梯,楼上的商业用房与底层之间的不利差距将大大缩小。

(4) 面积。应有与经营要求相适应的面积。也就是说,商业面积不一定越大越好。

(5) 净高。商业房地产的室内净高应适宜。净高偏低则难免产生压抑感,不利于经营;若净高超过合适的高度,建筑成本会提高,也无助于房地产价值的提高。

(6) 储存空间。商业房地产的储存空间要适度,既要满足需要又不至于提高成本。

(7) 装修和结构构造。装修在商业房地产的价值中往往占有很大分量。同样的房屋,仅仅由于装修不同,价值会有很大的差别。此外,建筑结构构造因采用的材料不同,其价值也有很大的差别。

(8) 转租的可能性。有些业主或中间承租人规定,承租人不能再转租,这将影响投资(承租)商业房地产的灵活性,从而影响该商业房地产的价值。

(9) 使用年限和折旧情况。商业房地产与其他房地产一样,使用年限长、剩余年限短、折旧多的商业房地产价值低;使用年限短、剩余年限长、折旧少的商业房地产价值高。

4. 商业房地产估价的常用方法

商业房地产的一个主要特点是能够用以获得收益,商业房地产的价值往往也正是体现在它的获取收益的能力上,所以收益法是商业房地产最为常用的估价方法。

商业房地产的转售转租比较频繁,特别是小型商用房地产,因此,较易获得比较案例。所以,在商业房地产估价时,市场比较法也是一种常用方法。

对于将要转变用途的商业房地产,有时也可用成本法作为辅助评估方法。

(三) 工业房地产

工业房地产主要包括厂房及工厂区内的其他房地产、仓库及其他仓储用房地产。

1. 工业房地产的特点

(1) 涉及的行业多。各类工业有各自的行业特点、生产要求,即使生产同一产品的工业企业,由于工艺、流程的不同,对厂房、用地的要求也可能截然不同。因此,进行工业房地产估价时,首先应该了解相应企业生产的一些行业知识。

(2) 非标准厂房多、单价差异大。

(3) 受腐蚀的可能性大。厂房常常会受到腐蚀,估价时要注意房屋使用年限与受到腐蚀的严重程度。

2. 影响工业房地产价值的主要区域因素

影响工业房地产价格的区域因素也有其侧重点,主要表现为:

(1) 交通条件。工业企业通常需要大量运进原材料及燃料,运出产品,因此,必须有便捷的交通条件。如果邻近交通干道或与公路交通干线相连，有铁路专用线进入厂区，邻近通航河道（或海岸）且有专用码头等，则都有利于工业房地产价格的提高。反之，如果工业企业门口的交通干道受到通行时间或通行车辆种类等方面的交通管制，则其工业房地产的价值会受到贬值影响。

（2）基础设施。工业生产对基础设施依赖较强，当地的电力供应情况，生产用水能否满足需要，排污及污染治理，通讯条件等等，都是影响工业房地产价值的主要区域因素。

（3）地理位置。有些工业生产要求特定的地理位置，例如造纸需要大量排放污水，所以通常需要邻近河道；化工企业则不应设在山沟里，否则不利于废气的排放；水泥厂的附近若有煤矿和石灰矿则可减少原材料的运输费用。总的来说，工业企业或者应靠近原料地或者应靠近产品销售地，这样可有利于降低运营成本，提高房地产价值。

3．对工业房地产价值影响较大的个别因素

（1）用地面积。厂区用地面积大小应该合理，面积太小无法满足生产需要，太大则多余的部分并不能增加房地产价值，但有时要考虑厂区扩建预留用地；用地形状、地势应符合生产要求，便于布置生产线，不同的生产工艺常常要求不同的用地形状及地势。

（2）地质和水文条件。

（3）房地产用途。在评估时要考虑该房地产改作其他用途以及用于其他产品生产的可能性。

（4）厂房面积、结构、高度与设备安装情况。有些工业设备安装是和建筑物（厂房）的修建同时进行的，甚至于很多设备的基座就和厂房的基础连为一体。

4．工业房地产估价的常用方法

工业房地产通常缺少同类交易案例，特别是非标准厂房，所以，一般不具备采用市场比较法估价的条件。但在一些新兴工业地带，往往有较多的标准厂房，其租售案例通常较多，可以考虑采用市场比较法。

如果可以从企业的总收益中剥离出房地产的收益，则可以考虑采用收益法估价。但一般来说难度较大，采用极少。

根据以上所述，工业房地产估价时采用较多的是成本法。标准厂房较易确定统一的重置价格，非标准厂房重置价格的确定主要有两个途径：一是参考预算价格，二是利用标准厂房的重置价格，根据面积、结构、跨度、柱距、高度等差异加以修正确定。

（四）其他用途房地产

其他用途房地产指用于除上述居住、商业、工业目的以外的其他目的的房地产，如政府机关办公楼、学校、高尔夫球场、加油站、停车场、宗教房地产、墓地等。

1．其他用途房地产及其估价的特点

（1）特殊规格的房屋及构筑物多。其他用途房地产的房屋规格较多，往往有很多构筑物，例如油库，会有很多地下或地面储油槽、输油管道等等，因此，需要估价人员有构筑物造价方面的知识。

（2）用途对价值影响较大。其他用途房地产往往有比较固定的用途，如果其用途可以转变，则应按最高最佳使用原则估价；如果其用途改变受到限制较多，则房地产价值也会受到相应的影响。

（3）估价对经验和知识要求高。其他用途房地产的估价业务一般较少，可供借鉴的经验和案例也少，因此，除了需要慎重选择估价方法，还需要估价人员有较为丰富的估价经验并能灵活运用，同时还要求估价人员具有较广博的其他相关专业知识。只有这样，才能较为准确地评估出其他用途房地产的价格。

2. 其他用途房地产估价的主要方法

其他用途的房地产一般缺少同类房地产的交易案例，所以难以采用市场比较法估价。由于其他用途房地产往往收益各异，客观收益较难确定，所以一般也不采用收益法估价。

通常，其他用途房地产的估价以成本法为主，而且在没有同类房屋（或构筑物）的重置成本资料的情况下，只能参照概预算定额等资料具体计算。

（五）土地

土地估价包括宗地价格评估和城市基准地价评估。在实际评估中，经常遇到的是宗地估价。依据估价的需要，一宗土地可按用途分为居住、商业、工业、其他用地四类，每种土地的估价特点及注意事项可结合前面分别介绍的该类房地产的情况加以理解。值得注意的是，宗地估价除可选用三种基本估价方法外，还可采用假设开发法及基准地价修正法评估。

二、城市房屋拆迁估价

城市房屋拆迁估价，是指为确定被拆迁房屋货币补偿金额，根据被拆迁房屋的区位、用途、建筑面积等因素，对其房地产市场价格进行的评估。

根据《城市房屋拆迁估价指导意见》有关规定，房屋拆迁评估价格为被拆迁房屋的房地产市场价格，不包含搬迁补助费、临时安置补助费和拆迁非住宅房屋造成停产、停业的补偿费，以及被拆迁房屋室内自行装修装饰的补偿金额。搬迁补助费、临时安置补助费和拆迁非住宅房屋造成停产、停业的补偿费，按照省、自治区、直辖市人民政府规定的标准执行。被拆迁房屋室内自行装修装饰的补偿金额，由拆迁人和被拆迁人协商确定；协商不成的，可以通过委托评估确定。

由于城市房屋拆迁不仅涉及房地产开发经营项目，而且还涉及市政建设、社会公益事业建设，使城市房屋拆迁估价具有其他类型的估价项目所没有的复杂性与特殊性。具体可以表现为以下几方面：

（一）估价对象的特殊性

相对于一般的估价对象而言，拆迁评估的估价对象较为复杂，种类多且数量大。一次拆迁中往往会同时遇到住宅、商铺、办公楼、车库等不同物业类型，同时，一次拆迁中也往往会面对大量的房屋，少则一二栋，多则成片乃至一个街区，这些房屋又属于不同的业主所有。因此，一次拆迁评估中，估价结果既有整体价格，更要有分户结论。要处理好估价对象的这一整体与个体的关系，一个小区拆迁评估中往往要以"栋"为对象，求出"栋"的基准价格，然后再将此价格修正到各个单元，且每一单元的价格又必须因其不同的楼层、朝向、采光、户型等诸多因素分别考虑。

（二）市场的特殊性

一般评估中的"公开市场"包括要素有：一是买者和卖者完全出于自愿；二是具有适当的期间完成交易，而不是急于出售或急于购买；三是交易双方进行交易的目的在于最大限度的追求经济利益。而在拆迁市场上以上三点都不可能实现。首先，被拆迁人一般为非自愿。根据现行拆迁政策，城市的某一区域一旦列入拆迁范围，不论是企业用房还是私房，拆迁都不可能逆转。甚至，当拆迁人与被拆迁人还没有对拆迁补偿金额协商一致的情况下，拆迁人只要履行了相应程序和手续并进行证据保全，就可以申请进行强制拆迁；其次，拆迁补偿安置协议的签订和搬迁均要受拆迁期限的限制，而不是能自主控制的；最后，拆迁人在最大限度地追求经济利益的前提下来实施拆迁改建项目，其经济利益来源于改建项目，而不是拆迁房屋的本身，更不是双方一致的经济目标。由此可见，这样特殊的交易条件和交易过程，与一般意义上的"公开市场"相去甚远，其形成的成交价格，也就是拆迁补偿价格，也很难是公平价格。由这些特殊的交易条件决定的拆迁市场也是一个特殊的市场，是一个不完全的公开市场。

（三）估价原则的特殊性

同其他评估一样，拆迁评估也要遵循合法原则、最高最佳使用原则等，但在应用这些原则时要注意他们的特殊性。

1. 合法原则中的特殊性

合法原则包括合法产权、合法使用和合法处分等。首先，就合法产权来看，一般评估中指的是拥有房地产权证、土地使用证等。而在拆迁评估中，评估对象除产权房地产外，还可以包括部分可以进行补偿的但不具有产权的房地产，如附属建筑物、构筑物以及零杂空地等。其次，就合法使用来看，拆迁房有许多存在着实际用途与产权用途不一致的问题，拆迁补偿中牵涉到房屋用途确定时，除合法原则外还要同时遵循当地拆迁管理部门的有关规定。比如说，根据地方制定的一些具体规定，如"营业执照面积原则"、"规划部门同意变更原则"以及"规划法出台前变更默许原则"等，产权用途为住宅，但却有可能按商业用房类型来进行补偿。

2. 最高最佳使用原则中的特殊性

最高最佳使用原则要求在房地产估价中，在合法原则前提下，在各种可能的利用方式中，选择其中最大收益的使用方式来确定估价结果。显然，待拆除的房屋不具备实现其最高最佳使用可能的几种实现方式，比如保持现状、转换用途、装修改造、重新利用等，虽然从理论上讲，拆迁评估中没有绝对排除最高最佳使用原则，但实际上在拆迁市场中它却难以真正应用。

另外，城市房屋的拆迁补偿安置价格，往往由地方政府通过拆迁安置实施细则予以限制的。有些地方政府在高速发展、加快城市建设和改造进程中，未依法行政，为了吸引开发商的资金投向，以行政手段决定基本价格，压制市场价格。这样，使开发商能够以较低的开发成本取得较高的利润，开发商的资金投向了本地，本地的建设项目和城市建设也就有了发展的规模和速度。这种低成本高发展，是以牺牲被拆迁人的利益为代价的。因此，降低成本，压低拆迁补偿安置价格成为个别政府干预拆迁评估的主要手段之一，这些情况不符合房地产估价公平合理的要求，给拆迁评估工作造成种种干扰。

三、房地产拍卖底价评估

《中华人民共和国拍卖法》第三条规定：拍卖是指以公开竞价的形式，将特定物品或者财产权利转让给最高应价者的买卖方式。在实际经济生活中，拍卖有两种不同的性质。第一种性质的拍卖是基于自愿原则的，即拍卖委托人将自己所有的财物或权利委托拍卖人进行拍卖。常见的有古董、字画、邮票等的拍卖，土地使用权出让拍卖也属于这种性质。另一种性质的拍卖不是基于自愿原则的，往往出现在破产清算、涉讼涉案的情况中，是一种被迫的强制拍卖。与房地产估价有关的拍卖主要是第二种性质的拍卖，即强制拍卖。

根据《房地产估价规范》规定，房地产估价机构主要针对拍卖底价进行评估，因此必须正确认识房地产拍卖底价的准确含义，坚持它的权威性和应有的法律地位。

（一）何为拍卖底价

底价即最低商业价值。房地产拍卖底价是拍卖标的物的最低商业价值，或者说是房地产估价机构确认的标的物在拍卖市场最可能的成交价，相对于拍卖委托人来说是一种客观性的价格。在拍卖底价的基础上可以确定拍卖保留价、起拍价。最高应价低于保留价的，应该重新拍卖或变卖。

（二）拍卖底价的法律地位

以拍卖为估价目的的房地产估价报告作为价格鉴证文件，在诉讼中的作用相当于法医鉴定、笔迹鉴定这一类专业技术鉴定，具有专业性、权威性和严格的法律意义，即在没有相反的证据的情况下，法院可以据此作出判断。而这种判断对当事人的利益将产生最直接的影响。拍卖底价的法律地位还表现在以下几点：

(1) 拍卖底价是确定保留价、起拍价的依据；

(2) 拍卖底价不可随意更改；

(3) 在拍卖不成交的情况下，以物抵债是法院执行工作的一种选择，此时，拍卖底价就是抵债价；

(4) 拍卖底价的确定必须由法定房地产估价机构按照法定程序完成。

(5) 房地产估价机构确定拍卖房地产底价必须承担法律责任。

（三）房地产拍卖底价确定中的几个问题

1. 拍卖底价的法律地位对房地产估价机构及全体估价师提出了更高的要求，即客观、准确地评估房地产拍卖底价。

2. 房地产拍卖底价评估必须依照房地产估价规范要求，准确把握所评房地产因强制快速变现等因素对其公开市场价值的影响。从拍卖底价标的物在拍卖市场上最可能的成交价这个角度考虑，拍卖无法成交和成交价大幅偏离底价，都或多或少与房地产评估机构未能准确把握估价对象房地产因强制快速变现等因素对其公开市场价值的影响有关。

3. 尽可能多地收集房地产拍卖市场行情，仔细分析拍卖成交价与市场价、拍卖底价之间的关系。一般来说，住宅拍卖成交价总能高于拍卖底价，接近市场价；办公楼竞拍情况往往不如住宅；多套住宅拆零拍卖价格要高于整体拍卖价格。可见，在房地产拍卖底价评估中，要注意：不同用途房地产拍卖底价与市场价的差距应有不同；整体拍卖与拆零拍卖，拍卖底价也应有不同。

4. 评估报告一定要披露被拍卖财产存在的瑕疵，并在确定拍卖底价时加以考虑。涉讼房地产一般都经过一个查封和诉讼的过程，有的甚至长达数年；有的欠交水电费、物业管理费；有的有租约限制；有的涉及另外的诉讼；有的还要补地价，这些情况都使被拍卖财产的价值受到影响。评估报告一定要将被拍卖财产存在的瑕疵加以披露，并根据影响大小对被拍卖财产的市场价值特别是拍卖底价做向下修正，以保护竞拍人的利益。

5. 要注意保护被拍卖财产所有人的利益。被拍卖财产的受偿人（一般是抵押权人）

总是希望拍卖底价低一些，以便尽快变现，收回现款；司法机关出于尽快结案的考虑，也可能希望拍卖底价低一些。这时，合理确定拍卖底价，就是对被拍卖财产所有人（败诉方）的合法权益的保护。

复习思考题

1. 简述土地使用权出让的概念与种类。
2. 房地产转让的概念是什么？房地产转让包括哪些行为？
3. 房地产转让评估的依据是什么？
4. 房地产转让评估宜采用哪些专业估价方法？
5. 何谓房屋租赁？房屋租赁的估价方法可以有哪些？
6. 在评估以划拨方式取得土地使用权及其地上建筑物的抵押价值时，可采用哪些方法来处理？
7. 房地产保险价值评估分为哪几种？
8. 房地产课税价值评估有哪些情况？
9. 课征房产税的依据有哪几种？
10. 新建居住房地产应如何进行价格评估？
11. 商业房地产的估价方法可以有哪些？
12. 工业房地产着重应注意哪些区域因素与个别因素？
13. 城市房屋拆迁估价的特殊性表现在哪些方面？
14. 对房地产进行拍卖底价评估时应注意哪些问题？

第九章 房地产估价管理

我国大陆地区的房地产估价虽然起步较晚,但在发展过程中得到了政府和社会的高度重视,使其得到健康有秩的发展。具体表现在:

1. 房地产估价执业制订了国家统一标准

1999年2月建设部会同国家质量技术监督局联合发布了《中华人民共和国国家标准房地产估价规范》,自1999年6月1日起施行,其内容包括:总则、术语、估价原则、估价程序、估价方法、不同估价目的下的估价、估价结果、估价报告、职业道德等。

2. 房地产估价行业成立了全国自律性组织

1994年8月成立了"中国房地产估价师学会",并于2004年7月经批准更名为中国房地产估价师与房地产经纪人学会(英文全称为 China Institute of Real Estate Appraisers and Agents,英文缩写为 CIREAA;中文简称为中房学),其主要职责是(不包括对房地产经纪行业管理的职能):开展房地产估价理论和方法研究与交流;制订、修订房地产估价标准、规范和进行解释;协助政府有关主管部门进行房地产估价师考试、注册和房地产估价机构资质等级评审、管理工作;组织房地产估价专业培训和注册房地产估价师继续教育;调解、处理房地产估价纠纷;建立房地产估价师和房地产估价机构信用档案,开展房地产估价机构资信评价;提供有关房地产估价咨询和技术支持服务;编辑出版房地产估价方面的刊物和著作,建立有关网站,开展行业宣传;代表中国房地产估价行业开展国际交往活动;反映会员的意见、建议和要求,支持会员依法执业,维护会员合法权益;办理法律、法规规定和行政主管部门委托或授权的其他有关工作等。

3. 房地产估价列入国家法定制度并进行统一考试

1994年7月5日公布的《中华人民共和国城市房地产管理法》第33条规定:"国家实行房地产价格评估制度"。1995年起,国家对房地产估价师实行统一考试,加强管理。

房地产估价的管理机构由国家建设部《城市房地产市场评估管理暂行办法》第三条、第四条做出规定,"国务院建设行政主管部门负责全国房地产市场估价管理工作。县级以上人民政府房地产行政主管部门负责本行政区域内房地产市场估价管理工作。""城市人民政府房地产行政主管部门设立的房地产估价机构,是房地产市场估价职能机构,是房地产市场管理机构的组成部分"。

目前,我国的房地产估价管理机构主要通过建立制度、组织培训、实行监督等基本方法对估价行业进行有序管理。

第一节 房地产估价机构管理

随着房地产估价行业的迅猛发展,从事房地产估价业务的各类机构如雨后春笋般地涌现。除了房地产系统内的机构,还有众多的会计师事务所、审计师事务所、资产评估事务所、银行及其他咨询中介机构,也纷纷承接房地产估价业务。由于其归属系统不同,领导与管理的口径和标准也有较大差别,因而给全行业的统一管理也带来了很大的困难。经过几年的梳理,特别是一系列管理法规的颁布和实施,才初步形成目前统一领导、分级管理的格局。

一、房地产估价机构资质管理

房地产估价机构是房地产估价的主体,它从事房地产估价的能力,完全取决于它所具有的技术实力。因此,对估价机构资格资质管理的依据,就是估价机构的技术实力。

根据《房地产估价机构管理办法》(建设部令第 142 号),申请设立房地产估价机构,必须具备一定数量的房地产估价专业人员和规定的注册资本,经审查合格后,领取营业执照。这样,房地产估价机构就有了经营房地产估价业务的资格。

在此基础上,房地产管理部门再对那些备案申请资质等级的房地产估价机构进行评定。目前,我国对房地产估价机构实行三级资质制度,即根据专业人员状况、经营业绩和注册资本评出一、二、三级。各级别的主要条件见表 9-1:

房地产估价机构资质等级表　　表 9-1

等级	注册资本(万元)	专职注册房地产估价师	专职注册房地产估价师股份或出资额	从事房地产估价年限	估价项目量
一级	有限责任公司 200 以上 合伙企业 120 以上	15 名以上	合计不低于 60%	从事估价活动连续 6 年以上 取得二级资质 3 年以上	建筑面积 50 万 m^2/年或土地面积 25 万 m^2/年(申请资质前 3 年平均)
二级	有限责任公司 100 以上 合伙企业 60 以上	8 名以上	合计不低于 60%	取得三级资质后从事估价活动连续 4 年以上	建筑面积 30 万 m^2/年或土地面积 15 万 m^2/年(申请资质前 3 年平均)
三级	有限责任公司 50 以上 合伙企业 30 以上	3 名以上	合计不低于 60%	/	建筑面积 8 万 m^2 或土地面积 3 万 m^2(暂定期内)

取得一级资质的房地产估价机构可在全国范围内从事各种类型的房地产估价业务;二级资质的房地产估价机构可从事除公司上市/企业清算以外的房地产估价业务;三级机构可从事除公司上市、企业清算、司法鉴定以外的房地产估价业务。新设立中介服务机构的房地产估价机构资质应核定为三级,设 1 年的暂定期。

房地产估价机构资质有效期为 3 年,根据机构发展及年审情况可重新确定等级。

二、房地产估价机构行为管理

对估价机构的管理还应体现在对其日常经营活动的指导与监督方面。管理部门一般会适时组织或委托有关部门举办业务学习与培训,及时对新的相关法规、政策与理论进行学习。针对行业中的不正当竞争、不合理收费和越级评估等违规行为,政府管理部门将通过制定法规加以约束,必要时则进行干预和制止,甚至给予必要的处理。另外,随着我国房地产估价行业不断向国际化发展,管理部门还应建立和完善估价机构质量控制制度,并将制度落实到项目,落实到人,落实到估价业务的各个环节。如房地产估价公司通过ISO 9000质量标准认证,从审慎选择估价项目、必须与委托方签定业务委托书开始,一直到提交报告、客户意见反馈都有一套完整的规则,这对于降低估价风险将具有积极的意义。

除了政府管理部门应加强对估价机构的管理外,社会各界也应共同营造诚信氛围,引导估价机构加强自身管理,可以起到事半功倍的效果。

(一)抓管理,引导估价机构强化诚信品牌意识,制订相应管理措施。

作为中介服务机构,房地产估价行业的竞争将越来越激烈,要在未来的竞争中取胜,估价机构应强化品牌意识。只有坚持诚信待人,敢于自我揭短,规范执业,从严管理,估价机构才能保证质量过硬,才能形成良好形象。因此,制订一套相应的管理措施至关重要。

1. 教育当先,诚信与业务培训挂钩。对于估价专业人员而言,诚实信用等职业道德规范是通过一定的教育训练、行业氛围的熏陶以及社会舆论的引导而形成的。估价机构可以通过培训、交流、表彰等形式,不断向员工进行职业道德教育,使诚信内化为房地产估价人员的思想意识、行为习惯、职业修养。

2. 奖诚罚假,诚信与业务收入挂钩。目前估价机构一般采用承包、指标考核等方式,根据员工业务量的多少来决定其日常收入,这也是一些估价人员为多接业务,迎合客户,违背诚信原则的根源。因此,估价机构可以将诚信执业列入考核指标,对于坚持原则、诚信执业的员工予以奖励,对于弄虚作假、投机取巧的员工予以惩罚,引导员工在诚信执业的前提下提高业务量,并与业务收入紧密挂钩。

3. 挂牌执业,诚信与荣誉形象挂钩。根据估价规范程序规定,每项估价业务都应有复核送审这一环节,估价机构应牢牢把好这一关,杜绝任何弄虚作假的可能。通过检查、考核,估价机构可以对估价人员进行分级挂牌,并评选出诚信员工或诚信业务组,实行挂牌执业,委托人可根据项目要求自由选择估价人员,这样不仅有利于诚信度高的估价人员承接业务,而且对其他员工也起到一定的促进作用。

(二)抓监督,加强行业协会的监督力度,形成"诚信估价光荣"的行业新风

1. 注重诚信品牌,树立行业权威

一个估价结果的最终产生,往往有其权威性与可信性。在国外,一般的银行、政府、保险公司及买卖双方充分信任估价机构所评估出的价格。而在我国,至今为止似乎还缺乏绝对权威的估价机构,甚至于在委托人委托不同的机构进行估价时,可能会得到相差甚远的估价结果。房地产估价业务主管部门在评定估价机构资质与机构年检过程中,更多注重于估价人员数量、估价项目规模、业务量多少、注册资金等指标,而估价结果的质量、估价机构的信誉等"软件"方面的考核相对较少,甚至没有。如果说业务主管部门对"软件"的考核有一定难度的话,那么各级房地产估价师协会应充分发挥其自律性组织的监督作用,加强对估价机构与专业人员的职业道德教育、质量检查、业务考核、行风评比、投诉管理等工作,采用定期评选、考核等方式选出诚信估价机构或诚信估价师,通过媒体进行大力宣传,表彰先进,教育后进,由点及面地逐渐形成一批房地产估价行业的诚信品牌,推出估价行业的权威人士与权威机构,提高房地产估价行业的整体素质与社会信任度。

2. 建立诚信档案，形成健康行风

随着金融界诚信档案制度的推行，社会各界纷纷效仿。各级房地产估价师协会也正在努力推行房地产估价机构、估价师诚信档案制度，通过客户投诉、估价报告书抽查等方式，拟定估价违纪"黑名单"，委托人与公众通过网络等媒体均可查询，以此抨击不良行业行为，使诚信的机构得到实惠，使不诚信的行为找不到市场。同时，为进一步弘扬诚信新风，行业主管部门可与社会其他相关部门协调，给予长期诚信执业的机构适当的优惠政策，如免检、减税等，从精神与物质等多方面引导估价机构坚持诚信原则，形成"诚信估价光荣"的良好观念，树立诚信估价的行业新风。

树立诚信风尚，形成行业品牌，不是一蹴而就的事，需要社会各界的支持与关注，需要每一个估价机构与估价师从自身做起，从每一个项目做起。

第二节 房地产估价人员管理

估价人员是房地产估价中最基本的要素，一名合格的房地产专业估价人员，需要具备的基本要求包括：有扎实的房地产估价理论、方法及房地产制度政策、开发经营、城市规划、建筑等方面的知识；有丰富的房地产估价实务经验；具备较高的市场调查、推理判断技能；有良好的职业道德修养。加强对房地产估价人员的管理，形成科学的管理体系，对保证房地产估价健康有序发展能起到关键性作用。目前，主要从执业资格管理和执业纪律管理两方面进行。

一、房地产估价师执业资格制度

在对估价人员的管理上，国家通过法定制度的形式来体现。《中华人民共和国城市房地产管理法》第58条规定："国家实行房地产价格评估人员资格认证制度"。为此，1993年和1994年，建设部和人事部联合认定了两批共346名"房地产估价师"。根据两部联合发出"关于印发《房地产估价师执业资格制度暂行规定》和《房地产估价师执业资格考试实施办法》的通知"（建房［1995］147号），从1995年起，房地产估价师实行了国家统一考试。通过全国房地产估价师执业资格考试成为取得房地产估价师资格的唯一渠道。从管理的层次和步骤上看，执业资格制度又可分为考试制度和注册制度。

（一）考试制度

根据《房地产估价师执业资格制度暂行规定》，房地产估价师执业资格考试原则上每两年举行一次。组织上，人事部负责审定考试科目、考试大纲和考试题目；建设部负责组织考试大纲的拟定、培训教材的编写和命题。两部共同组织或授权组织考前培训，进行考试检查、监督指导和确定合格标准。

根据《房地产估价师执业资格制度暂行规定》第八条规定：凡中华人民共和国公民，遵纪守法并具备下列条件之一的，可申请参加房地产估价师执业资格考试：

1. 取得房地产估价相关学科（包括房地产经营、房地产经济、土地管理、城市规划等，下同）中等专业学历，具有八年以上相关专业工作经历，其中从事房地产估价实务满五年；

2. 取得房地产估价相关学科大专学历，具有六年以上相关专业工作经历，其中从事房地产估价实务满四年；

3. 取得房地产估价相关学科学士学位，具有四年以上相关专业工作经历，其中从事房地产估价实务满三年；

4. 取得房地产估价相关学科硕士学位或第二学位、研究生班毕业，从事房地产估价实务满二年；

5. 取得房地产估价相关学科博士学位的；

6. 不具备上述规定学历，但通过国家统一组织的经济专业初级资格或审计、会计、统计专业助理级资格考试并取得相应资格，具有十年以上相关专业工作经历，其中从事房地产估价实务满六年，成绩特别突出的。

考试科目包括《房地产基本制度与政策》、《房地产投资经营与管理》、《房地产估价理论与实务》、《房地产估价案例与分析》4门，每个科目考试时间为两个半小时。

在实际工作中，房地产估价人员应做到知识的专与博相结合，不仅需要熟练掌握房地产估价的理论、方法和技巧，而且需要了解经济学、建筑学、城市规划、开发经营、社会学、心理学、法律等多方面的基础知识。这些要求不可能通过一次考试而一蹴而就，需要估价人员循序渐进地加强学习与训练，并在实践中不断提高。

(二) 注册制度

2007年3月1日起施行的《注册房地产估价师管理办法》规定，房地产估价人员须经全国房地产估价师执业资格统一考试合格或者资格认定、资格互认，取得执业资格，按规定注册，取得《房地产估价师注册证》，才能从事房地产估价活动。房地产估价师执业资格考试合格人员，一般在取得房地产估价师《执业资格证书》后三个月内办理注册登记手续。房地产估价师执业资格注册，由本人提出申请，经聘用单位送省级房地产管理部门初审后，统一报国务院建设主管部门注册。准予注册的申请人，由国务院建设主管部门核发《房地产估价师注册证》。国务院建设主管部门对全国注册房地产估价师注册、执业活动实施统一监督管理。

未经注册的人员，不得以"房地产估价师"的名义从事房地产估价业，不得签署具有法律效力的房地产估价报告书。《房地产估价师注册管理办法》还对初始注册、注册变更、续注册、撤销注册、执业、权利与义务、法律责任等等做出了具体规定。

二、房地产估价人员的执业纪律

执业纪律规定了估价专业人员在自己的执业过程中，应该做什么，不应该做什么。执业纪律通过政府行政管理部门制定严格的法规，对估价专业人员进行执业行为的约束，为管理工作提供依据。执业纪律具有外在性与强制性。

根据《房地产估价师执业资格制度暂行规定》有关规定，有下列行为之一的，由注册单位对当事人处以警告、没收非法所得、暂停执行业务、吊销房地产估价师《执业资格证书》、《房地产估价师注册证》，并可处以罚款，情节严重、构成犯罪的，由司法机关依法追究刑事责任：

1. 涂改、伪造或以虚假和不正当手段获取房地产估价师《执业资格证书》、《房地产估价师注册证》的；

2. 未按规定办理注册、变更登记和未经登记以房地产估价师的名义从事估价业务的；

3. 利用执行业务之便，索贿、受贿，谋取其他不正当的利益；

4. 允许他人以自己的名义从事房地产估价业务和同时在两个或两个以上估价单位执行业务；

5. 与委托人串通或故意做不实的估价报告和因工作失误，造成重大损失的；

6. 以个人名义承接房地产估价业务，收取费用的；

7. 因在房地产估价及管理工作中犯严重错误，受行政处罚或刑事处罚的。

《城市房地产市场评估管理暂行办法》还规定，"估价人员如与申办估价项目的当事人有直接利害关系，应当主动回避。"

房地产估价师注册后，只能以注册单位的名义承接业务，不得在两个或两个以上单位工作。

第三节 房地产估价职业道德

房地产估价职业道德是指在房地产估价领域中应遵循的具有自身职业特性的道德原则和规范的总和。它不仅包括专业估价人员与估价机构自身应遵守的职业道德规范，而且还应包括整个社会对估价行业的道德规范。房地产估价职业道德可以通过提高认识、培养感情、锻炼意志、树立信念、养成习惯等途径来形成。

一、估价行业的社会规范要求

无论是与估价相关的人员和机构，还是社会普通公民，都应该确立正确的估价观念，端正和形成科学的估价认识，专业估价机构与估价人员更应该积极对此进行宣传，自觉维护合理合法的估价行为。具体可包括：

1. 尊重估价人员，尊重估价规范，配合专业人员做好估价工作。

有些委托人在业务洽谈时，直截了当要求估价人员必须按照委托要求给出估价结果，无视估价规范的存在，认为估价结果可高可低，完全可以由估价人员随意掌握。当估价机构与专业人员严格按照估价规范提供合理的估价结果，而未满足委托人对估价结果的特殊要求时，有些委托人恣意诋毁估价机构与估价人员的声誉，搅乱了估价行业的正常秩序。因此，要求全社会形成尊重估价人员，尊重估价规范的社会共识。

2. 通过推行房地产估价师责任制与估价责任风险制度，强化估价师风险意识，建立规范的社会综合体系以约束估价师的行为。

房地产估价行业已越来越注重树立服务品牌，房地产估价师的职业素养是形成自身品牌、机构品牌与行业品牌的根本保证。现在我国一些大城市的部分服务领域已经就自己的服务项目向保险公司投保，如注册会计师协会和物业管理公司等可向保险公司投保责任险。同样，房地产估价作为一种专业服务，也可以通过参加责任保险，建立估价责任保险制度，分散房地产估价机构或估价师可能承担的风险。凡投保责任险的估价机构或估价师，在执业过程中如出现因过失等原因造成委托人经济损失，需要承担经济赔偿责任的，将由保险公司负责赔偿。另外，投保责任险也能推动房地产估价机构与估价师的严谨执业。保险公司只有在考察估价机构与估价师的诚信度与执业能力的基础上才会提供保险，如果估价机构或估价师投保的赔偿率高的话，将没有保险公司再愿意为其提供服务，将会被估价行业自然淘汰。同样，参加了责任保险的估价机构或估价师，有了保险公司的把关，在诚信度与执业能力上更能得到客户的认同，能承接到更多的估价业务。这样，可以从社会规范的角度来约束估价行业。

二、估价机构与估价人员自觉的职业道德规范

在加强社会规范要求的同时，职业道德更应该是房地产估价专业人员与估价机构内化的要求，用以约束自身的职业行为。其职业道德规范可以表现为：

1. 诚实信用

诚实信用是一切从事经济活动的企业和个人应当遵守的基本道德伦理规范。孔子曾将诚信视为为人处世、社会交往、治国安邦的根本要求。在房地产估价活动中，要求估价人员必须具备诚实信用的道德素质，遵循诚实信用的原则开展估价活动，本着实事求是的精神保证提供的估价结果客观、合理、有效，这既是对房地产估价人员的职业道德要求，也是其专业水准的体现。因此，在估价活动中，估价人员应做到：不弄虚作假，不出具虚假报告；不故意高估或低估房地产价格，损害其他当事人的利益；不将资格证书借给他人使用或允许他人使用自己的名义承接业务；不在非自己估价的估价报告上签字盖章；不为谋取私利而承接自己不能胜任的业务，加大估价风险。如确有必要接受委托，应当至少聘请两人以上的专家参加，并在估价报告中予以说明。

2. 尽职守责

估价人员应当具有公平正直的品行与高度的责任心，恪尽职守，严谨执业，以极大的热情投入到估价事业中去。估价机构与专业人员应当严格按照《房地产估价规范》以及相关的法律法规的要求，依法进行合理合法的估价业务。估价人员应自觉做到：各种参数的选择应客观、合理、公正，避免随意性；不为自己或自己所在的估价机构牟取私利；不向委托方行贿受贿；不向委托方收取估价费用之外的任何费用，不接受委托方除了公正估价之外的任何要求。

3. 保守秘密

房地产估价专业人员接受委托后，可能会接触到委托方的一些商业秘密。估价人员必须对其掌握的资料承担保密责任，不向估价业务以外的任何一方提供，除非委托方书面许可或法律法规规定的以外。另外，由于估价报告是由委托方支付相应的费用而获得的劳务商品，一旦交付给委托人，估价报告的所有者即转移为委托方，而不再是估价机构，因此，估价机构只有在征得委托方的同意后才能将估价报告公开或另做他用。否则将违背估价规范"估价人员和估价机构应妥善保管委托方的文件资料"、"未经委托方的书面许可，不得将委托方的文件资料擅自公开或泄漏给他人"的规定。

4. 合理收费

估价机构承接业务应按照规定的标准收费，估价人员要做到廉洁公平，既不能多收费，也不能少收费，不能接受额外的任何报酬。《城市房地产市场评估管理暂行办法》明确规定，"估价费标准由省、自治区、直辖市人民政府房地产行政主管部门制定，报物价行政主管部门批准实施。任何单位和个人不得擅自提高或变相提高收费标准。"目前有关部门对估价机构收取额外费用管理较严，但随着行业竞争的日趋激烈，在收费上给回扣等变相低收费现象已成为不正当竞争的一种表现，加大了收费难度，严重影响到估价行业的

整体利益。因此，行业内部应该团结起来，倡导良好的行业道德规范，共同抵制不正当竞争行为。

虽然房地产估价管理的相关制度已基本形成，但制度本身还必须通过组织培训、加强监督等方式才能得以落实与保证。因此，房地产估价管理机构应及时组织相关培训教育活动，提高行业人员综合素质，适应房地产估价发展的要求。应该加大对房地产估价专业机构与人员的监督管理力度，最大限度地促进估价行业的健康持续发展。

复习思考题

1. 中国房地产估价师学会的主要职责是什么？
2. 房地产估价的管理工作由哪些机构负责？
3. 房地产估价机构的资质对其承担业务有何影响？
4. 房地产估价机构可通过哪些措施强化诚信品牌意识？
5. 行业协会可通过哪些手段监督估价机构？
6. 简述房地产估价师执业资格考试的组织体系。
7. 申请房地产估价师执业资格考试的条件是什么？
8. 如何办理房地产估价师注册手续？
9. 简述房地产估价职业道德的概念。
10. 房地产估价行业的社会规范要求包括哪些内容？
11. 房地产估价机构与人员自觉的、内化的职业道德规范可表现在哪些方面？

第十章 部分国家和地区房地产估价制度简介

第一节 美国的房地产估价

一、美国的房地产估价行业管理

在美国,是由房地产估价师学会、房地产估价师协会、美国估价者学会、估价基金会等有关房地产评估的学会和协会承担房地产评估人员的选拔与评估行业的管理。这些协会和学会都是以提高估价人员的地位为目的,为达到这种目的主要通过以下三种途径:一是发展有能力的估价人员作为会员,并授予各种资格;二是制定章程以规范估价人员的行为;三是制定有关估价业务基准及发展估价方法与技术,研究有关估价问题。

美国全国房地产商联合会(同业公会)(The National Association of Realtors,简称NAR)是美国最大的行业联合组织,成立于1908年。主要从事房地产商的咨询、经纪、出售、评估、推销、股票征集和财产管理业务。它下属有9个分支组织,其中两个最有声誉的估价专业协会——美国房地产估价师协会和房地产估价师学会,这两个协会又于1991年合并成立了美国估价协会。它是与英国皇家测量师协会具有同等地位的专业协会。

(一)美国房地产估价师协会

美国房地产估价师协会成立于1932年,会员分为候选会员和正式会员,要成为正式会员,必须先成为预备阶段的候选会员(Candidacy)。正式会员又分为两级,资历较浅的称为住宅会员,资历较深的称为估价协会会员。

1. 会员资格

成为候选会员的资格要求是:①21岁以上;②4年制大学毕业以上学历;③经协会所举行的考试及格;④经协会分会的推荐,但在这个阶段由于还不是正式会员,所以任何场合均不得使用协会的名称。

正式会员分为二级,资历较浅的称为住宅会员(Residential Member,简称RM),其资格要求是:①良好的候选会员;②25岁以上;③经协会所举行的考试及格;④经协会所举办的独立住宅估价考试及格;⑤有5年的房地产估价业务经验,包括2年的住宅用房地产估价经验;⑥提交模范估价报告书;⑦经协会分会的推荐;⑧必须是全国房地产同业公会的会员。

资历较深的会员称为估价协会会员(Member,Appraisal Institute,简称MAI),其资格要求是:①良好的候选会员;②28岁以上;③经有关考试及格;④5年以上的估价实务经验；⑤提交两份估价报告书，其中一份需包含收益性房地产；⑥经协会分会的推荐；⑦必须是全国房地产同业公会的会员。MAI者由协会认定其为房地产估价专家。

2. 会员纪律

美国房地产估价师协会要求其会员应遵守下列规定：①必须避免做出有损于房地产估价业的行为；②协助本协会对公众或其他会员执行任务；③执行房地产估价时，不得为当事人或自己的利益作辩护；④在任何时候提供服务时均能胜任；⑤提出书面或口头估价报告时，必须遵守本协会有关此类报告的格式规定；⑥不得违背估价人员和当事人之间的诚信原则，而泄露估价报告的机密；⑦必须抑制非业务上的行为，以保障房地产估价业务，也不得作过分渲染的广告。

(二) 美国房地产估价师学会

美国房地产估价师学会成立于1935年，会员分为准会员（Associate Membership）、高级住宅估价师（Senior Residential Appraisers Membership，简称SRA）、高级房地产估价师（Senior Real Property Appraisers，简称SRPA）、高级房地产分析家（Senior Real Estate Analyst，简称SREA）四种，其中高级房地产分析家为资历最深者。这4种会员中，第一种只能算是志愿者，其余3种才是正式会员，而且以第四种最为资深，第三种次之，第二种资历较浅。

准会员可以参加学会的一般性集会与教育活动，但不具备正式会员的权利，又由于准会员不受学会推荐作为专门职业者，所以其在名片、估价报告书及事务用笺上，均不得使用学会的名称。

高级住宅估价师这种资格，主要是授给那些对居住用房地产估价有多年的经验，其能力与见识达到学会所承认的程度者。其资格要求是：①房地产估价原理和居住用房地产估价实例研究考试及格；②提交居住用房地产的模范估价报告书经审查合格；③出席估价书研讨会合格；④有实务经验；⑤1944年以后出生的，还需大学毕业或毕业资格认定；⑥经入会审查委员会严格审查通过。

高级房地产估价师的资格要求与高级住宅估价师的资格要求相似，其需考试的科目增加一门收益性房地产的估价原则。

高级房地产分析家这种资格，是对所有各种房地产能加以估价分析的专家资格。其资格要求是：①高级房地产估价师的优秀会员；②对收益性房地产有8～12年的经验；③估价分析的特殊适用考试及格；④对估价职业有特殊贡献而有记录者。这种资格的审查相当严格，而且取得资格的有效期间为5年，要在这5年中有充分的业绩或进步，才准予更新。

(三) 美国估价者学会

美国估价者学会成立于1952年，除房地产评估外，也包括其他资产评估。会员分为准会员（Associate）、会员（Member）、高级会员（Senior Member）、特别会员（Fellowship）四种。

准会员不具备专家的资格，要参加者，必须为21岁以上，有一定的业务经验，赞同学会的活动宗旨，愿意负担会费等。

会员的资格为21岁以上，3年以上的估价经验，并须由考试委员会审查，还要笔试及提交模范估价报告书，同时要大学毕业或经毕业资格认定。

高级会员的资格为 21 岁以上，5 年以上的估价经验，并提交估价报告书。获得此资格的会员，称为 ARA。

特别会员是美国估价者学会中，对估价业务或估价理论的研究有相当的成就而授予的特别资格。获得此资格的会员，简称为 FASA。

（四）美国估价协会

美国估价协会成立于 1991 年，是美国房地产估价师学会和房地产估价师协会合并而成。该协会虽然是新成立的组织，但由于吸收了过去协会和学会 60 多年的经验，使它在房地产行业中具有很高的权威性。

美国估价协会的主要任务是：①向合格的房地产估价人员颁发专业资格称号；②保持高水平的估价服务；③制定和实施一套严格的行业法典，包括职业道德规范和房地产估价的统一标准；④发展和推行高质量的估价教育课程与培训计划；⑤加强和促进有关的研究工作；⑥提供有关房地产估价各方面的出版物、教材和资料等。

现在美国估价协会授予的专业资格称号有两种：一是高级住宅估价师（SRA），另一是估价协会会员（MAI）。后者较前者资深，也是美国房地产估价行业中最高的专业资格。高级住宅估价师是授给那些在居住用房地产估价中有经验的估价师。而估价协会会员是授给那些在商业、工业、住宅及其他类型的不动产估价中有经验的估价师和在房地产投资决策中提供咨询服务的估价师。

成为高级住宅估价师的资格要求是：①拥有受承认的教育机构颁发的大学学位；②通过估价协会举行的"估价行业从业人员行为准则"课程；③通过估价协会的住宅估价师委员会举行的 3 门或 3 门以上的课程考试；④提交一份有关居住用房地产的估价报告书；⑤3000 小时有关居住用房地产估价的实践经验。

成为估价协会会员的资格要求是：①拥有受承认的教育机构颁发的大学学位；②通过估价协会举行的"估价行业从业人员行为准则"、"估价报告书写作和估价分析"课程；③通过估价协会的一般产业估价师委员会举行的 7 门或 7 门以上的课程考试，这些考试的课程每门 40 个学时，包括房地产估价原理，基本估价程序，资本化原理和方法，房地产估价实例研究，估价行业从业人员行为准则，估价报告书写作和估价分析等；④提交一份估价报告书；⑤4500 小时的在商业、工业、租售、农业和居住用房地产方面估价的实践经验。

（五）估价基金会（THE APPRAISAL FOUNDATION）

估价基金会成立于 1988 年，是由美国一些主要专业估价组织发起成立的，下设两个独立的委员会：一是评估标准委员会，负责制定可行的评估行业从业准则和评估标准；另一是评估资格认证委员会，负责制定从业人员的最低教育水准和资格认证的标准。

这两个委员会的目的，都是建立一个自我约束的体制和提高全行业的业务水准。

估价标准委员会发布的专业估价统一标准主要有：房地产估价、房地产估价报告、估价的复审、房地产咨询、房地产咨询报告、大量估价、私人产业估价、私人产业估价报告、商务估价、商务估价报告的标准。

估价资格认证委员会也已发布了估价师注册及资格认证的参考标准，并要求各州根据本州的注册法建立自己的考核程序，但要经估价基金会的认可，没有建立自己的考核程序的州则要求遵守联邦的标准。

二、美国房地产估价师注册登记制度

20世纪70年代以来美国房地产业经历了一个非常困难的时期，这反映在80年代早期的衰退，房地产信托投资在70~80年代大大减少，以及80年代的储蓄和贷款危机。所有这些在美国金融市场上引起了对评估标准的极大关注。1989年8月9日美国"金融机构改革、完善和管理法"实施，评估行业重新组织、加强管理，走上了规范化的轨道，建立了注册和许可证书制度，这与80年代以前没有章程的专业组织和多数估价师没有经过联邦和州政府的法律认可与承认的情况已经完全不同。

"金融机构改革、完善和管理法"要求美国所有估价师都必须登记、注册，其目的是为了保证估价师的素质，使估价结构科学合理。1990年，美国评估资格委员会成立，彻底改变了以专业协会为基础的评估制度，代之以法律认定的估价师资格许可制度，包括三个级别的估价师资格。

（一）注册住宅物业估价师

要求通过105个小时评估专题的课堂学习，从1994年开始，改为165个小时，及2000个小时的评估经验（至少1年），该类估价师有资格承担任何房地产的评估。

（二）注册总房地产估价师

要求通过165个小时评估专题的课堂学习及具有2000个小时评估经验，其中50%为住宅评估以外的其他类型房地产评估，至少有2年以上的实践经验。该类估价师有资格对两类房地产作评估：①任何评估量、任何复杂程度的包括1~4个单位的住宅；②评估量低于25万美元的其他类型房地产。

（三）州注册估价师

要求通过75个小时评估专题的课堂学习及具有2000个小时的评估经验。对实践经验的年数未进行明确规定。该类估价师有资格对两类房地产进行评估：①非综合型，价值量低于100万美元，包括1~4个单位的住宅；②综合型，价值量低于25万美元的非住宅类其他房地产。

第二节 英国的房地产估价

一、英国的房地产估价行业管理

英国的房地产估价主要由最大的行业协会——英国特许测量师协会负责。1792年英国测量师会创立，1834年、1864年又先后成立了土地测量师会和测量师协会，它们的会员都是在房地产估价、土地测量及工料测量业中的佼佼者。

英国测量师学会创立于1868年，1881年英国维多利亚女王授予该学会"皇家特许"状，并于1921年获"皇家赞助"荣誉，英国皇家特许测量师学会（The Royal Institution of Chartered Surveryor，简称RICS）的名称由1946年沿用至今。学会下设6个部门，包括土地评估师、动产评估师、中介及农业师、土地测量师、规划与开发师、预算师等。

英国的土地评估师又可分为民间评估师与官方评估师。其中民间土地评估师主要从事契约估价与法定估价。契约估价包括：①土地买卖；②土地租赁；③土地金融；④土地开发等。法定估价包括：①土地买卖；②土地规划影响的补偿；③土地税课征的查询与评估。在英国，土地专业方面基本上每千人就有 1 人提供估价服务。

官方土地评估师包括主任评估师、副主任评估师、助理主任评估师、督察评估师、第一级评估师、资深评估师、高级评估师、评估师、初级评估师、估价助理员、矿务助理员等级别。遇到土地征用的情形，土地所有人可以委托民间评估师来估价，而征用机关则雇用官方评估师或任命区评估师来估价。如果双方评估师的估价结果有差异，则他们可根据专业知识来协调，即核对双方的估价书表，就差异部分进行协商。如果仍有争议，则上诉到土地法庭。土地法庭一般由 7 人组成，其中主席 1 人，评估师 3 人，律师 3 人。其中，主席必须曾经担任过高等法院法官 7 年以上，评估师和律师必须是资深的。

二、英国测量师资格的取得

英国测量师学会的房地产评估人员是皇家特许测量师学会授予的测量师。英国皇家特许测量师学会是唯一授予测量师资格的职能单位，一般在大学毕业后并在测量师带领和监督下实际工作两年，才可申请参加测量师资格的专业考试，考试由皇家特许测量师学会组织主持，对考试及格者授予测量师资格。

（一）英国取得测量师资格的途径

在英国，要取得测量师资格必须经过 3 次考试，但不同的对象其所需参加的考试可能不同。

1. 取得 A Level 成绩及有 2 年以上的估价实务经验者，取得测量师资格需参加全部考试，即第一到第三次考试均需参加。且通过第一次考试后才可参加第二次考试，通过第二次考试后才可参加第三次考试。

而在英国的学制规定中，高中毕业后再读一年，可取得 D Level 成绩，即可根据其成绩申请就读理工学院，再续读一年则可取得 A Level 成绩，即可以申请进入大学就读。

2. 取得英国各大学与估价有关的学系的学士学位及有 2 年以上的估价实务经验者，只需参加第三次考试且合格即可取得测量师资格。

其中，英国亚伯河（Aberdeen）、剑桥（Cambridge）、瑞汀（Reading）、优斯特（Ulster）4 所大学及牛津（Oxford Polytechnic）等 14 所理工学院的下列学系毕业者有资格参加估价师考试：①土地经济系；②不动产管理系；③城市不动产管理系；④环境经济系；⑤土地管理系；⑥估价系；⑦土地行政系；⑧城市土地行政系；⑨土地管理与开发系；⑩城市土地经济系等。

3. 年满 35 岁及从事有关估价专业工作超过 15 年者，只要参加第三次考试且合格即可取得测量师资格。

以上三者，除了具备第三种资格者可直接参加估价师考试外，其他两种资格者都必须在有关机关或公司经过专业训练 2 年以上，并提交训练日记，经审查通过，才准许参加估价师专业考试，取得估价师资格以执业。

（二）英国取得测量师资格的考试科目

第一次考试包括：①评估Ⅰ。包括有关投资市场、不动产投资市场的角色，价值观念，影响土地与建筑物供给与需求的因素，评估方法及有关分析，复利理论、偿债基金理论、购买年观念，评估表的使用与建立，抵押的计算等。②法律Ⅰ。包括公司的改组与合伙，契约的形成，代理及债权行为的一般原则。③土地使用与开发。土地使用开发的目的，人类居住的发展，都市结构与市镇、农村结构及形成，过去100年来土地使用与开发的管制，现代城乡的发展，交通运输发展对居住的影响，人口特征及层次带来的土地使用问题，规则的角色。④经济学Ⅰ。基本的经济问题与解决工具，经济活动的特征，价格的功能性质，生产理论，影响一般经济活动的因素，英国的一般经济组织。⑤建筑Ⅰ。住宅建筑方法，采光及舒适标准，排水及废物处理，建筑工程的评估与计算原则。⑥数量方法。统计学、查勘及衡量。

第二次考试包括：①估价Ⅱ。市场分析应用于房地产的评估，税对偿债基金理论与购买年的影响，资本的观念，有关结合价值的估算，租赁契约的租金，额外费用，延期或更新等的决定，都市及农村经常交易及租赁不动产的评估。②法律Ⅱ。物权与债权，土地登记，地主与佃农的关系，有关商业、住宅及农地的租赁，仲裁制度与法律。③城乡规划。中央、区域及地方规划机关、规划准则，中心地区的再开发与都市更新，农村地区的开发、更新与维护，土地分类、土地开发的申请，规划过程的公共参与，规划的上述与公听会等证据的收集。④经济学Ⅱ。总体经济方面：一般经济活动的决定，货币理论，利率理论，股票、不动产市场，利率与不动产市场，土地使用与投资理论，通货膨胀及其对不动产持有与买卖的影响。个体经济方面：市地利用——住宅与商业用地的区位理论及成本效益分析；区域经济——将区位理论应用于区域经济，政府的区域政策；市地价值——决定市地价值的因素，地租竞标、地租及经济地租理论；都市结构及都市问题；土地市场的干涉——地税及管制法令；都市公共财政理论与实务。⑤建筑Ⅱ。建筑Ⅰ的原则与程序应用于商业建筑物，建筑的临工及报告，建筑契约的程序与评估。⑥税、中央税、税的原则，个人与公司对所得税及财产纳税的性质与归宿，土地资本利得与发展利得的性质。地方税：有关地方税的评估及其税赋的计算。

第三次考试包括：①评估Ⅲ。在考虑现有法律的规定下，对评估原则与方法应用于住宅、商业及工业用地与建筑物的买卖权益设定的评估；保险及抵押的评估；特殊不动产的评估，包括加油站、旅馆、大饭店等；评估师与投资政策的角色；政府政策与财政措施对投资的决策的影响。②评估Ⅳ。补价与受益问题；土地征用补偿的评估，包括地价、损害、干扰等，计划决策的不利影响的补偿评估；发展价值的评估等。③法律Ⅲ。地方政府的组织；有关土地与建筑物的公共卫生及安全的法令；土地使用计划与管制；土地征用的程序；土地法庭的功能；欧洲共同市场的构架，特别是有关土地部分。④市地开发。设计与布置；开发的评估；开发计划的财政分析与可行性决策及评估的剩余法及成本效益分析；政府政策与活动对投资的影响；投资与出租对开发的影响；长期与短期成本及收益的方法。⑤房地产代理。市场调查：英国房地产市场的特征，市场问题的性质、代理办公室的管理，单一与连销代理店的管理，市场调查计划，推销决策，市场调查原则应用于住宅、商业、工业及特殊房地产；国外市场调查的技术管理：管理原则与技术运用于私有与公共部门的房地产，房地产管理的法律、社会、技术及财产因素，所有权与其他房地产权利的特征与选择，房地产的维护、整修、服务、保险、租赁及契约、管理记录与会计。

（三）英国取得测量师资格的实务经验

1. 土地与建筑物的资本价值及租赁价值的估价，特别是城市土地及建筑物的估价。
2. 必须在下列项目中至少从事过三项广泛训练：①房地产管理与租赁；②地方税，

如房地产税的课税估价；③中央税，如开发土地税的课税估价；④土地征收的补偿估价；⑤维护与修理估价；⑥土地与建筑物的买卖、出租及承租估价；⑦城乡规划方面的估价，即针对规划法对土地发展权的限制所需给予的补偿估价；⑧房地产开发。

从以上介绍可以看出，不论通过何种途径取得英国测量师资格，均需具备三个条件：一是具有相当的专业知识；二是具有一定的实务经验；三是通过必要的专业考试。

三、英国皇家特许测量师学协会的管理准则

英国皇家特许测量师学会有一个自我管理的准则，以维持和促进学会更好地维护公众的利益。它包括了大量未成文的伦理道德准则和一个成文的强制性准则，并颁布成为行为准则。该行为准则界定了会员与其客户、雇主之间的关系，提供了一个良好的、完善的体系结构，并包括了广泛的旨在维护公众利益的义务。该准则共有九条：

（一）每个会员应该以一种适合特许测量师的方式处事。如：测量师应诚实、正直、处事正当得体等等。

（二）每个会员应该遵守这个准则，用以规范他们从事职业或生意的方式。如：会员应以公开、透明、对客户有责任心，不能以误导公众的方式从事他的生意，对客户的资料要保密，应迅速回复客户的问题等等。

（三）每个会员应该遵守准则关于避免利益冲突的要求，如果发生这种利益冲突时，能及时处理。

（四）每个会员应该根据准则，向学会提供关于他的实践、雇佣和生意的详情，这是学会管理以及学会对会员的专业行为和纪律管理的需要。

（五）为了维持测量师最高专业水平的利益，遵守由学会制订和颁布的所有执业说明，是每个会员的责任。

（六）每个会员应该根据准则进行投保，以防备因违反测量师的专业责任而招致的索赔。

（七）根据准则，每个会员必须：

1. 对持有任何客户的金钱或客户委托给他的金钱，必须分别存放在一个或多个银行账户，同时，这些账户必须同他自己的、他事务所或公司的账户分离；

2. 对这些账户所代表的或来自任何人（不管是否是客户）的持有、支付或收到的所有的金钱进行定期查账；

3. 按准则规定保持这些账户的记录，并且按准则去维持它们。

其中会员账户准则的目的是确保委托给会员的金钱能够：①支付于一个独立的指定账户；②正当地记录在由会员维护的账户中；③正当地监控。

（八）根据准则，每个会员应该每年进行继续专业发展的学习；一旦学会有要求的话，应该向学会提供证明。

（九）每个会员应该有能力处理他个人的和生意的财务事务，以避免：

1. 他不能迅速全部地偿清自己的债务；

2. 他被宣判破产，或对他在世界上任何地方进行类似设立在英格兰或威尔士的破产诉讼；

3. 他同他的债权人，或者为了债权人的利益签订协定或合作。

会员如果是一个为公众提供测量服务的公司，则应确保该公司：

1. 不是一个正面临着破产清算的或者有争议财产者的公司主体，除非公司的债务已全部偿清；

2. 当破产时，迅速地偿清了它的全部债务；

3. 不是法院发布结束通告的公司主体，除非公司的债务已全部清偿。

在上述九条准则中，第三条关于利益冲突的准则，在实践中十分重要。在这里，所谓利益冲突，即会员的利益与客户的利益有抵触，或者客户认为易于干扰会员独立的专业判断。利益冲突包括许多种情况，需相应地采取措施：

（一）会员的利益与一个客户的利益之间的冲突

当一个利益冲突发生或有可能发生在会员与客户之间，会员必须：

1. 尽早地将冲突的可能性、有关冲突的情况和其他相关事实披露给客户；

2. 通知客户，无论是他个人或他的事务所或公司都不能代表或继续代表客户，除非被客户要求继续去做，并且已经首先劝告客户去获得独立的专业意见；

3. 尽早地与客户书面确认上述情况。

（二）客户利益与客户利益之间的冲突

当一个利益冲突发生或有可能发生在一个从事测量师业务的事务所或公司的两个或更多的客户之间，会员必须：

1. 将冲突的可能性、有关冲突的情况和其他相关事实披露给每个客户；

2. 通知每个客户，无论是他个人或他的事务所或公司都不能代表或继续代表客户，除非被客户要求继续去做，并且已经首先劝告每个客户去获得独立的专业意见；

3. 与每个客户书面确认上述情况。

这类利益冲突主要是指会员可能从其中一个客户那里得到机密信息，而面临进退两难的困境——既违反了保密性，又不能恰当地告知另外客户实质性的信息。

这类潜在性的利益冲突的情况可能包括：

（1）在同一个项目中代表两个或更多的竞争客户；

（2）在同一个投资物业中代表两个或更多的竞争客户；

（3）为业主与买家（或准买家）对同一物业进行估价；

（4）为客户估价的物业同时是本测量师行代理销售或管理的物业。

（三）涉及个人利益时

1. 当一个会员充当代理人销售或租赁他自己拥有或他的伙伴拥有的房地产，或者他或他的伙伴在其中有利益时，他必须将相关的事实迅速地以书面形式披露给未来的买家或承租人，如果未来的买家或承租人委托了律师，则应披露给那个律师。

2. 当一个会员充当代理人销售或购买农场份额时，他必须迅速对所有有关方面进行披露，包括：

（1）他代理的能力和他替谁代理；

（2）他是否将收到任何高于他费用的报酬，如果这种披露是口头的，则应迅速地以书面形式确认。

3. 当一个会员充当销售他自己或他的事务所拥有的私人财产的代理人时，他必须迅速地以书面形式披露给未来的买家或买家的代理人。

（四）涉及团体利益时

如果会员的事务所是一批联合事务所的一部分，它所代理的一个客户与该联合事务所下的另一个事务所代理的另一个客户有了利益冲突，在以下情况时，则不被认为是一个利益冲突：

1. 在两个事务所之间没有共同的负责人或雇员；
2. 在两个事务所之间没有直接或间接的利益分配。

（五）涉及社会团体持有人

当一个会员在某领域持有可能导致与他的某个客户利益冲突的社会团体时，那么，必须告知那个客户委托的详情和他与客户的关系，以及他所持有的相关社会团体，并且，只有将这些情况全面地披露给客户以后才能接受委托。

（六）费用和利益的透明度

如果知道的话，每个会员应该书面向他的客户披露，因客户的委托他能获得的任何费用、佣金或其他的利益（超出达成一致的费用或佣金）及其性质、基础或数额，当这个披露是口头的话，会员必须以书面的形式确认。

（七）关于滥用委托

会员受一个客户的委托，与第三方进行谈判时，不能在某种情况下被那第三方聘请，除非：

1. 他已经得到他的客户的特殊的同意去这样做，并且经书面确认；
2. 他已经立即并且书面劝告第三方去获得独立的专业意见。

会员可以在已经披露并且首先劝告第三方去获得独立的专业意见的情况下，去推荐一个关于土地、物业或建设工程的交易，或单独地或部分地给予第三方优惠期望，不管是直接地还是间接地使他自己或他的事务所，能够获得将来费用的收益或获得其他财务方面的收获。

（八）对第三方的义务

当一个会员即将或已经被委托代表一个客户履行一个对第三方承担信任义务的合同时，他必须迅速地书面通知第三方，因为他的委托原因而产生的超出他的正常费用或佣金的利益。

（九）引诱

一个会员可以支付给第三方酬金、佣金、礼物或恩惠，以作为对他介绍一个客户的报酬，前提是：他应迅速地以书面形式向客户披露酬金、佣金、礼物、或恩惠的数量或性质以及第三方的身份。

从以上介绍来看，英国皇家特许测量师协会对有关利益冲突的问题相当重视，要求会员机构全面、真实地向客户披露相关情况，并对此做出了极为细致的规定。有些管理规定值得我们借鉴。

第三节 日本的房地产估价

一、日本的房地产估价行业管理

日本的房地产估价主要受美国估价体系的影响，主要由日本房地产估价协会和日本政府共同管理，但分工有所不同。政府根据由日本房地产估价协会组织的考试结果发放估价师许可证，协会负责教育、培训在职人员，其财政支出由日本主要房地产公司、金融机构和其他组织提供资助。同时，日本信托银行也培养并雇佣许多估价师，以支持其房地产金融计划。

日本将房地产称为不动产，将不动产估价称为不动产鉴定评价，简称不动产鉴定，将不动产估价人员称为不动产鉴定士。最初，日本的不动产鉴定是由银行代理，当时的不动产鉴定主要是满足政府机构计算征地补偿的需要。第二次世界大战以后，不动产鉴定业务逐渐从银行业务中分离出来，不少地方成立了不动产鉴定协会、不动产研究所等机构。申请鉴定者也从官方政府机构、重要的公共用地，扩大到了民间私人企业和个人。

进入20世纪60年代，日本土地价格急剧上涨，由此产生了大量社会问题，如住房、公共设施用地难以取得、农地废耕、大量土地投机等问题。为了解决这些问题，1961年，日本公共用地取得制度调查会向建设大会建议建立不动产鉴定评价制度。1962在建设省成立了"宅地制度审议会"，1963年3月，该审议会向建设大臣提出了"关于建立不动产鉴定评价制度的申请"。在此基础上，日本政府于1963年7月通过《不动产鉴定评价法》，并于1964年4月起实施，不动产鉴定评价制度由此诞生。1964年3月，日本又制定了《不动产鉴定评价基准》，使不动产鉴定评价制度不断趋于完善。

二、日本《不动产鉴定评价法》的基本内容

《不动产鉴定评价法》的基本内容主要有两项：第一，从事不动产鉴定评价的人员需要取得一定的资格；第二，从事不动产鉴定评价业者需要向政府登记，而且其业务的行使必须受到某种限制。具体内容分为总则、不动产鉴定士及不动产鉴定士补、不动产鉴定业、监督、杂则、罚则6章，全文共60条。另外还有《不动产鉴定评价法施行令》共8条，《不动产鉴定评价施行规则》共38条。

日本《不动产鉴定评价法》各章的主要内容大致如下：

（一）总则。总则章的条文有2条，分别规定不动产鉴定评价的目的与定义。不动产鉴定评价的目的是要使土地等形成适当的价格。至于其定义则包括以下3项。①所谓不动产鉴定评价，是指判定土地或建筑物或他项权利的经济价值，并将其结果以价额来表示。②所谓不动产鉴定业，是应他人的要求就不动产进行鉴定评价，并收取报酬的事业。③所谓不动产鉴定评价业者，是向主管机关登记，从事不动产鉴定评价的业者。

（二）不动产鉴定士及不动产鉴定士补。本章共分考试与登记两部分。

1.考试。欲担任不动产鉴定士者，应参加考试。考试共分3次。

第一次考试，考国语、数学、论文，但有下列条件者可以免除第一次考试：①大专毕业或具有同等学历者；②旧制高等学校高等科、大学预科或专科学校毕业或修完学分者；③高等考试检定考试、司法官考试第一次考试或公认会计士考试第一次考试及格者；④具备与上列学历的同等学历者。

第二次考试，考民法、不动产相关的行政法规、经济学、会计学及不动产估价理论。但第二次考试需第一次考试及格或前述免考第一次考试者才能参加。不过，具备下列条件之一者，可以免除第二次考试的特定科目考试：①在大专等学校讲授法律的科目3年以上的教授或副教授，或从事有关法律研究得到博士学位者，可以免考民法；②在大专等学校

讲授经济学的科目3年以上的教授或副教授，或从事经济学研究得到经济学博士学位者，可以免考经济学；③在大专等学校讲授商学的科目3年以上的教授或副教授，或从事商学研究得到博士学位者，可以免考会计学；④参加民法、经济学或会计学等所相关的高等考试、司法官考试第二次考试或公认会计士考试第二次考试及格者，其考试及格科目可以免予考试。

第三次考试，考不动产评价实务，而且要具备不动产鉴定士补资格，并接受1年以上的实务补习者才能应考。

以上考试每年举行1次以上，由土地鉴定委员会办理。

2. 登记。有不动产鉴定士或不动产鉴定士补的资格者，应向国土厅登记，才能正式取得其资格，但有以下情形之一者不得登记：①未成年人；②禁治产人或准禁治产人；③破产而未复权者；④受禁锢以上的处分在执行终了后未满2年者；⑤公务员受惩戒免职处分，从其处分之日起未经过3年者；⑥受登记消除处分，自该处分之日起而未经过3年者。

（三）不动产鉴定业。本章规定，欲经营不动产鉴定业者如在2个以上的都道府县设有事务所，则应向国土厅登记，其他则向事务所所在地的都道府县登记。登记的有效期间为3年，期满后如欲继续营业则需要重新登记。

有下列情形者应予拒绝登记：①破产而未复权者；②受禁锢以上的处分或违反不动产鉴定评价法的规定，或犯有关不动产鉴定评价的罪行而受罚金的处分者；在执行终了后未满3年者；③受登记消除的处分未经过3年者；④受到业务停止的命令尚未期满者；⑤法人之一有上列情形之一者。

不动产鉴定业者应每年1次于一定时间向国土厅或都道府县提出下列文件：①记载过去一年来事业实绩概要的书面报告；②记载不动产鉴定士及不动产鉴定士补变动的书面报告；③其他所规定的书面报告。

不动产鉴定业者如开业应向主管机关备案，登记簿及各项文件应提供公众阅览。未办理不动产鉴定业者的登记者，不得经营不动产鉴定业。

不动产鉴定业者如果其本身不是不动产鉴定士，则必须在其事务所聘请1人以上专任不动产鉴定士。不具备不动产鉴定士或不动产鉴定士补的资格者，不得从事不动产的鉴定评价行为。

（四）监督。规定了行政监督的具体内容。对于有下列情形之一的不动产鉴定业者，可以处以1年以内的停止业务（全部或一部分业务），或取消其登记；

1. 违反不动产鉴定评价法的规定或主管机关的处分命令者；

2. 不动产鉴定士或不动产鉴定士补因从事不动产鉴定业者的业务而受处分，其责任在于不动产鉴定业者时。

如果有人怀疑不动产鉴定士等的鉴定评价行为不当时，可以添附相关资料要求主管机关采取必要的措施。但主管机关给予必要的处分前，应先听取当事人的意见。

（五）杂则。本章规定，为举办不动产鉴定士考试，应于土地鉴定委员会设置考试委员会。考试委员于考试时，由土地鉴定委员会推荐，由国土厅长官任命。

（六）罚则。本章规定，对不动产鉴定士或不动产鉴定业者的不当行为，规定各种不同程度的拘役或罚款。

三、日本不动产鉴定士的行为规范

日本在《不动产鉴定评价施行规则》等制度规章中，对不动产鉴定评价士的行为提出了严格的伦理要求。其基本规定有如下两项：一是应凭良心诚实地进行不动产的鉴定评价，不得做出损伤不动产鉴定士及不动产鉴定士补信用的行为；二是如无正当理由，不得将其业务上所得的秘密向他人泄露。如违反上述规定，则视其程度给以告诫或除名，被除名者不得再担任不动产鉴定评价工作。

上述两项规定是法律上的义务，仅为不动产鉴定士履行其业务时必须遵守的最低限度规定。遵守了此规定还不够，因此日本还有不动产鉴定评价的伦理纲要，要求不动产鉴定士必须经常遵守。其伦理纲要的要点如下：

（1）片断的知识与无秩序的经验无助于不动产的鉴定评价，唯有以高度的知识、经验和判断力综合形成有机的统一体，才能进行正确的鉴定评价，所以必须不断学习锻炼，努力求取鉴定评价的进步与改善；

（2）应以实践活动加深关系人及社会一般人士对不动产鉴定评价制度的理解与依赖，以资形成不动产的适当价格；

（3）进行不动产的鉴定评价时，不论其是否对自己或关系人有无利害关系，均应保持公平妥当的态度；

（4）进行不动产的鉴定评价时，应尽职业上的注意；

（5）认为有超越自己能力限度的不动产鉴定评价，或有特别利害关系，而有损公正鉴定评价之嫌时，原则上不得受理该不动产的鉴定评价。

四、日本的土地鉴定委员会

为了行使有关对不动产评估的法律规定的权力，日本在国土厅中设置了土地鉴定委员会。土地鉴定委员会由7名委员组成，其中6名为常务委员。土地鉴定委员会委员从具有不动产评估和有关土地制度学识与经验者中选拔，经两个议院同意，然后由国土厅任命。土地鉴定委员会中设委员长，可代表委员会负责全面工作。委员长由委员相互选举产生。委员会的会议由委员长召集。如果没有委员长和3名以上委员参加，不能开会，委员会的议事，经出席者过半数同意才能决定，如同意或不同意人数相等，则由委员长裁决。

土地鉴定委员会主管的业务包括：①进行土地价格公示；②对不动产鉴定士进行考核；③应国土厅长官的咨询，对有关不动产评估的一些重要事项进行调查、审议；④根据已制定的其他法律（包括有关土地方面的法令），来处理属于土地鉴定委员会权限范围内的一些事项；⑤为执行自己所负责的事务，必要时能要求有关行政机关的长官和有关地方公共团体提供资料、意见和说明，以求得他们的协助；⑥能向国土厅提供有关不动产评估的重要事项等建议。

有关土地鉴定委员会的必要事项有：①有必要对一些事项进行调查、审议时，可以设置临时委员2人；②有必要对专门事项进行调查时，可设置若干专门委员；③临时委员是从有学识、有经验人中选拔，专门委员会是从有关行政机关的职员和有学识、有经验人中选拔，并都要由国土厅任命；④临时委员对该特别事项调查、审议结束后，即予解聘；⑤临时委员在专门任职期间，都是常务委员；⑥委员会的各项事务，由国土厅地价调查处理；⑦委员会在执行业务中，如有必要，可以请有学识、有经验者出席，听取他们的意见。

第四节 德国的房地产估价

一、德国的房地产估价行业管理

德国的房地产价格评估和其他财产评估由独立的专门机构即估价委员会负责实施。如有必要在几个行政区范围内可设立高级估价委员会。

估价委员会的主要任务是：为房地产在房地产交易调整中进行价格指导。具体是：为交易者提供地价行情的咨询；受委托为地产交易或抵押地产进行特定的评估；收集制定并定期公布本地区交易参考价，间接抑制交易价格暴涨和交易投机现象。

估价委员会依法接受下列部门和个人的申请：主管建设的部门；主管确定房地产价格、房地产补偿额或设置与房地产有关的他项权利的部门；房地产权利人、房地产权利人的代理人、他项权利人、有资格的房地产继承人；法院和司法机构；依据法规其他有资格的申请人。评估委员会为此作出的评估结果一般只具有参考性而无约束力。

评估委员会有权要求房地产权利人和他项权利人出具有关文件和资料，可以实地勘察他们的房地产，在征得房地产权利人同意后，可以进入其住所内察看。评估委员会还有权进行购买价格和其他评估所需数据的收集工作，登记或公证部门有义务将交易合同副本交估价委员会。所有法院和各级政论部门应给予评估委员会司法和官方协助与咨询。如果对评估委员会的评估结果有异议，而且法院已提出了申请，高级评估委员会可作仲裁性评估。

二、德国的土地价格鉴定

德国土地评估方面的法律是比较完善的，这些法律可以分为两类，即专项评估法规和其他法律中有关评估的条文，这些法律从评估的用途、对象、目的、主管部门、机构设置、成果使用等方面都做了法律规定。这些法律主要有《土地评价法》、《联邦建设法》、《土地整理法》等，这三个联邦法律与地方法律构成了土地评估的法律体系，是土地评估工作的法律保障。

德国在几十年的土地评估工作中积累了丰富的实践经验，形成了一套完整的土地评估技术规范，这些规范最常用的就有十几个，按照土地评估的类型主要有三种：农用地评估规程；地产评估规程；土地整理中的土地评估规程。这些规范保证了德国土地评估的科学性、系统性和可操作性。

德国的土地评估者包括租金评估鉴定专家，他们是德国鉴定评估业中的一个组成部分。公开委任和宣誓的鉴定专家分别隶属于符合德国联邦结构而形成的各州协会。在各州协会，成员中还包括持有 DIN EN 45013 证书的鉴定专家。DIN EN 45013 是欧洲标准，它是保障欧共体鉴定师水平的统一标准。

鉴定师所在的各州协会是联邦协会的成员。联邦协会每月出版一本关于所有鉴定领域的杂志，涉及专业题目。土地评估专业每年3至4次成为专业讨论的中心。除此以外，协会还举办收费的进修活动。联邦协会在对外的事物中针对立法者、国家和行业监督机构代表鉴定师的利益。每个州协会均有一个主席、副主席和财务主管，协会与地区最高法院和州里与本行业相关的部委保持联系。与制定法规机构保持密切联系尤其重要，这样，便于在起草现在越来越全面和细致的法规时拥有参与权，便于使部委的理论与实践更好地结合。

三、德国不动产鉴定师的要求、培训与委任

（一）要求与培训

根据德国的鉴定师章程规定，鉴定师被委任时的年龄应在35岁以上、60岁以下。根据不同职业来源，他应具有5年（大学本科学历）或10年土地和房地产业从业经历，并且还应作为鉴定师工作3年以上。他在申请参加考试时，需提供相关证明。

德国对不动产鉴定师的要求为：

（1）毕业于建筑学、建筑工程学、测量学或其他有关专业已从事实际工作已达5年以上；

（2）无上述专业学历但在房地产经济领域从事实际工程已达10年以上；

（3）具备必要的职业知识，包括：①经济知识。有关房产市场、建筑市场、价格、费用、指标、系列、租金和契约方面的知识及最新发展趋势；同时掌握估价中所涉及的价格、费用、租金和契约方面的信息，并能正确运用于估价中，其中也包括指标系列的正确运用。②评估方法及其运用方面的知识。必须掌握成本估价法、收益还原法和市场比较法的准确知识，能将其正确运用于不同类型的地产评估中。③建筑技术方式方面的知识。包括：建筑设计方案、建筑中有关防护措施、关于建筑材料及其性能和应用方式方面的知识、普通建筑力学、《建筑工程主管包工条例》第三部分，高层建筑费用和高层建筑的建设面积和容积标准，其他有关标准。④其他知识。必须掌握起草评估报告的格式、内容。

与德意志联邦共和国的联邦系统相符，各州职业培训的侧重点是不同的：在一个州侧重地理数据方面，在另一个州可能侧重建筑师或房地产商业务。特殊知识考试是全德统一的，考试要求极高，不及格的比例相当大。只有经过考试，不动产鉴定师才能接受公开委任和进行宣誓。

（二）鉴定师的委任

鉴定师由地方有关工商会委任并公开宣誓。除了提供有待核查的鉴定和通过特殊知识考试的证明外，公开委任和宣誓的鉴定师还需本人到场宣誓成为中立的鉴定师。

在公开委任和宣誓之后，鉴定师拥有一枚公章（圆形图章）。在德国，圆型图章的使用是极其严格的。建筑师、工程师、税务顾问和公证员也使用这些圆形图章，而他们隶属于各自的职业协会。鉴定师每五年要报告其间职业培训情况并重新参加考试。除特殊情况外，被公开委任和进行宣誓的鉴定师年龄通常截止到68岁。

某些鉴定师的委任不是由工商会而是各自的区政府进行。这些鉴定师包括农业、林业、侦探技术方面，手工业协会委任手工业鉴定师，而洁具安装、暖气和建筑工程，如泥瓦工、木工等项目的实习者也必须拥有特殊知识考试的证明。

此外，德国还有抵押放款评估师。他们几乎都不是公开委任的，但必须持有证书。他们作为某个银行的雇员对发放抵押和地产贷款进行评估。

公开委任和宣誓的鉴定师除极少数人外均为自由职业者，也就是说，他不处于任何雇

佣关系，也不屈从于任何指令，当然他要遵守鉴定规章和其他的章程。他自己能决定其工作时间和收入。他的声誉好坏取决于他的工作质量。

四、不动产鉴定师的职责要求与责任

几十年来形成的模式使得公开委任和宣誓的鉴定师具有无比的可靠性和可信任性。

鉴定师的中立性是至高无上的。鉴定师应无条件地保持中立，如鉴定师应特别慎重考虑是否接受一方当事人的吃饭之类的邀请，包括乘坐同一辆车去较远的估价场所也是不应接受的。

在鉴定的起草和计算过程中，鉴定师应避免所谓的"表面精确"，即避免在面积和数值中小数点后第三位的出现，注意运用通用的四舍五入规则。

在德国价格评估中，鉴定书中必须选择一规定日，也就是说，价值评估指的是过去的某一日期。所指未来某天的鉴定是不允许的，因为这样的鉴定不是价格评估而是一种猜测。委托方必须决定，是否需要预测未来的交换价值，如要考虑通货膨胀趋势或租金上涨等因素。推测性观点不是专家鉴定的内容。如果专家阐述一猜测或者一种可能性，他应明确地说明它是一种预测。

鉴定师应亲自起草鉴定报告，即他不能将给他的任务在未征得委托方同意的情况下作为承包方委托给第三者。这点在法院鉴定（在德国，鉴定委托方包括：①个体鉴定：公司、个人、团体、乡镇和其他国家机构；②判断鉴定：通常为当事人对价值或租金不能达成协议，这样的判断鉴定一般会成为当事人间签署合同的一个组成部分；③法院鉴定：评估专家作为法院的帮手。法院是他的委托者并支付酬金。法院的鉴定程序是有极其严格的规定）中尤其严格。根据德国最高法院阐述："一个把鉴定委托转给别的鉴定师就是回避义务，无法行使鉴定活动，从而背弃了鉴定活动的基本义务"。这个基本义务体现在绝对亲自化地处理鉴定的行为上。当然，在委托人即法院同意的情况下，鉴定师可以把鉴定委托移交他人。当然，鉴定师可以有助手帮助，他不须亲自处理所有事物。

鉴定师的职业特性是具有法律约束力的。所要求的中立性必须体现在他的鉴定工作中。鉴定师不受任何指令驱使，如果委托方在委托时明确限定鉴定结果，这样鉴定师中立性受到威胁。公开委任和宣誓的鉴定师必须拒绝这样的委托。

公开委任和宣誓的鉴定师有权拒绝鉴定委托，只要它是私人授权的。但是他必须接受来自法院的委托，同时明确严格的尺度。比如，如果他在这宗案例中作为鉴定师，而且当事人之一是他的亲戚或同为一俱乐部成员或在过去曾为某一当事人作过鉴定，他必须向法院进行声明。如果鉴定师向法院隐瞒这些事实，可能会出现在以后的审理中因不公平而被剥夺鉴定权的危险，当然他会因此失去报酬。

根据德国法，鉴定师在鉴定生成30年内负有责任。但是他只能对其鉴定负轻度过失责任，而不为严重过失或蓄意责任。

公开委任和宣誓的鉴定师应购买责任追究保险并出示保单。保险费视保险公司保险金额而定，通常情况，保险金额在2百万和5百万之间。保险公司还提供法律保护保险，指如果鉴定师被判决时，保险公司支付所有诉讼费用。要求鉴定师自行承担一部分损失是很普遍的。

第五节 香港地区房地产估价

一、物业测量师及其管理

香港将专门从事房地产估价的专业人员称为物业测量师。只有经过高等教育并经过一定手续批准的专业人员才能取得测量师的称号。测量师的主要职责是为购买、出售、出租、保险、抵押、投资、差饷及征税等事项评估各类物业的价值;向委托人提供土地或物业今后若干年内的发展预测;担任土地纠纷、物业价值评估的专业见证人等。物业测量师除供职于地政署、差饷物业估价署、房屋署、房屋委员会、土地审裁处、土地注册处、各地产公司、银行等单位外,有相当大的一部分民间测量师为社会服务,且香港的测量行属于民间机构。1991年5月,政府正式颁布了《测量师注册条例》,对注册机构、注册资格、注册申请程序、注册资格证书、纪律制裁、上诉、吊销资格、重新申请登记等作了较为严密的规定。

香港有英国皇家特许测量师学会(香港分会)和香港测量师学会,在香港供职和执业的物业测量师大都是这两学会的会员。同时,香港屋宇地政署和差饷物业估价署在房地产估价中起到了重要作用。

(一)香港屋宇地政署

香港屋宇地政署属政府部门,该署管理一切关于土地和屋宇发展的事务,主要设有三个负责不同专门工作的部门,即建筑物条例执行处、地政处及测绘处。

其中,地政处的工作业务主要包括以下几个方面:

(1)负责公开拍卖、公开招标及私人批约等方式批租土地;

(2)为了推行公务计划、市区重建及环境改善等计划,负责征用私人土地;

(3)负责延续私人批约的批租期,执行土地批约条款,支配及管理政府土地,同时还进行与土地立法有关的工作,并且管理政府接管的物业;

(4)评估政府土地在交易时的价值。

地政署的建筑物条例执行处与测绘处则分别负责对新旧建筑物的监管和土地测量工作。另外地政署还成立了土地信息中心,设置了全套土地信息系统,以便能科学处理香港的基本土地信息。

(二)差饷物业估价署

差饷是香港政府向物业使用人征收的一种间接税。这种税起源于1845年,最初该税收用来支付警察、街灯、用水及消防等开支。现在差饷已逐渐成为政府、市政局及区市政局所提供各项公共服务的经费。

1. 征收差饷的基准

差饷是按照物业的应课差饷租值再乘以一个百分率征收的,该租值是假设物业在指定的估价依据日期空置出租时,估计可取得的合理年租而计算。

以2005—2006财政年度而言,差饷征收率为5%,估价依据日期则为2004年10月1日。

2. 评估基准

应课差饷租值是假设物业在一个指定估价依据日期空置出租时,估计可得的年租。物业的租售限制(例如居者有其屋单位所受的限制),以及差饷缴纳人的财政状况,都不在考虑范围内。评估应课差饷租值时,必须参考同区类似物业于估价日期或接近该日期,在公开市场所议定的租金,并按面积大小、位置、设施、完工质素及管理水平的分别加以调算。

所有类别的房产物业,包括私人及公营房屋,都是按相同基准评估应课差饷租值。在这个公平而相同的基础上,所有物业的差饷都是根据市值租金来征收。

3．全面重估应课差饷租值

为了更准确地反映物业的最新租值,差饷物业估价署每年都会在全面重估应课差饷租值时,复核物业的应课差饷租值。2005—2006年度全面重估的估价依据日期是2004年10月1日,而应课差饷租值则由2005年4月1日起生效。全面重估完成后,应课差饷租值会按物业租金水平的变动幅度而作出调整与变更。

4．须评估的物业

一般来说,全港的所有房产物业均须根据《差饷条例》(第116章)评估差饷。2005—2006年度的估价册约有220万项估价,单位总数约为283万个。

5．缴纳差饷的责任

业主与物业使用人均有缴付差饷的责任。实际情况根据双方所订租约的条款而定。如租约未订明由业主缴交,则须由使用人缴交。

二、估价专业人员的资格要求

香港物业测量师的执业注册资格要求为:
(1) 属于某组别的学会会员;
(2) 其他测量师团体的成员,该成员的资格标准不低于学会的某一组别的会员资格标准;
(3) 已在测量学及其他学科考试、训练及经验符合注册管理局在一般或个别情况下接纳学会会员所要求的资格标准;
(4) 通常居住在香港,已在香港取得1年有关专业经验;
(5) 未受过组织的纪律制裁;
(6) 必须书面声明有能力在有关级别内执业。

复习思考题

1．美国有关估价的管理组织有哪些?这些组织主要从事哪三方面的工作?
2．美国房地产估价师协会会员须遵守哪些规定?
3．美国估价标准委员会发布的专业估价统一标准有哪些?
4．简述英国土地估价师的类型及其区别。
5．在英国要取得测量师资格有几种途径?
6．在英国取得测量师资格应具备哪些实务经验?

7. 日本的不动产鉴定士行为准则伦理纲要的要点有哪些？
8. 日本土地鉴定委员会主管的业务有哪些？
9. 德国不动产鉴定师必须具备哪些必要的职业知识？
10. 列举三点德国不动产鉴定师的职责要求。
11. 香港屋宇地政署主要有哪三个主要部门？
12. 简述香港差饷的评估基准。
13. 香港物业测量师执业注册的要求有哪些？

附录一

房地产估价师执业资格制度暂行规定

1995年3月22日建设部、人事部建房〔1995〕147号印发

第一章 总 则

第一条 为了加强房地产估价人员的管理，充分发挥房地产估价在房地产交易中的作用，根据《中华人民共和国城市房地产管理法》，制定本规定。

第二条 本规定所称房地产估价师是指经全国统一考试，取得房地产估价师《执业资格证书》，并注册登记后从事房地产估价活动的人员。

第三条 国家实行房地产估价人员执业资格认证和注册登记制度。凡从事房地产评估业务的单位，必须配备有一定数量的房地产估价师。

第四条 建设部和人事部共同负责全国房地产估价师执业资格制度的政策制定、组织协调、考试、注册和监督管理工作。

第二章 考 试

第五条 房地产估价师执业资格实行全国统一考试制度。原则上每二年举行一次。

第六条 人事部负责审定考试科目、考试大纲和试题。会同建设部对考试进行检查、监督、指导和确定合格标准，组织实施各项考务工作。

第七条 建设部负责组织考试大纲的拟定、培训教材的编写和命题工作，统一规划并会同人事部组织或授权组织考前培训等有关工作。培训工作必须按照与考试分开、自愿参加的原则进行。

第八条 凡中华人民共和国公民，遵纪守法并具备下列条件之一的，可申请参加房地产估价师执业资格考试：

（一）取得房地产估价相关学科（包括房地产经营、房地产经济、土地管理、城市规划等，下同）中等专业学历，具有八年以上相关专业工作经历，其中从事房地产估价实务满五年；

（二）取得房地产估价相关学科大专学历，具有六年以上相关专业工作经历，其中从事房地产估价实务满四年；

（三）取得房地产估价相关学科学士学位，具有四年以上相关专业工作经历，其中从事房地产估价实务满三年；

（四）取得房地产估价相关学科硕士学位或第二学位、研究生班毕业，从事房地产估价实务满二年；

（五）取得房地产估价相关学科博士学位的；

（六）不具备上述规定学历，但通过国家统一组织的经济专业初级资格或审计、会计、统计专业助理级资格考试并取得相应资格，具有十年以上相关专业工作经历，其中从事房

地产估价实务满六年，成绩特别突出的。

第九条 申请参加房地产估价师执业资格考试，需提供下列证明文件：
（一）房地产估价师执业资格考试报名申请表；
（二）学历证明；
（三）实践经历证明。

第十条 房地产估价师执业资格考试合格者，由人事部或其授权的部门颁发人事部统一印制，人事部和建设部用印的房地产估价师《执业资格证书》，经注册后全国范围有效。

第三章 注　　册

第十一条 建设部或其授权的部门为房地产估价师资格的注册管理机构。未取得《房地产估价师注册证》的人员，不得以房地产估价师的名义从事房地产估价业务。

第十二条 房地产估价师执业资格考试合格人员，必须在取得房地产估价师《执业资格证书》后三个月内办理注册登记手续。

第十三条 申请房地产估价师注册需提供下列证明文件：
（一）房地产估价师执业资格注册申请；
（二）房地产估价师《执业资格证书》；
（三）业绩证明；
（四）所在单位考核合格证明。

第十四条 房地产估价师执业资格注册，由本人提出申请，经聘用单位送省级房地产管理部门初审后，统一报建设部或其授权的部门注册。准予注册的申请人，由建设部或其授权的部门核发《房地产估价师注册证》。

人事部和各级人事（职改）部门对房地产估价师执业资格注册和使用情况有检查、监督的责任。

第十五条 凡不具备民事行为能力的和不能按第十三条要求提供证明文件的，不予注册。

第十六条 房地产估价师执业资格注册有效期一般为三年，有效期满前三个月，持《房地产估价师注册证》者应当到原注册机关重新办理注册手续。

再次注册，应有受聘单位考核合格和知识更新、参加业务培训的证明。

第十七条 凡脱离房地产估价师工作岗位连续时间二年以上者（含二年），注册管理机构将取消其注册。

第十八条 房地产估价师执业资格注册登记内容变更，须在变更前30日内向原注册机关办理变更登记。

第十九条 房地产估价师执业资格注册后，有下列情形之一的，由原注册机关吊销其《房地产估价师注册证》：
（一）完全丧失民事行为能力；
（二）死亡或失踪；
（三）受刑事处罚的。

第四章 权 利 与 义 务

第二十条 房地产估价师在经批准的估价单位执行业务。估价单位的业务范围、工作规程由建设部按国家有关规定制定。

第二十一条 房地产估价师的作业范围包括房地产估价、房地产咨询以及与房地产估价有关的其他业务。

第二十二条 房地产估价师享有下列权利：
（一）有执行房地产估价业务的权利；
（二）有在房地产估价报告上签字的权利；
（三）有使用房地产估价师名称的权利。

第二十三条 房地产估价师必须履行下列义务：
（一）遵守房地产评估法规、技术规范和规程；
（二）保证估价结果的客观公正；
（三）遵守行业管理规定和职业道德规范；
（四）接受职业继续教育，不断提高业务水平；
（五）为委托人保守商业秘密。

第二十四条 房地产估价师承办业务，由其所在单位统一受理并与委托人签订委托合同。房地产评估收费由所在单位统一收取。

第二十五条 房地产估价师执行业务可以根据需要查阅委托人的有关资料和文件，查看委托人的业务现场和设施，要求委托人提供必要的协助。

第二十六条 由于房地产估价失误给当事人造成经济损失的，由所在单位承担赔偿责任。所在单位可以对房地产估价师追偿。

第二十七条 房地产估价师与委托人有利害关系的，应当回避。委托人有权要求其回避。

第五章 罚 则

第二十八条 违反本规定，有下列行为之一的，由注册单位对当事人处以警告、没收非法所得、暂停执行业务、吊销房地产估价师《执业资格证书》、《房地产估价师注册证》，并可处以罚款，情节严重、构成犯罪的，由司法机关依法追究刑事责任：
（一）涂改、伪造或以虚假和不正当手段获取房地产估价师《执业资格证书》、《房地产估价师注册证》的；
（二）未按规定办理注册、变更登记和未经登记以房地产估价师的名义从事估价业务的；
（三）利用执行业务之便，索贿、受贿，谋取其他不正当的利益；
（四）允许他人以自己的名义从事房地产估价业务和同时在两个或两个以上估价单位执行业务；
（五）与委托人串通或故意做不实的估价报告和因工作失误，造成重大损失的；
（六）以个人名义承接房地产估价业务，收取费用的；
（七）因在房地产估价及管理工作中犯严重错误，受行政处罚或刑事处罚的。

附录二

房地产估价师执业资格考试实施办法

1995年3月22日建设部、人事部建房〔1995〕147号印发

一、房地产估价师执业资格考试从1995年开始实施，每两年举行一次。考试时间定于当年六月的第一个周六休息日。首次考试时间定于1995年9月5日、6日举行。报名时间为1995年5月2日至5月30日。

二、考试科目为：房地产基本制度与政策、房地产投资经营与管理、房地产估价理论与实务、房地产估价案例与分析。考试分为四个半天进行，每个科目考试时间为两个半小时。

三、在1995—1997年度组织的房地产估价师执业资格考试中，凡符合《房地产估价师执业资格制度暂行规定》（以下简称《暂行规定》）第八条中（不含第五款）的学历和经历要求，其从事房地产估价业务满二年者，可报名参加房地产估价师执业资格考试。

四、自1998年起，申请参加房地产估价师执业资格考试的人员必须符合《暂行规定》第八条的报名条件。

五、参加考试由本人提出申请，所在单位考核推荐，持报名登记表，到当地考试管理机构报名，考试管理机构按规定程序和报名条件审查合格后，发给准考证，考生凭准考证按指定的时间、地点参加考试。中央和国务院各部门及其直属单位的报考人员，按属地原则报名参加考试。

六、考场设在省辖市以上的中心城市和行政专员公署所在的城市。

七、做好考前培训工作。各地培训单位必须具备场地、师资、教材等条件，由省、自治区建设主管部门、直辖市房地产管理部门会同职改部门推荐培训单位，建设部审批。坚持考培分开，参与培训工作的人员，不得参加所有考试工作（包括命题和组织管理），考生参加培训坚持自愿原则。

八、房地产估价师执业资格考试培训费和报名费由个人支付，收费标准须经当地物价部门批准。

九、人事部和建设部成立全国房地产估价师执业资格考试办公室，在两部领导下，负责房地产估价师执业资格考试的组织实施和日常管理工作，考试办公室设在建设部房地产业司。各地的考务工作由当地职改部门会同房地产管理部门共同成立的考试管理机构组织实施，具体职责分工由各地自行确定。各地考试办公室组成情况应分别报送人事部专业技术人员职称司和建设部房地产业司。

十、严格执行考务工作的有关规章制度，做好试卷印刷、发送和保管过程中的保密工作，严格考场纪律，防止弄虚作假，对违反考试有关规定者应严肃处理并追究有关人员责任。

附录三

城市房地产市场估价管理暂行办法

1992年9月7日建设部建房［1992］579号印发

第一条 为加强城市房地产市场估价的管理，保障国家、集体、个人的合法权益，促进城市房地产市场的健康发展，制定本办法。

第二条 本办法适用城市规划区内房地产市场活动中需要确定房地产价值或价格的估价管理。关于不进入房地产市场的资产估价，另行规定。

第三条 国务院建设行政主管部门负责全国房地产市场估价管理工作。县级以上人民政府房地产行政主管部门负责本行政区域内房地产市场估价管理工作。

第四条 城市人民政府房地产行政主管部门设立的房地产估价机构，是房地产市场估价的职能机构，是房地产市场管理机构的组成部分，承办本行政区域内涉及政府税费收入及由政府给予当事人补偿或赔偿费用的房地产估价业务以及受当事人委托的其他房地产估价业务。

第五条 其他要求从事房地产市场估价业务的单位，应向当地城市人民政府房地产行政主管部门提出申请，经资审同意，并经工商行政主管部门核发营业执照，成立房地产估价事务所，方可开业经营。房地产估价事务所的资审条件和批准办法，由省、自治区、直辖市人民政府房地产行政主管部门规定，并报国务院建设行政主管部门备案。

第六条 房地产市场估价，当事人可委托房地产估价机构或房地产估价事务所进行。但涉及国家征收税费、由政府给予当事人补偿或赔偿费用的房地产买卖、租赁、赠与和拆迁补偿，其估价必须由当地人民政府房地产行政主管部门的估价机构承办。

第七条 凡违反本办法第六条规定，未经房地产估价机构估价的，房地产交易管理部门不得为其办理交易立契手续，房地产产权管理部门不得为其办理产权转移变更手续。

第八条 委托的房地产市场估价，委托人应和估价机构或估价事务所签订房地产估价委托协议书。

第九条 房地产市场估价，必须遵守有关的法律、法规、规章和政策规定，严格执行价格标准和估价程序，实行现场评估，按质论价。

第十条 房地产市场估价应当依照下列程序进行：

（一）申请估价。

当事人应当依照本办法第六条的规定，向估价机构或估价事务所递交估价申请书。估价申请书应当载明下列内容：1.当事人的姓名（法人代表）、职业、地址；2.标的物的名称、面积、坐落；3.申请估价的理由、项目和要求；4.当事人认为其他需要说明的内容。估价申请书应当附有标的物的产权证书和有关的图纸、资料或影印件。

（二）估价受理。

估价机构或估价事务所收到估价申请书后，应当对当事人的身份证件、标的物的产权证书及估价申请书进行审查。对符合条件者，交由估价人员承办。每个估价项目的承办，不得少于两名估价人员。

(三)现场勘估。

承办人员应当制订估价方案,到标的物进行实地勘丈测估,核对各项数据和有关资料,调查标的物所处环境状况,并作好详细记录。

(四)综合作业。

承办人员应综合各种因素进行全面分析,提出估价结果。书面估价结果应包括以下内容:1.估价的原因,标的物名称、面积、结构、地理位置、环境条件、使用情况,所处区域城市规划现状及发展前景,房地产市场行情;2.标的物及其附着物质量等级评定;3.估价的原则、方法、分析过程和估价结果;4.必要的附件,包括估价过程中作为估价依据的有关图纸、照片、背景材料、原始资料及实际勘测数据等;5.其他需要说明的问题。估价结果书应由承办人员签名。

第十一条 估价结果书由承办估价业务的估价机构或估价事务所签署意见并加盖单位公章后,书面通知当事人。按本办法第六条规定由房地产估价机构承办的估价业务,其估价结果是国家和地方政府计征有关房地产税费、确定房地产损失补偿或赔偿金额的依据。估价结果书应制成若干副本分送有关部门。

第十二条 对估价结果中需要保密的内容,估价机构及估价事务所均不得随意向他人提供。

第十三条 当事人如对本办法第六条范围内的估价结果有异议的,可以在收到估价结果书之日起15天内,向原估价机构申请复核。对复核结果仍有异议的可以向当地房地产仲裁机构申请仲裁,也可以向人民法院起诉。委托估价发生纠纷时,双方应协商解决。协商不成时,当事人可以向当地房地产仲裁机构申请仲裁,也可以向人民法院起诉。

第十四条 委托估价机构或估价事务所进行的房地产估价项目,当事人应当向承办单位交纳估价费。估价费标准由省、自治区、直辖市人民政府房地产行政主管部门制定,报物价行政主管部门批准实施。任何单位和个人不得擅自提高或变相提高收费标准。

第十五条 房地产市场估价的专业人员,通过资格考核,取得资格证书,并进行注册后,方可上岗工作。估价人员的资格证书和注册办法,由国务院建设行政主管部门另行制定。

第十六条 估价人员如与申办估价项目的当事人有直接利害关系,应当主动回避。

第十七条 估价人员有下列行为之一的,房地产行政主管部门可以根据情节,给予警告、通报批评直到吊销估价人员资格证书,构成犯罪的,由司法机关追究其刑事责任:(一)不按照估价程序和价格标准,造成严重估价失误的;(二)弄虚作假,故意抬高或者压低标的物的价值或价格的;(三)利用工作之便牟取私利的;(四)因工作失职给国家和人民财产造成重大损失的。

第十八条 任何单位和个人都不得在估价过程中提供伪证,或者阻挠估价人员依法进行估价工作。对于提供伪证或者阻挠估价工作正常进行的,由房地产行政部门给予批评、教育。情节严重构成违反治安的,应提请公安机关予以处理。构成犯罪的,提请司法机关追究刑事责任。

第十九条 各省、自治区、直辖市人民政府房地产行政主管部门可根据本办法制定实施细则,报同级人民政府批准发布。

第二十条 本办法由建设部负责解释。

第二十一条 本办法自1992年10月1日起施行。

附录四

城市房屋拆迁估价指导意见

2003年12月1日建设部建住房〔2003〕234号印发

第一条 为规范城市房屋拆迁估价行为，维护拆迁当事人的合法权益，根据《中华人民共和国城市房地产管理法》、《城市房屋拆迁管理条例》的有关规定和国家标准《房地产估价规范》，制定本意见。

第二条 城市规划区内国有土地上房屋拆迁涉及的房地产估价活动，适用本意见。

第三条 本意见所称城市房屋拆迁估价（以下简称拆迁估价），是指为确定被拆迁房屋货币补偿金额，根据被拆迁房屋的区位、用途、建筑面积等因素，对其房地产市场价格进行的评估。

房屋拆迁评估价格为被拆迁房屋的房地产市场价格，不包含搬迁补助费、临时安置补助费和拆迁非住宅房屋造成停产、停业的补偿费，以及被拆迁房屋室内自行装修装饰的补偿金额。搬迁补助费、临时安置补助费和拆迁非住宅房屋造成停产、停业的补偿费，按照省、自治区、直辖市人民政府规定的标准执行。被拆迁房屋室内自行装修装饰的补偿金额，由拆迁人和被拆迁人协商确定；协商不成的，可以通过委托评估确定。

第四条 拆迁估价由具有房地产价格评估资格的估价机构（以下简称估价机构）承担，估价报告必须由专职注册房地产估价师签字。

第五条 拆迁估价应当坚持独立、客观、公正、合法的原则。任何组织或者个人不得非法干预拆迁估价活动和估价结果。

第六条 市、县房地产管理部门应当向社会公示一批资质等级高、综合实力强、社会信誉好的估价机构，供拆迁当事人选择。

拆迁估价机构的确定应当公开、透明，采取被拆迁人投票或拆迁当事人抽签等方式。

房屋拆迁许可证确定的同一拆迁范围内的被拆迁房屋，原则上由一家估价机构评估。需要由两家或者两家以上估价机构评估的，估价机构之间应当就拆迁估价的依据、原则、程序、方法、参数选取等进行协调并执行共同的标准。

第七条 拆迁估价机构确定后，一般由拆迁人委托。委托人应当与估价机构签订书面拆迁估价委托合同。

第八条 受托估价机构不得转让、变相转让受托的估价业务。

估价机构和估价人员与拆迁当事人有利害关系或者是拆迁当事人的，应当回避。

第九条 拆迁当事人有义务向估价机构如实提供拆迁估价所必需的资料，协助估价机构进行实地查勘。

第十条 受托估价机构和估价人员需要查阅被拆迁房屋的房地产权属档案和相关房地产交易信息的，房地产管理部门应当允许查阅。

第十一条 拆迁估价目的统一表述为"为确定被拆迁房屋货币补偿金额而评估其房地产市场价格。"

拆迁估价时点一般为房屋拆迁许可证颁发之日。拆迁规模大、分期分段实施的，以当期（段）房屋拆迁实施之日为估价时点。

拆迁估价的价值标准为公开市场价值，不考虑房屋租赁、抵押、查封等因素的影响。

第十二条 委托拆迁估价的，拆迁当事人应当明确被拆迁房屋的性质（包括用途，下同）和面积。

被拆迁房屋的性质和面积一般以房屋权属证书及权属档案的记载为准；各地对被拆迁房屋的性质和面积认定有特别规定的，从其规定；拆迁人与被拆迁人对被拆迁房屋的性质或者面积协商一致的，可以按照协商结果进行评估。

对被拆迁房屋的性质不能协商一致的，应当向城市规划行政主管部门申请确认。对被拆迁房屋的面积不能协商一致的，可以向依照《房产测绘管理办法》设立的房屋面积鉴定机构申请鉴定；没有设立房屋面积鉴定机构的，可以委托具有房产测绘资格的房产测绘单位测算。

对拆迁中涉及的被拆迁房屋的性质和面积认定的具体问题，由市、县规划行政主管部门和房地产管理部门制定办法予以解决。

第十三条 市、县人民政府或者其授权的部门应当根据当地房地产市场交易价格，至少每年定期公布一次不同区域、不同用途、不同建筑结构的各类房屋的房地产市场价格。

第十四条 拆迁估价应当参照类似房地产的市场交易价格和市、县人民政府或者其授权部门定期公布的房地产市场价格，结合被拆迁房屋的房地产状况进行。

第十五条 拆迁估价人员应当对被拆迁房屋进行实地查勘，做好实地查勘记录，拍摄反映被拆迁房屋外观和内部状况的影像资料。

实地查勘记录由实地查勘的估价人员、拆迁人、被拆迁人签字认可。

因被拆迁人的原因不能对被拆迁房屋进行实地查勘、拍摄影像资料或者被拆迁人不同意在实地查勘记录上签字的，应当由除拆迁人和估价机构以外的无利害关系的第三人见证，并在估价报告中作出相应说明。

第十六条 拆迁估价一般应当采用市场比较法。不具备采用市场比较法条件的，可以采用其他估价方法，并在估价报告中充分说明原因。

第十七条 拆迁评估价格应当以人民币为计价的货币单位，精确到元。

第十八条 估价机构应当将分户的初步估价结果向被拆迁人公示7日，并进行现场说明，听取有关意见。

公示期满后，估价机构应当向委托人提供委托范围内被拆迁房屋的整体估价报告和分户估价报告。委托人应当向被拆迁人转交分户估价报告。

第十九条 拆迁人或被拆迁人对估价报告有疑问的，可以向估价机构咨询。估价机构应当向其解释拆迁估价的依据、原则、程序、方法、参数选取和估价结果产生的过程。

第二十条 拆迁当事人对估价结果有异议的，自收到估价报告之日起5日内，可以向原估价机构书面申请复核估价，也可以另行委托估价机构评估。

第二十一条 拆迁当事人向原估价机构申请复核估价的，该估价机构应当自收到书面复核估价申请之日起5日内给予答复。估价结果改变的，应当重新出具估价报告；估价结果没有改变的，出具书面通知。

拆迁当事人另行委托估价机构评估的，受托估价机构应当在10日内出具估价报告。

第二十二条 拆迁当事人对原估价机构的复核结果有异议或者另行委托估价的结果与原估价结果有差异且协商达不成一致意见的，自收到复核结果或者另行委托估价机构出具的估价报告之日起5日内，可以向被拆迁房屋所在地的房地产价格评估专家委员会（以下简称估价专家委员会）申请技术鉴定。

第二十三条 估价专家委员会应当自收到申请之日起10日内，对申请鉴定的估价报告的估价依据、估价技术路线、估价方法选用、参数选取、估价结果确定方式等估价技术问题出具书面鉴定意见。

估价报告不存在技术问题的，应维持估价报告；估价报告存在技术问题的，估价机构应当改正错误，重新出具估价报告。

第二十四条 省、自治区建设行政主管部门和设区城市的市房地产管理部门或者其授权的房地产估价行业自律性组织，应当成立由资深专职注册房地产估价师及房地产、城市规划、法律等方面专家组成的估价专家委员会，对拆迁估价进行技术指导，受理拆迁估价技术鉴定。

第二十五条 受理拆迁估价技术鉴定后，估价专家委员会应当指派3人以上（含3人）单数成员组成鉴定组，处理拆迁估价技术鉴定事宜。

鉴定组成员与原估价机构、拆迁当事人有利害关系或者是拆迁当事人的，应当回避。

原估价机构应当配合估价专家委员会做好鉴定工作。

第二十六条 估价专家委员会成员、估价机构、估价人员应当回避而未回避的，其鉴定意见或者估价结果无效。

拆迁当事人不如实提供有关资料或者不协助估价机构实地查勘而造成估价失实或者其他后果的，应当承担相应责任。

第二十七条 对有下列行为之一的估价机构和估价人员，依据《城市房地产中介服务管理规定》、《房地产估价师注册管理办法》等规定进行处罚，或记入其信用档案：

（一）出具不实估价报告的；

（二）与拆迁当事人一方串通，损害对方合法权益的；

（三）以回扣等不正当竞争手段获取拆迁估价业务的；

（四）允许他人借用自己名义从事拆迁估价活动或者转让、变相转让受托的拆迁估价业务的；

（五）多次被申请鉴定，经查证，确实存在问题的；

（六）违反国家标准《房地产估价规范》和本意见其他规定的；

（七）法律、法规规定的其他情形。

第二十八条 以产权调换作为房屋拆迁补偿、安置方式的，对所调换房屋的房地产市场价格进行的评估，参照本意见执行。

城市规划区外国有土地上房屋拆迁涉及的房地产估价活动，参照本意见执行。

第二十九条 本意见自2004年1月1日起施行。此前已颁发房屋拆迁许可证的拆迁项目，其拆迁估价不适用本意见。

参 考 文 献

[1] 柴强著.房地产估价.修订第3版.北京:首都经济贸易大学出版社,2002.
[2] 朱刚主编.不动产评估.北京:中国大地出版社,1999.
[3] 王克忠、张维然、杨国诚主编.房地产估价理论与方法.北京:高等教育出版社,1998.
[4] 董黎明主编.房地产评估.沈阳:辽宁大学出版社,2001.
[5] 赵财福、程家龙、施建刚编著.房地产估价.上海:上海百家出版社,1994.